O SEMINÁRIO
DE JACQUES LACAN

CB121372

Campo Freudiano no Brasil

Coleção dirigida por Judith (*in memoriam*) e Jacques-Alain Miller

Assessoria brasileira: Angelina Harari

Jacques Lacan

O SEMINÁRIO

livro 1

os escritos técnicos de Freud

Texto estabelecido por
Jacques-Alain Miller

18ª reimpressão

ZAHAR

Copyright © 1975 by Éditions du Seuil

Tradução autorizada da primeira edição francesa, publicada em 1975
por Éditions du Seuil, de Paris, França, na coleção Le Champ Freudien,
atualmente dirigida por Jacques-Alain e Judith Miller

*Grafia atualizada segundo o Acordo Ortográfico da Língua Portuguesa de 1990,
que entrou em vigor no Brasil em 2009.*

Título original
Le Séminaire de Jacques Lacan
Livre I: Les écrits techniques de Freud (1953-1954)

Reimpressão de 2009 recomposta com nova paginação, sem alteração de conteúdo.

CIP-Brasil. Catalogação na fonte
Sindicato Nacional dos Editores de Livros, RJ

Lacan, Jacques,1901-1981
L129s O Seminário, livro 1: os escritos técnicos de Freud, 1953-1954 / Jacques Lacan; tex-
2.ed. to estabelecido por Jacques-Alain Miller; [versão brasileira de Betty Milan]. – 2ª ed.
– Rio de Janeiro: Zahar, 2009.
(Campo freudiano no Brasil)

Tradução de: Le Séminaire de Jacques Lacan, livre I: Les écrits techniques de Freud (1953-1954).
Inclui índice
ISBN 978-85-7110-367-2

1. Freud, Sigmund, 1856-1939. 2. Psicanálise – Discursos, conferências etc. I. Miller, Jacques-Alain, 1944-. II. Título. III. Título: Os escritos técnicos de Freud. IV. Série.

09-2506 CDD: 150.1952
CDU: 159.964.2

Todos os direitos desta edição reservados à
EDITORA SCHWARCZ S.A.
Praça Floriano, 19, sala 3001 – Cinelândia
20031-050 – Rio de Janeiro – RJ
Telefone: (21) 3993-7510
www.companhiadasletras.com.br
www.blogdacompanhia.com.br
facebook.com/editorazahar
instagram.com/editorazahar
twitter.com/editorazahar

livro 1

os escritos técnicos de Freud

1953-1954

Versão brasileira:

Betty Milan

Sumário

Para Além da Psicologia

Os Impasses de Michaël Balint

A Palavra na Transferência

Abertura do Seminário

O mestre interrompe o silêncio com qualquer coisa, um sarcasmo, um pontapé.

É assim que procede, na procura do sentido, um mestre budista, segundo a técnica zen. Cabe aos alunos, eles mesmos, procurar a resposta às suas próprias questões. O mestre não ensina *ex-cathedra* uma ciência já pronta, dá a resposta quando os alunos estão a ponto de encontrá-la.

Essa forma de ensino é uma recusa de todo sistema. Descobre um pensamento em movimento – serve entretanto ao sistema, porque apresenta necessariamente uma face dogmática. O pensamento de Freud é o mais perpetuamente aberto à revisão. É um erro reduzi-lo a palavras gastas. Nele, cada noção possui vida própria. É o que se chama precisamente a dialética.

Algumas dessas noções foram, num dado momento, indispensáveis a Freud, porque respondiam a uma questão que ele havia formulado, antes, em outros termos. Só se apreende, pois, o valor delas, ressituando-as no seu contexto.

Mas não basta fazer história, história do pensamento, e dizer que Freud apareceu num século cientista. Com *A interpretação dos sonhos,* efetivamente, algo de uma essência diferente, de uma densidade psicológica concreta, é reintroduzido, a saber, o sentido.

Do ponto de vista cientista, Freud pareceu ligar-se então ao pensamento mais arcaico – ler alguma coisa nos sonhos. Ele volta em seguida à explicação causal. Mas, quando interpretamos um sonho, sempre estamos em cheio no sentido. O que está em questão é a subjetividade do sujeito, nos seus desejos, na sua relação com seu meio, com os outros, com a própria vida.

Nossa tarefa, aqui, é reintroduzir o registro do sentido, registro que é preciso reintegrar ao seu nível próprio.

Brucke, Ludwig, Helmholtz, Du Bois-Reymond tinham constituído uma espécie de fé jurada – tudo se reenvia a forças físicas, as da atração e da repulsão. Quando nos damos essas premissas, não há nenhuma razão para sair delas. Se Freud saiu, é que ele se deu outras. Ousou dar importância àquilo que lhe acontecia, às antinomias da sua infância, às suas perturbações neuróticas, aos seus sonhos. Daí ser Freud para todos nós um homem que, como cada um, está colocado no meio de todas as contingências – a morte, a mulher, o pai.

Isso constitui uma volta às fontes, e mal merece o título de ciência. O mesmo se dá para a psicanálise e para a arte do bom cozinheiro, que sabe cortar bem o animal, destacar a articulação com a menor resistência. Sabemos que há, para cada estrutura, um modo de conceptualização que lhe é próprio. Mas, como se entra por aí na via das complicações, preferimos nos ater à noção monista de uma dedução do mundo. Assim, nos perdemos.

Temos de nos aperceber de que não é com a faca que dissecamos, mas com conceitos. Os conceitos têm sua ordem de realidade original. Não surgem da experiência humana – senão seriam bem feitos. As primeiras denominações surgem das próprias palavras, são instrumentos para delinear as coisas. Toda ciência permanece, pois, muito tempo nas trevas, entravada na linguagem.

Há, de inicio, uma linguagem já toda formada, de que nos servimos como de um mau instrumento. De tempos em tempos, efetuam-se inversões – do flogístico ao oxigênio, por exemplo. Porque Lavoisier, ao mesmo tempo que o seu flogístico, traz o bom conceito, o oxigênio. A raiz da dificuldade, é que só se podem introduzir símbolos, matemáticos ou outros, com linguagem corrente, porque é preciso explicar bem o que se vai fazer deles. Estamos então a um certo nível da troca humana, ao nível do terapeuta no caso. Freud também está aí, apesar da sua denegação[1]. Mas, como mostrou Jones, ele se impôs, desde o começo, a ascese de não se expandir no domínio especulativo, para onde sua natureza o levava. Submeteu-se à disciplina dos fatos, do laboratório. Afastou-se da má linguagem.

Consideremos agora a noção de sujeito. Quando se a introduz, introduz-se a si mesmo. O homem que lhes fala é um homem como os outros – serve-se da má linguagem. Si-mesmo está, pois, em causa.

Assim, desde a origem, Freud sabe que só fará progressos na análise das neuroses se se analisar.

A importância crescente hoje atribuída à contratransferência significa o reconhecimento do fato de que na análise não há somente o paciente. Se é dois – e não apenas dois.

Fenomenologicamente, a situação analítica é uma estrutura; isto quer dizer que, só através dela, certos fenômenos são isoláveis, separáveis. É uma outra estrutura, a da subjetividade, que dá aos homens a ideia de que são compreensíveis para si mesmos.

Ser neurótico pode, portanto, servir para se tornar bom psicanalista, e no início isso serviu a Freud. Como o Sr. Jourdain com a sua prosa, nós fabricamos sentido, contrassenso, não senso. E ainda seria preciso encontrar aí linhas de estrutura. Jung também, maravilhando-se, redescobre nos símbolos dos sonhos e das religiões certos arquétipos próprios à espécie humana. Também isso é uma estrutura – mas diversa da estrutura analítica.

Freud introduziu o determinismo próprio a essa estrutura. Daí a ambiguidade que se encontra em todo lugar na sua obra. Por exemplo, o sonho é desejo ou reconhecimento de desejo? Ou ainda, o ego é por um lado como um ovo vazio, diferenciado na sua superfície pelo contato com o mundo da percepção, mas é também, cada vez que o encontramos, aquele que diz *não* ou *eu,* que diz *a gente,* que fala dos outros, que se exprime nos diferentes registros.

Vamos seguir as técnicas de uma arte do diálogo. Como o bom cozinheiro, devemos saber que juntas, que resistências encontramos.

O superego é uma lei desprovida de sentido, mas que, entretanto, só se sustenta da linguagem. Se eu digo *virarás à direita,* é para permitir ao outro ajustar a sua linguagem à minha. Penso no que se passa na cabeça dele no momento em que lhe falo. Esse esforço para chegar a um acordo constitui a comunicação própria à linguagem. Esse *tu* é tão fundamental que intervém antes da consciência. A censura, por exemplo, que é intencional, age contudo antes da consciência, funciona com vigilância. *Tu* não é um sinal, mas uma referência ao outro, é ordem e amor.

Igualmente, o ideal do eu é um organismo de defesa perpetuado pelo eu[2] para prolongar a satisfação do sujeito. Mas é também a função mais deprimente, no sentido psiquiátrico do termo.

O id não é redutível a um puro dado objetivo, às pulsões do sujeito. Nunca uma análise chegou a determinar uma taxa de agressividade ou de erotismo. O ponto a que conduz o progresso da análise, o ponto extremo da dialética do reconhecimento existencial, é – *Tu és isto.* Esse ideal nunca é de fato atingido.

O ideal da análise não é o domínio completo de si, a ausência de paixão. É tornar o sujeito capaz de sustentar o diálogo analítico, de não falar nem muito cedo, nem muito tarde. É a isso que visa uma análise didática.

A introdução de uma ordem de determinações na existência humana, no domínio do sentido, se chama a razão. A descoberta de Freud é a redescoberta, num terreno não cultivado, da razão.

18 de novembro de 1953

Falta a continuação desta aula, assim como todas as aulas do fim do ano de 1953.

O Momento da Resistência

I

Introdução aos comentários sobre os *Escritos técnicos* de Freud

O seminário.
A confusão na análise.
A história não é o passado.
Teorias do ego.

Este ano novo, para o qual lhes apresento os meus bons votos, eu o introduzirei, não sem gosto, dizendo-lhes: – *Chega de rir!*

Durante o último trimestre, vocês não tiveram outra coisa a fazer senão me ouvir. Anuncio-lhes, solenemente, que neste trimestre que começa, conto, espero, ouso esperar que, eu também, os ouvirei um pouco.

É lei mesmo e tradição do seminário que aqueles que dele participem, tragam mais do que um esforço pessoal – uma colaboração por comunicações efetivas. Esta só pode vir daqueles que estão interessados da maneira mais direta neste trabalho, daqueles para quem estes seminários de textos têm o seu pleno sentido, daqueles que estão engajados, a títulos diversos, na nossa prática. Isso não excluirá que vocês obtenham de mim as respostas que estiver em condições de lhes dar.

Ser-me-ia particularmente apreciável que todos e todas, na medida dos seus meios, dessem, para contribuir com este novo estádio do seminário, o seu máximo. Seu máximo, isto consiste em que, quando eu interpelar um de vocês para encarregá-lo de uma seção precisa da nossa tarefa comum, não se responda com um ar enfastiado que, justamente nessa semana, se tem encargos particularmente pesados.

Eu me endereço aqui àqueles que fazem parte do grupo de psicanálise que representamos. Gostaria que vocês se dessem conta de que, se ele está constituído como tal, no estado de grupo autônomo, é para uma tarefa que não comporta nada menos para cada um de nós, do que o futuro – o sentido de tudo o que fazemos e teremos de fazer na continuação da nossa existência. Se vocês não vêm para colocar em causa toda a sua atividade, não vejo por que estão aqui. Os que não sentiriam o sentido desta tarefa, porque permaneceriam ligados a nós, ao invés de se juntarem a uma forma qualquer de burocracia?

1

Estas reflexões são, a meu ver, particularmente pertinentes, no momento em que vamos abordar o que comumente se chamam os *Escritos técnicos* de Freud.

Escritos técnicos é um termo já fixado por uma certa tradição. Durante a vida de Freud, apareceu, sob o título de *Kleine Neurosen Schrifte,* um pequeno volume in-oitavo; que isolava um certo número de escritos de Freud que iam de 1904 a 1919, e cujo título, apresentação e conteúdo indicavam que o seu tema era o método psicanalítico.

O que motiva e justifica esta forma é que cabe alertar algum prático inexperiente que gostaria de se lançar na análise, e que é preciso lhe evitar um certo número de confusões quanto à prática do método, quanto à sua essência, também.

Encontramos nesses escritos passagens extremamente importantes para apreendermos o progresso que teve, no curso destes anos, a elaboração da prática. Neles, vemos aparecer gradualmente noções fundamentais para compreender o modo de ação da terapêutica analítica, a noção de resistência e a função da transferência, o modo de ação e de intervenção na transferência, e mesmo, até um certo ponto, o papel essencial da neurose de transferência. Inútil, pois, sublinhar ainda mais que esse pequeno grupo de escritos tem um interesse todo particular.

É certo que esse agrupamento não é completamente satisfatório; e o termo *escritos técnicos* não é talvez o que lhe dê a sua unidade. Essa unidade não é menos efetiva. O conjunto testemunha uma etapa no pensamento de Freud. É sob esse ângulo que o estudaremos.

Há aí uma etapa intermediária. Ela segue o primeiro desenvolvimento daquilo a que alguém – um analista cuja pena nem sempre é da melhor veia, mas que fez nesta ocasião um achado bastante feliz, e até bonito – chamou a *experiência germinal* de Freud. Ela precede a elaboração da teoria estrutural.

O começo dessa etapa intermediária deve ser situado entre 1904 e 1909.

Em 1904, aparece o artigo sobre o método psicanalítico, de que alguns dizem que é onde, pela primeira vez, emerge a palavra psicanálise – o que é falso, porque foi empregada por Freud bem antes, mas enfim, ali ela é empregada de maneira formal, e no próprio título do artigo. 1909 é o ano das conferências da *Clark University*, da viagem de Freud à América, acompanhado do seu filho, Jung.

Se retomamos as coisas no ano de 1920, vemos elaborar-se a teoria das instâncias, a teoria estrutural, ou ainda metapsicológica, como Freud a chamou. Aí está um outro desenvolvimento que ele nos legou de sua experiência e de sua descoberta.

Como vocês veem, os escritos ditos técnicos escalonam-se entre esses dois desenvolvimentos. É o que lhes dá seu sentido. Acreditar que tiram sua unidade do fato de que neles Freud fala da técnica é uma concepção errada.

Em certo sentido, Freud nunca cessou de falar da técnica. Só preciso evocar perante vocês os *Studien über Hysterie,* que não passam de uma longa exposição da descoberta da técnica analítica. Ali, vemo-la em formação, e é o que constitui o valor desses estudos. Se se quisesse fazer uma exposição completa, sistemática, do desenvolvimento da técnica em Freud, é por eles que se deveria começar. A razão pela qual não tomei os *Studien über Hysterie* está apenas no fato de que não são facilmente acessíveis porque nem todos vocês leem o alemão, nem mesmo o inglês – sem dúvida, há outras razões além dessas de oportunidade, que fazem com que eu tenha escolhido os *Escritos técnicos.*

Na própria *Interpretação dos sonhos,* trata-se o tempo todo, perpetuamente, de técnica. Posto de lado o que ele escreveu sobre temas mitológicos, etnográficos, culturais, não há obra em que Freud não nos traga alguma coisa sobre a técnica. Inútil ainda sublinhar que um artigo como *Análise terminável e interminável,* aparecido por volta do ano de 1934, é um dos artigos mais importantes quanto à técnica.

Gostaria de acentuar agora em que espírito me parece desejável que prossigamos, neste trimestre, o comentário desses escritos. É necessário fixá-lo desde hoje.

2

Se considerarmos que estamos aqui para nos debruçar com admiração sobre os textos freudianos e nos maravilhar com eles, teremos evidentemente toda satisfação.

Estes escritos são de um frescor, de uma vivacidade que não perdem em nada para os outros escritos de Freud. Às vezes, neles se descobre sua personalidade de uma maneira tão direta, que não se pode deixar de encontrá-la. A simplicidade e a franqueza do tom, por si sós, já são uma espécie de lição.

Em particular, o desembaraço com o qual é tratada a questão das regras práticas a observar, faz-nos ver o quanto se tratava ali, para Freud, de uma ferramenta, no sentido em que se diz que se tem um martelo na mão. *Bem seguro* na *minha mão,* diz ele, em suma, *e aí está como costumo segurá-lo. Outros talvez preferissem um instrumento um bocadinho diferente, mais afeito à mão deles.* Vocês vão ver passagens que lhes exprimirão isso mais nitidamente ainda do que o faço nesta forma metafórica.

A formalização das regras técnicas é assim tratada nestes escritos com uma liberdade que, por si só, é um ensinamento que poderia bastar, e que, já a uma primeira leitura, dá seu fruto e sua recompensa. Nada que seja mais saudável e mais libertador. Nada que mostre melhor que a verdadeira questão está em outro lugar.

Isso não é tudo. Há, na maneira pela qual Freud nos transmite o que se poderia chamar as vias da verdade do seu pensamento, ainda uma outra face, que se descobre em passagens que talvez venham em segundo plano, mas que, não obstante, são muito sensíveis. É o caráter sofredor da sua personalidade, o sentimento que ele tem da necessidade da autoridade, o que nele não vai sem uma certa depreciação fundamental do que aquele que tem alguma coisa a transmitir ou a ensinar pode esperar dos que o escutam ou o seguem. Uma certa desconfiança profunda da maneira pela qual as coisas são aplicadas e compreendidas aparece em muitos lugares. Acredito mesmo, vocês verão, que se encontra nele uma depreciação toda particular da matéria humana que lhe é oferecida no mundo contemporâneo. É seguramente o que nos permite entrever por que Freud, ao contrário do que ocorre nos seus escritos, colocou concretamente em exercício o peso da sua autoridade para assegurar, acreditava ele, o futuro da análise. Foi ao mesmo tempo exclusivo em relação a toda sorte de desvios – efetivamente desvios – que se manifestaram, e imperativo na maneira pela qual deixou organizar-se em volta dele a transmissão do seu ensino.

Isso não é mais do que um apanhado do que nos pode ser revelado por esta leitura sobre o aspecto histórico da ação e da presença de Freud. Será a esse registro que nos vamos limitar? É certo que não, ainda que pela razão de que seria bastante inoperante apesar do interesse, do estímulo, do entretenimento, do relaxamento que podemos esperar dele.

É sempre em função da questão *o que fazemos quando fazemos análise?* que esse comentário de Freud foi trazido aqui por mim. O exame desses pequenos escritos continuará no mesmo estilo. Partirei, pois, da atualidade da técnica, do que se diz, se escreve e se pratica quanto à técnica analítica.

Não sei se a maioria de vocês – uma parte pelo menos, eu espero – tomou consciência do seguinte. Quando, neste instante – eu falo de agora, 1954, este ano novo em folha, novinho – se observa a maneira pela qual os diversos praticantes da análise pensam, exprimem, concebem a sua técnica, dizemo-nos que as coisas estão num ponto a que não é exagerado chamar a confusão mais radical. Coloco vocês a par de que, atualmente, entre os analistas, e dos que pensam – o que já diminui o círculo –, não existe talvez um único que tenha, no fundo, a mesma ideia que qualquer outro dos seus contemporâneos ou vizinhos a respeito daquilo que se faz, daquilo a que se visa, daquilo que se obtém, daquilo de que se trata na análise.

E mesmo a ponto de podermos nos divertir com este joguinho, que seria comparar as mais extremas concepções – veríamos que elas chegam a formulações rigorosamente contraditórias. E isso, sem procurar amantes de paradoxos – aliás eles não são tão numerosos. A matéria é suficientemente séria para que diversos teóricos a abordem sem desejo de fantasia, e o humor está, em geral, ausente das suas elucubrações sobre os resultados terapêuticos, suas formas, seus procedimentos e as vias pelas quais os obtemos. Fica-se contente em se segurar no balaústre, no parapeito de algum pedaço de elaboração teórica de Freud. É só isso que dá a cada um a garantia de que ainda está em comunicação com os que são seus confrades e colegas. É por intermédio da linguagem freudiana que uma troca é mantida entre praticantes que manifestamente têm concepções bastante diferentes da sua ação terapêutica, e, além do mais, da forma geral dessa relação inter-humana que se chama a Psicanálise.

Quando digo *relação inter-humana,* vocês já veem que coloco as coisas no ponto a que chegaram atualmente. Com efeito, elaborar a noção da relação do analista e do analisado é a via na qual se engajaram as doutrinas modernas para tentar reencontrar uma base que corresponda ao concreto da experiência. Está certamente aí a direção mais fecunda seguida depois da morte de Freud. O Sr. Balint chama-lhe uma *two-bodies' psychology* – termo que aliás não é dele, mas que tomou emprestado ao falecido Rickman, uma das raras pessoas que talvez tenha tido um pouco de originalidade teórica no meio dos analistas, desde a morte de Freud. É em volta dessa fórmula que se podem reagrupar facilmente todos os estudos sobre a relação de objeto, sobre a importância da contratransferência, e sobre um certo número de termos conexos entre os quais, no primeiro plano, a fantasia. A inter-reação imaginária entre o analisado e o analista é portanto algo que teremos de levar em conta.

Será que isso quer dizer que estamos por aí numa via que nos permite situar bem os problemas? Por um lado, sim. Por um lado, não.

Há um grande interesse em promover uma pesquisa desse tipo, na medida em que ela marca bem a originalidade daquilo de que se trata em relação a uma *one-body's psychology*, a Psicologia construtiva habitual. Mas será suficiente dizer que se trata de uma relação entre dois indivíduos? Será por aí que se podem perceber os impasses para onde são atualmente levadas as teorias da técnica.

Por enquanto, não posso lhes dizer mais sobre isso – ainda que, para aqueles que são aqui frequentadores deste seminário, deva-se entender que não há uma *two-bodies' psychology* sem que intervenha um terceiro elemento. Se a palavra é tomada como ela deve ser, como ponto central de perspectiva, é numa relação a três, e não numa relação a dois, que se deve formular, na sua completude, a experiência analítica.

Não quer dizer que não se possam exprimir fragmentos, pedaços, facetas importantes disso num outro registro. Aí se apreende em que dificuldades esbarram os teóricos. É fácil de compreender – se o fundamento da relação interanalítica é efetivamente algo que devemos representar como triádico, há várias maneiras de escolher dois elementos nessa tríade. Pode-se colocar o acento sobre uma ou outra das três relações diádicas que se estabelecem ali dentro. Isso será, vocês verão, uma maneira prática de classificar certo número de elaborações teóricas que se fazem sobre a técnica.

3

Tudo isso pode lhes parecer, por enquanto, um pouco abstrato, e quero tratar de lhes dizer algo mais concreto para introduzi-los nesta discussão.

Vou evocar rapidamente a experiência germinal de Freud, de que falei há pouco, porque, em suma, é nisso que consistiu, em parte, o objeto de nossas aulas do último trimestre, inteiramente centrado em torno dessa noção, que é a reconstituição completa da história do sujeito, que é o elemento essencial, constitutivo, estrutural, do progresso analítico.

Creio ter demonstrado a vocês que Freud partiu daí. Trata-se a cada vez, para ele, da apreensão de um caso singular. É nisso que está o valor de cada uma das cinco grandes psicanálises. As três que já vimos, elaboramos, trabalhamos juntos os anos precedentes, demonstram isso para vocês. O progresso de Freud, sua descoberta, está na maneira de tomar um caso na sua singularidade.

Tomá-lo na sua singularidade, o que quer dizer isto? Quer dizer essencialmente que, para ele, o interesse, a essência, o fundamento, a dimensão própria da análise, é a reintegração, pelo sujeito, da sua história até os seus últimos limites sensíveis, isto é, até uma dimensão que ultrapassa de muito os limites individuais. Fundá-lo, deduzi-lo, demonstrá-lo a partir de mil pontos textuais em Freud, é o que fizemos juntos ao longo destes últimos anos.

O que revela essa dimensão é o acento colocado por Freud, em cada caso, sobre pontos essenciais a conquistar pela técnica, e que são o que chamarei de situações da história. Será um acento colocado no passado, como pode parecer à primeira vista? Mostrei a vocês que não era tão simples assim. A história não é o passado. A história é o passado na medida em que é historiado no presente – historiado no presente porque foi vivido no passado.

O caminho da restituição da história do sujeito toma a forma de uma procura da restituição do passado. Essa restituição deve ser considerada como o ponto de mira visado pelas vias da técnica.

Vocês verão marcado, ao longo da obra de Freud, onde, como lhes disse, as indicações técnicas estão por toda a parte, que a restituição do passado permaneceu, até o fim, no primeiro plano de suas preocupações. É por isso que, em torno dessa restituição do passado, se colocam as próprias questões que são abertas pela descoberta freudiana, e que não são nada menos do que as questões, até aqui evitadas, inabordadas, na análise quero dizer, isto é, aquelas que dizem respeito às funções do tempo na realização do sujeito humano.

Quando se volta à origem da experiência freudiana – quando digo *origem,* não digo origem histórica, mas nascente – damo-nos conta de que é isso que faz sempre viver a análise, apesar das roupagens profundamente diferentes que lhe são dadas. Freud acentua e reacentua sempre a restituição do passado, mesmo quando, com a noção das três instâncias – vocês verão que se pode mesmo dizer quatro –, ele dá do ponto de vista estrutural um desenvolvimento considerável, favorecendo por aí uma certa orientação que vai cada vez mais se centrar na relação analítica, no presente, na sessão na sua atualidade mesma, entre as quatro paredes da análise.

Para sustentar o que lhes estou dizendo, só preciso evocar um artigo que ele publicou em 1934, "Konstruktionen in der Analyse", onde se trata, ainda e sempre, da reconstrução da história do sujeito. Não se pode ver exemplo mais característico da persistência desse ponto de vista, do começo ao fim da obra de Freud. Há aí, como que uma insistência última sobre esse tema-pivô. Esse artigo é como que o extrato, a ponta, a última palavra daquilo que é colocado em jogo o tempo todo, numa obra tão central quanto o *Homem dos Lobos* – qual é o valor do que é reconstruído do passado do sujeito?

Pode-se dizer que aí Freud chega – mas o sentimos bem em muitos outros pontos da sua obra – a uma noção que emergia ao longo dos encontros que tivemos no último trimestre, e que é mais ou menos esta – o fato de que o sujeito revive, rememora, no sentido intuitivo da palavra, os eventos formadores da sua existência, não é, em si mesmo, tão importante. O que conta é o que ele disso reconstrói.

Há sobre esse ponto fórmulas surpreendentes. Afinal, escreve Freud, *Traüme,* os sonhos, *sind auch erinnern,* são ainda uma maneira de se lembrar. Vai mesmo até dizer que são, afinal de contas, um representante satisfatório daquilo de que se trata. Certamente, sob a sua forma manifesta de lembranças, não o são, mas se os elaboramos suficientemente, nos dão o equivalente daquilo que procuramos.

Será que vocês percebem aonde chegamos? Chegamos à concepção do próprio Freud, à ideia de que se trata da leitura, da tradução qualificada, experimentada, do criptograma que representa o que o sujeito possui atualmente na sua consciência – o que é que vou dizer? dele mesmo? não, não somente dele mesmo – dele mesmo e de tudo, isto é, do conjunto do seu sistema.

A restituição da integralidade do sujeito, disse-lhes há pouco, apresenta-se como uma restauração do passado. Mas o acento recai sempre mais sobre a face da reconstrução que sobre a face da revivescência, no sentido que estamos habituados a chamar *afetivo*. O revivido exato – que o sujeito se lembre de algo como sendo verdadeiramente dele, como tendo sido verdadeiramente vivido, que se comunique com ele, que o adote – temos nos textos de Freud a mais formal indicação de que não é o essencial. O essencial é a reconstrução, é o termo que ele emprega até o fim.

Há ai algo absolutamente notável, e que seria paradoxal se, para aceder a isso, não tivéssemos a percepção do sentido que isso pode ter no registro da palavra, que eu procuro aqui promover como sendo necessário à compreensão da nossa experiência. Direi – afinal de contas, o de que se trata é menos lembrar do que reescrever a história.

Falo a vocês do que há em Freud. Isso não quer dizer que ele tenha razão, mas essa trama é permanente, continuamente subjacente ao desenvolvimento do seu pensamento. Ele nunca abandonou algo que só se pode formular da maneira que eu acabo de dizer – *reescrever a história* – fórmula que permite situar as diversas indicações que ele dá a propósito dos pequenos detalhes nos relatos em análise.

4

Com a concepção freudiana que lhes exponho, poderia confrontar concepções da experiência analítica completamente diferentes.

Alguns tomam com efeito a análise por uma espécie de descarga homeopática, pelo sujeito, da sua apreensão fantasiada do mundo.

Segundo eles, essa apreensão fantasiada deve, pouco a pouco, no interior da experiência atual que ocorre no consultório, reduzir-se, transformar-se, equilibrar-se numa certa relação ao real. Aí se coloca o acento, como vocês veem, bem alhures do que em Freud, sobre a transformação da relação fantasiada numa relação que chamamos, sem ir procurar mais longe, de *real*.

Podemos certamente formular as coisas de um modo mais aberto, bastante nuançado para acolher a pluralidade da expressão, como o faz uma pessoa que já nomeei aqui, e que escreveu sobre a técnica. Nada impede que, no final de contas, acabe nisso. Resultam daí incidências singulares, que poderemos evocar na ocasião do comentário dos textos freudianos.

Como é que a prática que foi instituída por Freud chegou a se transformar num manejo da relação analista-analisado no sentido que acabo de lhes dizer? – é a questão fundamental que reencontraremos no curso do estudo que tentamos.

Essa transformação é devida à maneira pela qual foram acolhidas, adotadas, manejadas, as noções que Freud introduziu no período imediatamente ulterior ao dos *Escritos técnicos,* a saber, as três instâncias. Das três, a que ganhou primeira importância foi o ego. É em torno da concepção do ego que gira, desde então, todo o desenvolvimento da técnica analítica, e é aí que é preciso situar a causa de todas as dificuldades que a elaboração teórica desse desenvolvimento prático coloca.

É certo que há um mundo entre aquilo que fazemos efetivamente nessa espécie de antro onde um doente nos fala e onde, de tempos em tempos, lhe falamos – e a elaboração teórica que fazemos sobre isso. Mesmo em Freud, onde o afastamento é infinitamente mais reduzido, temos a impressão de que continua a haver uma distância.

Não sou certamente o único a ter me colocado a questão – o que fazia Freud efetivamente? Bergler se coloca preto no branco esta questão, e responde que dela não sabemos grande coisa, salvo o que o próprio Freud nos deixou ver quando, também ele, colocou preto no branco o fruto de certas experiências suas, e em particular suas cinco grandes psicanálises. Temos aí a melhor abertura a propósito da maneira pela qual Freud se comportava. Mas parece que os traços de sua experiência não podem ser reproduzidos na sua realidade concreta. Por uma razão muito simples, sobre a qual já insisti – a singularidade da experiência analítica, em se tratando de Freud.

Freud foi realmente aquele que abria essa via da experiência. Isso, por si só, lhe dava uma óptica absolutamente particular, que é demonstrada pelo seu diálogo com o paciente. O paciente não é, para ele, sentimos isso todo o tempo, senão uma espécie de apoio, de questão, de controle no caso, na via em que ele, Freud, avança solitário. Daí o drama, no sentido próprio da palavra, da sua pesquisa. O drama que vai, em cada um dos casos que ele trouxe, até o fracasso.

Essa vias que Freud abriu ao longo dessa experiência, ele as perseguiu durante toda a sua vida, atingindo enfim algo a que se poderia chamar uma terra prometida. Não se pode dizer entretanto que tenha entrado nela. Basta ler o que se pode considerar como o seu testamento, *Análise terminável e interminável,* para ver que se ali havia algo de que teve consciência, é de que não tinha entrado na terra prometida. Esse artigo não é uma leitura a se propor a qualquer um que saiba ler – felizmente não há tanta gente que sabe ler – porque é difícil de assimilar, por pouco que sejamos analistas – se não somos analistas, não nos importamos.

Àqueles que se encontram em posição de seguir Freud, coloca-se a questão de como as vias que herdamos foram adotadas, recompreendidas, repensadas. Além disso, não podemos fazer de outra forma senão juntar o que traremos sob o título de uma *crítica,* uma crítica da técnica analítica.

A técnica só vale, só pode valer na medida em que compreendemos onde está a questão fundamental para o analista que a adota. Bem, observemos inicialmente que ouvimos falar do ego como sendo o aliado do analista, e não somente o aliado, mas a única fonte de conhecimento. Só conhecemos o ego, escreve-se correntemente. Anna Freud, o Sr. Fenichel, quase todos os que escreveram sobre a análise desde 1920, repetem – *Só nos endereçamos ao eu, só temos comunicação com o eu, tudo deve passar pelo eu.*

Por outro lado, ao contrário, todo o progresso dessa psicologia do eu pode resumir-se nestes termos – o eu está estruturado exatamente como um sintoma. No interior do sujeito, não é senão um sintoma privilegiado. É o sintoma humano por excelência, é a doença mental do homem.

Traduzir o eu analítico dessa maneira rápida, abreviada, é, no melhor dos casos, resumir o que resulta da leitura pura e simples do livro de Anna Freud, *O ego e os mecanismos de defesa.* Vocês não podem não estar chocados com o fato de que o eu se constrói, se situa no conjunto do sujeito, exatamente como um sintoma. Nada o diferencia disso. Não há nenhuma objeção a fazer a essa demonstração particularmente fulgurante. Não menos fulgurante é o fato de que as coisas se acham num tal ponto de confusão, que o catálogo dos mecanismos de defesa que constituem o eu, é uma das listas mais heterogêneas que se possam conceber. A própria Anna Freud sublinha muito bem – aproximar o recalque de noções como a volta do instinto contra o seu objeto, ou a inversão dos seus fins, é colocar lado a lado elementos que não são em nada homogêneos.

No ponto em que ainda estamos, talvez não possamos fazer coisa melhor aqui. Mas resta o fato de que podemos depreender a profunda ambiguidade da concepção que os analistas têm do ego – que seria tudo aquilo a que se acede, embora não seja, por outro lado, senão uma espécie de obstáculo, de ato falho, de lapso.

No início dos seus capítulos sobre a interpretação analítica, Fenichel fala do ego como todo o mundo, e tem a necessidade de dizer que desempenha o papel essencial de ser uma função por onde o sujeito aprende o sentido das palavras. Pois bem, desde a primeira linha, Fenichel está no âmago do problema. Aí é que está tudo. Trata-se de saber se o sentido do ego ultrapassa o eu.

Se essa função é uma função do ego, todo o desenvolvimento que Fenichel dá em seguida é absolutamente incompreensível e aliás, ele não insiste. Digo que é um lapso, porque não é desenvolvido, e que tudo o que ele desenvolve consiste em dizer o contrário, e o conduz a sustentar que, no final de contas, o id e o ego são exatamente a mesma coisa, o que não ajuda a esclarecer as coisas.

Mas, repito-o, ou a sequência do desenvolvimento é impensável, ou então não é verdade que o ego seja a função por onde o sujeito aprende o sentido das palavras.

O que é que é o ego? Em que, o sujeito, estará ele preso, que é, afora o sentido das palavras, bem outra coisa – a linguagem, cujo papel é formador, fundamental na sua história. A propósito dos *Escritos técnicos* de Freud, teremos de nos colocar essas questões, que irão longe – com a única condição de que seja, inicialmente, em função da experiência de cada um de nós.

Será necessário também, quando tentarmos nos comunicar entre nós a partir do estado atual da teoria e da técnica, que nos coloquemos a questão de saber o que é que já estava implícito naquilo que Freud trazia. O que é que nele, talvez, já se orientasse em direção às fórmulas a que hoje somos levados na nossa prática? Que estreitamento há, talvez, na maneira pela qual somos levados a ver as coisas? Ou bem, algo no que se realizou desde então vai no sentido de um alargamento, de uma sistematização mais rigorosa, mais adequada à realidade? É nesse registro que o nosso comentário poderá ganhar o seu sentido.

5

Gostaria de dar a vocês uma ideia ainda mais precisa da maneira pela qual encaro este seminário.

Vocês viram, no fim das últimas aulas que lhes dei, o esboço de uma leitura do que se pode chamar o mito psicanalítico. Essa leitura vai no sentido não tanto de criticá-lo, quanto de medir a amplitude da realidade com a qual ele se afronta, e à qual dá sua resposta, mítica.

Bem, o problema é mais limitado, mas muito mais urgente quando se trata da técnica.

Com efeito, é, sob a crítica da nossa própria disciplina que fica o exame, que temos a fazer, de tudo o que é da ordem da nossa técnica. Se é preciso distinguir os atos e os comportamentos do sujeito daquilo que sobre isto ele vem nos dizer na sessão, direi que os nossos comportamentos concretos na sessão analítica estão igualmente distantes da elaboração teórica que fazemos sobre eles.

Mas aí está apenas uma primeira verdade, que só tem o seu alcance na medida em que ela se inverte, e quer dizer ao mesmo tempo – *tão próximos*. O absurdo fundamental do comportamento inter-humano só é compreensível em função desse *sistema* – como o denominou de forma feliz Melanie Klein, sem saber o que dizia, como de hábito – que se chama – o eu humano, a saber, esta série de defesas, de negações, de barragens, de inibições, de fantasias fundamentais, que orientam e dirigem o sujeito. Bem, nossa concepção teórica da nossa técnica, mesmo que não coincida exatamente com o que fazemos, nem por isso estrutura, motiva menos a menor das nossas intervenções junto dos ditos pacientes.

E é mesmo isso que há de grave. Porque nos permitimos efetivamente – como a análise nos revelou que nós nos permitimos as coisas, sem o saber – fazer intervir o nosso ego na análise. Já que se sustenta que se trata de obter uma readaptação do paciente ao real, seria preciso pelo menos saber se é o ego do analista que dá a medida do real.

Certamente, não basta que tenhamos uma certa concepção do ego para que nosso ego entre em jogo como um rinoceronte na cristaleira da nossa relação com o paciente. Mas uma certa maneira de conceber a função do ego na análise não deixa de ter relação com uma certa prática da análise que se pode qualificar de nefasta.

Apenas abro a questão. Cabe ao nosso trabalho resolvê-la. O conjunto do sistema do mundo de cada um de nós – falo desse sistema concreto que não precisa já ter sido formulado para que esteja aí, que não é da ordem do inconsciente, mas que age na maneira pela qual nos exprimimos cotidianamente, na mínima espontaneidade do nosso discurso – está aí algo que deve efetivamente, sim ou não, servir, na análise, de medida?

Penso ter aberto suficientemente a questão para que, agora, vocês vejam a importância do que podemos fazer juntos.

Mannoni, você quer se associar a um dos seus vizinhos, Anzieu por exemplo, para estudar a noção de resistência nos escritos de Freud que estão ao seu alcance com o título *Da técnica psicanalítica* na edição da PUF? Não negligenciem a sequência das conferências da *Introdução à psicanálise.* Se dois outros, Perrier e Granoff, por exemplo, quisessem se associar sobre o mesmo assunto? Veremos como proceder. Nós nos deixaremos guiar pela própria experiência.

13 de janeiro de 1954

II

Primeiras intervenções sobre a questão da resistência

A análise pela primeira vez.
Materialidade do discurso.
Análise da análise.
Megalomania de Freud?

1

Após a exposição de O. Mannoni.

Podemos agradecer muito a Mannoni, que acaba de fazer a abertura mais feliz para a retomada do diálogo do seminário. Contudo, a sua tendência é nitidamente fenomenológica, e não penso que a solução seja inteiramente da forma que ele nos deixa entrever – ele mesmo sentiu isso. Mas é bom ter colocado a questão como o fez, falando de um mecanismo interpessoal, embora a palavra mecanismo seja, no caso, apenas aproximativa.

2

Interrupção, durante a exposição de D. Anzieu.

Freud explica, a propósito de Lucie R., que ele recorria à pressão das mãos quando só obtinha uma hipnose incompleta. Diz em seguida ter cessado de se preocupar com esse assunto, e ter mesmo renunciado a obter do sujeito, segundo o método clássico, a resposta para a questão *você dorme?* Porque tinha o desgosto de ouvir responder *mas não, não durmo absolutamente* – o que o colocava numa situação muito embaraçosa. Ele explica, de um modo ingênuo e encantador, que era levado a persuadir o sujeito de que não falava do mesmo sono que aquele a propósito do qual o outro dava a sua resposta, e que este devia estar assim mesmo um pouco adormecido. Nos confins da mais perfeita ambiguidade, diz muito nitidamente que tudo aquilo o colocava num grande embaraço, de que só se livrou no dia em que não se preocupou mais.

Mas manteve a pressão das mãos, seja sobre a testa, seja de cada lado da cabeça, e convidava ao mesmo tempo o paciente a se concentrar sobre a causa do sintoma. Era um estado intermediário entre o diálogo e a hipnose. Os sintomas eram tratados um a um, em si mesmos, afrontados diretamente como problemas propostos. Sob as mãos de Freud, o paciente era assegurado de que as lembranças que iam se apresentar eram as que estavam em causa, e que só tinha de se fiar nisso. E Freud acrescentava o detalhe de que seria no momento em que levantasse suas mãos – mímica do levantamento da barreira – que o paciente se tornaria perfeitamente consciente, e só teria de tomar o que se apresentasse ao seu espírito para estar certo de segurar o bom fio da meada.

É bastante notável que esse método se tenha mostrado, para o caso que Freud nos traz, perfeitamente eficaz. Com efeito, o caso de Lucie R., tão bonito, foi inteiramente resolvido, e com uma facilidade que tem a beleza das obras dos primitivos. Em todo novo que se descobre, há um acaso feliz, uma feliz conjunção dos deuses. Com Anna O., ao contrário, estamos diante de um longo trabalho de *working-through*, que se apresenta com toda a animação e espessura dos mais modernos casos de análise, apesar do método empregado – muitas vezes, toda a série de eventos, toda a história, é revivida, reelaborada. Trata-se de uma obra de grande alcance, que dura quase um ano. No caso de Lucie R., as coisas vão muito mais depressa, com uma elegância que faz dele algo de comovente. As coisas estão, sem dúvida, muito cerradas, e não nos permitem enxergar verdadeiramente onde estão as molas, mas assim mesmo é inteiramente utilizável. Essa mulher teve o que se pode chamar de alucinações olfativas, sintomas histéricos, e a significação disso é detectada, lugares e datas, de maneira inteiramente feliz. Freud nos dá neste caso todos os detalhes sobre a sua maneira de operar.

3

Idem

Já acentuei o caráter inteiramente privilegiado dos casos tratados por Freud, por causa do caráter especial da sua técnica. O que era, podemos apenas presumir por um certo número de regras que ele nos deu, e que foram fielmente aplicadas. Pela confissão dos melhores autores, e dos que conheceram Freud, não se pode fazer uma ideia plena da maneira pela qual aplicava a técnica.

Insisto no fato de que Freud avançava numa pesquisa que não é marcada pelo mesmo estilo que as outras pesquisas científicas. O seu domínio é o da verdade do sujeito. A pesquisa da verdade não é inteiramente redutível à pesquisa objetiva, e mesmo objetivante, do método científico comum. Trata-se da realização da verdade do sujeito, como de uma dimensão própria que deve ser destacada na sua originalidade em relação à noção mesma da realidade – acentuei isso em todas as aulas deste ano.

Freud estava engajado na pesquisa de uma verdade que lhe concernia totalmente, até na sua pessoa, portanto também na sua presença diante do doente, na sua atividade, digamos, de terapeuta – ainda que o termo seja inteiramente insuficiente para qualificar a sua atitude. No dizer do próprio Freud, esse interesse deu às suas relações com os seus doentes um caráter absolutamente singular.

Certamente, a análise como ciência é sempre uma ciência do particular. A realização de uma análise é sempre um caso singular, mesmo que esses casos singulares se prestem não obstante a alguma generalidade, desde que há mais de um analista. Mas a experiência analítica com Freud representa a singularidade levada ao seu extremo, pelo fato de que começava a construir e a verificar a própria análise. Não podemos apagar o fato de que era a primeira vez que se fazia uma análise. O método sem dúvida se deduz disso, mas só é método para os outros. Freud não aplicava um método. Se negligenciássemos o caráter único, inaugural, do seu procedimento, cometeríamos uma falta grave.

A análise é uma experiência do particular. A experiência verdadeiramente original desse particular assume, pois, um valor ainda mais singular. Se não sublinharmos a diferença que há entre essa *primeira vez* e tudo que veio a seguir, nós que nos interessamos, não tanto por essa verdade quanto pela constituição das vias de acesso a essa verdade, não poderemos nunca apreender o sentido que é preciso dar a certas frases, certos textos que emergem na obra de Freud, e que tomam em seguida, em outros contextos, um sentido bem diferente, ainda que se pudesse considerá-los como calcados um sobre o outro.

O interesse destes comentários de textos freudianos é permitir-nos seguir em detalhe as questões que – vocês vão ver, vocês estão vendo hoje – são de uma importância considerável. Elas são numerosas, insidiosas, e, para falar propriamente, o tipo mesmo de questão que não há quem não se preocupe em evitar, para se fiar numa ladainha, numa fórmula esquemática, abreviada, imajada.[3]

4

D. Anzieu cita uma passagem dos Estudos sobre a histeria, *p.233-4 da tradução francesa. Interrupção.*

O que há de chocante na passagem que você invoca, é que ela decola da metáfora pseudoanatômica evocada quando Freud fala das imagens verbais deambulando ao longo dos condutores nervosos. Aqui, o que se estratificou em volta do núcleo patógeno evoca um maço de documentos, uma partitura com vários registros. Essas metáforas tendem invencivelmente a sugerir a materialização da palavra, não a materialização mítica dos neurologistas, mas uma materialização concreta – a palavra se põe a correr em folheto manuscrito impresso. A metáfora da página branca, do palimpsesto, por sua vez também aparece. Veio desde então à pena de mais de um analista.

Aqui se apresenta a noção de vários estratos longitudinais, quer dizer, de vários fios de discurso. Imaginamo-los no texto que os materializa sob a forma de feixes literalmente concretos. Há uma corrente de palavras paralelas, e estas se alargam num certo momento para envolver esse famoso núcleo patógeno que, também ele, é uma história, afastam-se dele para incluí-lo e se encontram um pouco mais longe.

O fenômeno da resistência está situado exatamente aí. Há dois sentidos, um sentido longitudinal e um sentido radial. A resistência se exerce no sentido radial, quando queremos nos aproximar dos fios que estão no centro do feixe. Ela é a consequência da tentativa de passar dos registros exteriores para o centro. Uma força de repulsão positiva se exerce a partir do núcleo recalcado, e quando nos esforçamos para atingir os fios do discurso que estão mais próximos dele, experimentamos resistência. Freud chega mesmo a escrever, não nos *Estudos,* mas num texto ulterior, publicado sob o título *Metapsicologia,* que a força de resistência é inversamente proporcional à distância em que nos encontramos do núcleo recalcado.

Não acredito que seja a frase exata, mas ela é muito surpreendente. Torna evidente a materialização da resistência tal como a apreendemos ao longo da experiência, e precisamente, como o dizia há pouco Mannoni, no discurso do sujeito. Para saber onde isso se passa, onde está o suporte material, biológico, Freud toma, sem mais, o discurso como uma realidade enquanto tal, uma realidade que está lá, maço, feixe de provas como se diz também, feixe de discursos justapostos que se recobrem uns aos outros, se seguem, formam uma dimensão, uma espessura, um dossiê.

Freud não dispunha ainda da noção de suporte material da palavra, isolado como tal. Nos nossos dias, teria tomado como elemento da sua metáfora a sucessão de fonemas que compõem uma parte do discurso do sujeito. Diria que se encontra uma resistência tanto maior quanto mais o sujeito se aproxima de um discurso que seria o último e o bom, mas que ele recusa de maneira absoluta.

No esforço de síntese que vocês fazem, o que talvez não seja posto em relevo é uma questão que, tratando-se da resistência, está entretanto em primeiro plano – a questão das relações do inconsciente e do consciente. Será que a resistência é um fenômeno que só se passa na análise? Ou é algo de que podemos falar quando o sujeito passeia fora da análise, e mesmo antes de que ele venha a ela, ou depois que a deixou? Será que a resistência continua a ter o seu sentido fora da análise?

Há um texto sobre a resistência, que está na análise dos sonhos, ao qual vocês não se referiram, nem um nem outro, e que dá entretanto a assunção a alguns dos problemas que ambos se colocaram, porque nele Freud se interroga sobre o caráter de inacessibilidade do inconsciente. As noções de resistência são extremamente antigas. E, desde a origem, desde as primeiras pesquisas de Freud, a resistência está ligada à noção do ego. Mas, quando lemos no texto dos *Studien* certas frases surpreendentes, onde se trata não somente do ego como tal, mas do ego como representando a massa ideacional, apercebemo-nos de que a noção de ego já deixa pressentir, em Freud, todos os problemas que ela nos põe agora. Diria quase que é uma noção de efeito retroativo. Se lermos essas coisas primeiras, à luz do que se desenvolveu desde então em torno do ego, parece mesmo que as mais recentes formulações mascaram mais do que colocam em evidência.

Vocês não podem deixar de ver, nessa fórmula, a *massa ideacional,* algo que se avizinha singularmente da fórmula que pude lhes dar, isto é, que a contratransferência nada mais é do que a função do ego do analista, o que chamei a soma dos preconceitos do analista. Do mesmo modo, encontramos no paciente toda uma organização de certezas, de crenças, de coordenadas, de referências que constituem, para falar propriamente, o que Freud chamava, desde a origem, um sistema ideacional, e que podemos de maneira abreviada chamar aqui o *sistema.*

Será que a resistência vem unicamente daí? Quando, no limite desse domínio da palavra, que é justamente a massa ideacional do eu, representava para vocês a soma do silêncio após o qual uma outra palavra reaparece, aquela que se trata de reconquistar no inconsciente, por ser a parte do sujeito separada da sua história – estará aí a resistência? Será, sim ou não, pura e simplesmente, a organização do eu que, enquanto tal, constitui a resistência? Será isso que cria a dificuldade do acesso ao conteúdo do inconsciente no sentido radial – para empregar o termo de Freud? Eis uma questão muito simples, simples demais, como tal insolúvel.

Felizmente, ao longo dos 30 primeiros anos deste século, a técnica analítica progrediu muito, abordou fases experimentais suficientes para diferenciar as suas questões. Como vocês veem, somos levados a isso – a propósito de que lhes disse que seria o modelo da nossa pesquisa –, temos de afirmar que a evolução, os avatares da experiência analítica, nos informam sobre a própria natureza desta experiência, na medida em que é também uma experiência humana, mascarada para si mesma. Aí se aplica à própria análise, o esquema que ela nos ensinou. Finalmente, não seria ela um desvio para aceder ao inconsciente? É também levar ao segundo grau o problema que nos é colocado pela neurose. Aqui, só faço afirmá-lo, vocês verão isso se demonstrar ao mesmo tempo que o nosso exame.

O que é que eu quero? – senão sair desse verdadeiro impasse, mental e prático, ao qual chega atualmente a análise. Vocês veem que vou longe na formulação do que digo – importa submeter a própria análise ao esquema operacional que ela nos ensinou, e que consiste em ler, nas diferentes fases da sua elaboração teórico-técnica, o modo de ir mais adiante na reconquista da realidade autêntica do inconsciente pelo sujeito.

Esse método nos fará ultrapassar de muito o simples catálogo formal de procedimentos ou de categorias conceptuais. A retomada da análise num exame analítico é um procedimento que revelará a sua fecundidade a propósito da técnica, como já o revelou a propósito dos textos clínicos de Freud.

5

Intervenções ao longo da discussão.

Os textos psicanalíticos formigam em impropriedades metódicas. Há aí temas difíceis de tratar, de verbalizar, sem dar ao verbo um sujeito, e é por isso que lemos o tempo todo que o ego impele o sinal da angústia, maneja o instinto de vida, o instinto de morte – não se sabe mais onde está o central, o agulheiro, a agulha. Tudo isso é escabroso. Vemos o tempo todo pequenos demônios de Maxwell aparecerem no texto analítico, que são de uma previdência, de uma inteligência... O chato é que os analistas não têm uma ideia suficientemente precisa da natureza dos demônios.

Estamos aí para ver o que significa a evocação da noção de ego do começo ao fim da obra de Freud. É impossível compreender o que representa esta noção tal como ela começou a surgir com os trabalhos de 1920, com os estudos sobre a psicologia de grupo e *Das Ich und das Es,* se começarmos a enfiar tudo numa soma geral, sob pretexto de que se trata de apreender uma certa vertente do psiquismo. O ego, na obra de Freud, não é isso de jeito algum. Isso tem um papel funcional, ligado a necessidades técnicas.

O triunvirato que funciona em Nova York, Hartmann, Loewenstein e Kris, na sua tentativa atual de elaborar uma Psicologia do ego, se pergunta o tempo todo – o que quis dizer Freud na sua última teoria do ego? Será que até o presente tiramos verdadeiramente as implicações técnicas dela? Não traduzo, não faço senão repetir o que está nos dois ou três últimos artigos de Hartmann. Na *Psychoanalytic Quarterly* de 1951, vocês encontrarão três artigos de Loewenstein, Kris e Hartmann sobre este assunto, os quais vale a pena ler. Não se pode dizer que chegam a uma formulação plenamente satisfatória, mas pesquisam nesse sentido, e colocam princípios teóricos que comportam aplicações técnicas muito importantes, que, segundo eles, não tinham sido percebidas. É muito curioso seguir esse trabalho que se elabora através de artigos que vemos se sucederem há alguns anos, especialmente desde o fim da guerra. Acredito que se manifesta aí um fracasso muito significativo, e que deve ser instrutivo para nós.

Em todo o caso, há um mundo percorrido entre o ego tal como se fala dele nos *Studien,* massa ideacional, conteúdo de ideações, e a última teoria do ego, ainda problemática para nós, tal como foi forjada pelo próprio Freud a partir de 1920. Entre os dois, há esse campo central que começamos a estudar.

Como veio à luz essa última teoria do ego? É o ponto extremo da elaboração teórica de Freud, uma teoria extraordinariamente original e nova. Entretanto, sob a pena de Hartmann, ela se apresenta como se tendesse com todas as suas forças a reencontrar a Psicologia clássica.

As duas coisas são verdadeiras. Essa teoria, Kris o escreve, faz a Psicanálise entrar na Psicologia Geral, e, ao mesmo tempo, traz uma novidade sem precedentes. Paradoxo que seremos levados a colocar em destaque aqui, seja prosseguindo até as férias com os escritos técnicos, seja abordando o mesmo problema com os escritos de Schreber.

....

No artigo de Bergmann, "Germinal Cell", o que é dado como a célula germinal da observação analítica é a noção de reencontro e de restituição do passado. Ele se refere aos *Studien über Hysterie* para mostrar que Freud até o fim da sua obra, até as últimas expressões do seu pensamento, mantém sempre no primeiro plano essa noção do passado, sob mil formas, e sobretudo sob a forma da reconstrução. Nesse artigo, a experiência da resistência não é pois, de modo algum, considerada como central.

....

O Sr. Hyppolite alude ao fato de que os trabalhos anatômicos de Freud podem ser considerados êxitos, e foram sancionados como tal. Em compensação, quando se pôs a operar no plano fisiológico, parece ter manifestado um certo desinteresse. É uma das razões pelas quais não aprofundou o alcance da descoberta da cocaína. A sua investigação fisiológica foi frouxa, porque ficou muito perto da terapêutica. Freud ocupou-se da utilização da cocaína como analgésico, e deixou de lado o seu valor anestésico.

Mas, enfim, estamos aí a evocar um traço da personalidade de Freud. Podemos sem dúvida nos colocar a questão de saber se, como dizia Z*, ele se reservava para um destino melhor. Mas chegar ao ponto de dizer que orientar-se em direção à psicopatologia foi para ele uma compensação, acredito que é um pouco excessivo. Se lermos os trabalhos publicados sob o título *O nascimento da psicanálise* e o primeiro manuscrito reencontrado, onde figura a teoria do aparelho psíquico, perceberemos que ele está na via da elaboração teórica do seu tempo sobre o funcionamento mecanístico do aparelho nervoso – todo o mundo, aliás, o reconheceu.

Há que se espantar, ainda menos com o fato de que ali se misturem metáforas elétricas. Mas também, não se pode esquecer que é no domínio da condução nervosa que, pela primeira vez, a corrente elétrica foi experimentada, sem que se soubesse qual seria o seu alcance.

Z*: – *Acredito que, do ponto de vista clínico, a noção de resistência representa uma experiência que somos todos levados a fazer uma vez ou outra com quase todos os pacientes na nossa prática – ele resiste e isso me deixa furioso.*

– O quê? O que é?

Z*: – *Essa experiência extremamente desagradável em que a gente se diz – estava para encontrar, poderia encontrar por si mesmo, ele sabe sem saber que sabe, basta que se dê ao trabalho de olhar, e esse imbecil desse tipo, esse idiota, todos os termos agressivos e hostis que nos vêm ao espírito, não o faz. E a tentação que se tem de forçá-lo, de obrigá-lo...*

– Não futuque muito nisso.

Sr. Hyppolite: – *A única coisa que permite ao analista ser inteligente é quando essa resistência faz o analisado passar por um idiota. Isso dá uma elevada consciência de si.*

Não obstante, a armadilha da contratransferência, já que é preciso chamá-la assim, é mais insidiosa do que esse primeiro plano.

Z*: – *Ao poder direto sobre os seres humanos, Freud substitui o poder indireto e mais aceitável que a ciência dá sobre a natureza. Revemos aqui o mecanismo da intelectualização, compreender a natureza e por aí mesmo submetê-la a si, fórmula clássica do determinismo, o que reenvia, por alusão, a esse caráter autoritário de Freud que pontua toda a sua história, e particularmente as suas relações com os heréticos, tanto quanto com os seus discípulos.*

Devo dizer que, se falo nesse sentido, não cheguei a fazer disso a chave da descoberta freudiana.

Z*: – *Tampouco penso em fazer disso a chave, mas um elemento interessante a colocar em evidência. Nessa resistência, a hipersensibilidade de Freud à resistência do sujeito, não deixa de se relacionar ao seu próprio caráter.*

O que é que lhe permite falar da hipersensibilidade de Freud?

Z*: – *O fato de que ele a tenha descoberto, e não Breuer, nem Charcot, nem os outros. É, apesar de tudo, a ele que aconteceu, porque a sentiu mais vivamente, e elucidou o que tinha sentido.*

Vocês acreditam que o fato de colocar em destaque uma função como a resistência significa no sujeito uma intolerância particular àquilo que resiste a ele? Não será, ao contrário, o fato de ter sabido dominá-la, de ter ido alhures e bem além, que permitiu a Freud fazer dela uma das molas da terapêutica, um fator que se pode objetivar, nomear e manejar? Vocês acreditam que Freud é mais autoritário do que Charcot? – quando Freud, tanto quanto pode, renuncia à sugestão para deixar o sujeito integrar aquilo de que está separado pelas resistências. Em outros termos, será naqueles que desconhecem a resistência que há menos autoritarismo, ou naquele que a reconhece como tal? Eu teria mais tendência a acreditar que alguém que, no hipnotismo, procura fazer do sujeito o seu objeto, a sua coisa, torná-lo maleável como uma luva para lhe dar a forma que quer, para tirar dele o que quer, é, mais do que Freud, impelido por uma necessidade de dominar e de exercer o seu poder. Freud parece, ao contrário, respeitador daquilo que também chamamos comumente a resistência do objeto.

Z*: – *Seguramente.*

Acredito que é preciso ser extremamente prudente aqui. Não podemos manejar com tanta facilidade a nossa técnica. Quando falo a vocês de analisar a obra de Freud, é para nisso proceder com toda a prudência analítica. Não se deve fazer de um traço caracterial uma constante da personalidade, e menos ainda uma característica do sujeito. Há aí, sob a pena de Jones, coisas muito imprudentes, mas que são mesmo assim mais nuançadas do que o que vocês disseram. Pensar que a carreira de Freud foi uma compensação ao seu desejo de poder, e mesmo à sua franca megalomania, de que aliás ficam traços nos seus propósitos, acredito que é... O drama de Freud, no momento em que descobre a sua via, não pode se resumir assim. Não obstante, aprendemos suficientemente na análise para não nos sentirmos obrigados a identificar Freud sonhando dominar o mundo a Freud iniciador de uma verdade nova. Isso não me parece sair da mesma cupido, senão da mesma libido.

Sr. Hyppolite: – *Parece-me assim mesmo – sem aceitar integralmente as fórmulas de Z* e as conclusões que tira delas – que, na dominação de Charcot por hipnotismo, só se trata da dominação sobre um ser reduzido a objeto, da posse de um ser que não é mais senhor de si mesmo. Enquanto a dominação freudiana é vencer um sujeito, um ser que tem ainda uma consciência de si. Há, pois, uma vontade de dominação mais forte na dominação da resistência a vencer, do que na supressão pura e simples dessa resistência – sem que se possa tirar daí a conclusão de que Freud tenha querido dominar o mundo.*

Tratar-se-ia de dominação na experiência de Freud? Sempre faço reservas sobre muitas coisas que não estão indicadas na sua maneira de proceder. O seu intervencionismo, em particular, nos surpreende se o compararmos a certos princípios técnicos aos quais atribuímos agora importância. Mas não há nesse intervencionismo nenhuma satisfação em ter obtido a vitória sobre a consciência do sujeito, ao contrário do que diz Hyppolite, menos seguramente do que nas técnicas modernas, que colocam toda a ênfase sobre a resistência. Em Freud, vemos uma atitude mais diferenciada, quer dizer, mais humana.

Ele nem sempre define o que agora se chama interpretação da defesa, o que talvez não seja a melhor maneira de dizer. Mas, no final das contas, a interpretação do conteúdo desempenha em Freud o papel de interpretação da defesa.

Você tem razão em evocar isso, Z*. É que isso é para você. Tentar-lhe-ei mostrar por que viés se apresenta o perigo de um acosso[4] do sujeito pelas intervenções do analista. É muito mais manifesto nas técnicas ditas modernas – como se diz ao falar da análise como se fala dos fracassos – do que nunca foi em Freud. E não creio que a promoção teórica da noção de resistência possa servir de pretexto para formular a respeito de Freud essa acusação que vai radicalmente no sentido contrário do efeito liberador da sua obra e da sua ação terapêutica.

Não é que o acuse de tendencioso, Z*. É uma tendência que você manifesta, queira ou não queira. É certo que é preciso ter um espírito de exame, de crítica, mesmo em relação à obra original, mas, dessa forma, só pode servir para espessar o mistério, e de modo algum para clarificá-lo.

20 e 27 de janeiro de 1954

III

A RESISTÊNCIA E AS DEFESAS

Um testemunho de Annie Reich.
De ego a ego.
Realidade e fantasia do trauma.
História, vivido, revivido.

Comecemos por felicitar Mannoni e Anzieu pelas suas exposições, que têm o interesse de lhes mostrar os lados quentes da questão de que tratamos. Como convém a espíritos sem dúvida formados, mas bem recentemente introduzidos, senão à aplicação da análise, pelo menos à sua prática, houve nas exposições deles algo de muito agudo, e mesmo de polêmico, o que sempre tem interesse para introduzir no vivo do problema.

Uma questão muito delicada foi levantada, tanto mais delicada quanto, como já indiquei nos meus propósitos interruptivos, é inteiramente atual para alguns dentre nós.

O reproche foi implicitamente formulado, a respeito de Freud, do seu autoritarismo, suposto inaugural do seu método. É paradoxal. Se alguma coisa faz a originalidade do tratamento analítico, é ter percebido, na origem, e de cara, a relação problemática do sujeito consigo mesmo. O achado propriamente dito, a descoberta, entendida como lhes expus no início deste ano, é ter colocado essa relação em conjunção com o sentido dos sintomas.

É a recusa desse sentido pelo sujeito que lhe coloca um problema. Esse sentido não lhe deve ser revelado, deve ser assumido por ele. Nisso, a Psicanálise é uma técnica que respeita a pessoa humana – no sentido em que o entendemos hoje, depois de nos termos apercebido de que isso tinha o seu preço – que não somente a respeita, mas só pode funcionar respeitando-a. Seria, portanto, paradoxal colocar em primeiro plano esta ideia de que a técnica analítica tem por finalidade forçar a resistência do sujeito. O que não quer dizer que o problema não se coloque de modo algum.

Com efeito, não sabemos que, nos dias de hoje, tal analista não dá um só passo no tratamento sem ensinar os seus alunos a colocar sempre a respeito do paciente a pergunta: – *O que é que ele pode ainda inventar como defesa?*

Essa concepção não é verdadeiramente policialesca, no sentido em que se trataria de encontrar algo de escondido – está aí antes o termo a aplicar às fases duvidosas da análise, nos seus períodos arcaicos. Eles ficam sobretudo tentando sempre saber que postura o sujeito adotou, que achado pôde fazer, para se colocar numa posição tal que tudo que lhe dissermos será inoperante. Não seria justo dizer que eles imputam má-fé ao sujeito, porque *má-fé* está demasiadamente ligada a implicações da ordem do conhecimento, que são inteiramente estranhas a esse estado de espírito. Isso ainda seria muito sutil. Há aí a ideia de uma má vontade fundamental do sujeito. Todos estes traços fazem com que eu acredite ser preciso, ao qualificar esse estilo analítico de inquisitorial.

1

Antes de entrar no meu assunto, vou tomar como exemplo o artigo de Annie Reich sobre a contratransferência, publicado no primeiro número de 1951 do *International Journal of Psychoanalysis.*

Esse artigo encontra suas coordenadas numa forma de orientar a técnica que vai muito longe numa certa parte da escola inglesa. Chega-se, como vocês sabem, a proferir que toda a análise deve se desenrolar no *hic et nunc.* Tudo se passaria num enlaçamento com as intenções do sujeito, aqui e agora, na sessão. Reconhece-se, sem dúvida, que se entreveem pedaços do seu passado, mas pensa-se que, no final de contas, é na prova – eu ia quase dizer prova de força psicológica –, no interior do tratamento, que se desenvolve toda a atividade do analista.

É aí que está a questão – a atividade do analista. Como age ele? O que é que conta no que faz?

Para os autores em questão, para Annie Reich, nada conta a não ser o reconhecimento pelo sujeito, *hic et nunc,* das intenções do seu discurso. E as suas intenções nunca têm valor a não ser pelo seu alcance *hic et nunc,* na interlocução presente. O sujeito pode-se descrever às voltas com o seu merceeiro ou o seu cabeleireiro – na realidade ele descompõe a personagem a quem se endereça, quer dizer, o analista.

Há alguma coisa de verdadeiro. Basta ter a menor prática da vida conjugal, para saber que há sempre uma parte de reivindicação implícita no fato de que um dos cônjuges conte ao outro o que o amolou durante o dia, ao invés do contrário. Mas também pode haver aí a preocupação de informá-lo de algum evento importante a conhecer. Os dois são verdadeiros. Trata-se de saber em que ponto se focaliza a luz.

As coisas, como mostra a seguinte história contada por Annie Reich, vão às vezes mais longe. Alguns traços estão borrados, mas tudo deixa pensar que se trata de uma análise didática, em todo o caso de uma análise de alguém cujo campo de atividades está muito próximo da Psicanálise.

O analisado foi levado a fazer no rádio uma comunicação sobre um assunto que interessa vivamente ao próprio analista – são coisas que acontecem. Ocorre que essa comunicação no rádio, ele a fez alguns dias após o decesso da sua mãe. Ora, tudo indica que a mãe em questão desempenha um papel muito importante nas fixações do paciente. Ele está certamente muito afetado por esse luto, mas nem por isso deixa de atender aos seus compromissos de um modo particularmente brilhante. Na sessão seguinte, chega num estado de estupor vizinho da confusão. Não somente não há nada a tirar disso, mas o que diz surpreende pela sua incoordenação. O analista interpreta audaciosamente: *Está nesse estado porque pensa que eu lhe quero muito mal pelo sucesso que teve no rádio, o outro dia, sobre o assunto que, como sabe, me interessa essencialmente.* Aí está!

A sequência da observação mostra que é preciso não menos que um ano ao sujeito para se restabelecer depois dessa interpretação-choque, que não tinha deixado de ter um certo efeito, porque ele tinha voltado a si, instantaneamente.

Isso lhes mostra que o fato de que o sujeito saia de um estado nebuloso, logo em seguida a uma intervenção do analista, não prova absolutamente que ela tenha sido eficaz no sentido propriamente terapêutico, estruturante da palavra, a saber, que ela fosse, na análise, verdadeira. Ao contrário.

Annie Reich conduziu o sujeito no sentido da unidade do seu eu. Da confusão em que estava, saiu bruscamente dizendo: *Tenho aí alguém que me lembra que, com efeito, tudo é lobo para o lobo, e que nós estamos na vida.* E ele recomeça, deslancha – o efeito é instantâneo. É impossível, na experiência analítica, considerar como prova da justeza de uma interpretação, que o sujeito mude de estilo. Considero que o que prova a justeza de uma interpretação é que o sujeito traga um material confirmativo. E assim mesmo, isso merece ser nuançado.

Ao cabo ele um ano, o sujeito percebe que o seu estado confusional estava ligado a um contragolpe das suas reações de luto, que ele só tinha podido superar ao invertê-las. Reenvio-os aqui à psicologia do luto, de que alguns de vocês conhecem suficientemente o aspecto depressivo.

Com efeito, uma comunicação no rádio é feita segundo um modo muito particular da palavra, porque ela é endereçada a uma multidão de auditores invisíveis por um locutor invisível. Pode-se dizer que, na imaginação do locutor, ele não se endereça forçosamente àqueles que o escutam, mas também a todos, aos vivos como aos mortos. O sujeito estava lá numa relação conflitual – podia lamentar que a sua mãe não pudesse ser testemunha do seu sucesso, mas talvez, ao mesmo tempo, no discurso que endereçava aos seus auditores invisíveis, alguma coisa estivesse destinada a ela.

Seja como for, o caráter da atitude do sujeito é então nitidamente invertido, pseudomaníaco, e a sua relação estreita com a perda recente da sua mãe, objeto privilegiado dos seus laços de amor, é manifestamente o móvel do estado crítico no qual tinha chegado na sessão seguinte, após a sua façanha, após ter realizado apesar das circunstâncias em contrário, e de maneira brilhante, o que se tinha comprometido a fazer. Assim, a própria Annie Reich, que entretanto está longe de ter uma atitude crítica em relação a esse estilo de intervenção, testemunha que a interpretação fundada na significação intencional do ato do discurso, no momento presente da sessão, está submetida a todas as relatividades implicadas pelo engajamento eventual do ego do analista.

Em suma, o importante não é que o próprio analista se tenha enganado, e nada indica que a contratransferência seja culpada por essa interpretação manifestamente refutada pela sequência do tratamento. Que o sujeito tenha experimentado os sentimentos que o analista lhe imputava, não só podemos admiti-lo, mas é excessivamente provável. Que o analista tenha sido guiado por isso na interpretação que ele deu, é uma coisa que não é perigosa em si mesma. Que o único sujeito que está analisando, o analista, tenha até tido um sentimento de inveja é problema dele levá-lo em conta de maneira oportuna para se guiar através disto como uma agulha indicadora a mais. Nunca se disse que o analista não deve ter sentimentos em relação ao seu paciente. Mas deve saber não apenas não ceder a eles, colocá-los no seu devido lugar, mas servir-se deles adequadamente na sua técnica.

Nesse caso particular, é porque o analista acreditou dever procurar inicialmente, no *hic et nunc,* a razão da atitude do paciente, que a encontrou naquilo que, sem nenhuma dúvida, existia efetivamente no campo intersubjetivo entre as duas personagens. Estava bem situado para conhecê-lo, porque bem que provava um sentimento de hostilidade, ou pelo menos de irritação, em vista do sucesso do seu paciente. O grave é que tenha acreditado estar autorizado por uma certa técnica a usar isso de cara e de maneira direta.

O que é que oponho a isso? Vou tentar indicá-lo a vocês agora.

O analista se acredita aqui autorizado a fazer o que chamarei uma interpretação de ego para ego, ou de igual para igual – permitam-me o trocadilho – dito de outra forma, uma interpretação cujo fundamento e mecanismo não podem ser distinguidos em nada do da projeção.

Quando digo projeção, não digo projeção errada. Entendam bem o que estou lhes explicando. Há uma fórmula que, antes de ser analista, eu tinha – com os meus fracos dons psicológicos – colocado na base da pequena bússola de que me servia para avaliar certas situações. Eu me dizia, não sem gosto: – *Os sentimentos são sempre recíprocos.* É absolutamente verdadeiro, apesar da aparência. Desde que se coloque em campo dois sujeitos – digo dois, não três –, os sentimentos são sempre recíprocos.

Isso explica a vocês que o analista estava bem fundado em pensar que, a partir do momento em que tinha aqueles sentimentos, os sentimentos correspondentes podiam ser evocados no outro. A prova disso é que o outro os aceitou perfeitamente. Bastaria que o analista lhe dissesse: – *É hostil porque pensa que estou irritado consigo* –, para que esse sentimento fosse estabelecido. Portanto, o sentimento já estava lá, virtualmente, porque bastava botar a faisquinha para que ela existisse.

O sujeito estava bem fundado ao aceitar a interpretação de Annie Reich, pela simples razão de que, numa relação tão íntima quanto a existente entre analisado e analista, estava suficientemente a par dos sentimentos do analista para ser induzido a algo de simétrico.

A questão é saber se essa maneira de compreender a análise das defesas não nos leva a uma técnica que gera, quase obrigatoriamente, uma certa espécie de erro, um erro que não é um erro, algo anterior ao verdadeiro e ao falso. Há interpretações que são tão justas e tão verdadeiras, tão obrigatoriamente justas e verdadeiras, que não se pode dizer se respondem ou não a uma verdade. De qualquer modo, elas serão verificadas.

Essa interpretação da defesa, que eu chamo de ego a ego, convém, seja qual for o seu valor eventual, abster-se dela. É preciso que haja sempre pelo menos, um terceiro termo nas interpretações da defesa.

De fato, é preciso mais, como espero poder demonstrar-lhes. Hoje, no entanto, estou apenas abrindo o problema.

2

É tarde. Isso não nos permite entrar, tanto quanto eu teria querido, no problema das relações da resistência e das defesas. Gostaria, entretanto, de lhes dar algumas indicações nesse sentido.

Após ter ouvido as exposições de Mannoni e de Anzieu, e depois de ter-lhes mostrado os perigos que comporta uma certa técnica da análise das defesas, acredito necessário colocar certos princípios.

Foi em *A interpretação dos sonhos* que Freud deu a primeira definição, em função da análise, da noção de resistência, capítulo sete, primeira seção. Temos uma frase decisiva que é esta: *Was immer die Fortsetzung der Arbeit stört ist ein Widerstand,* que quer dizer: *Tudo que destrói, suspende/altera a continuação do trabalho* – não se trata aí de sintomas, trata-se do trabalho analítico, do tratamento, da *Behandlung,* como se diz que se trata um objeto que passa em certos processos – *Tudo que destrói a continuação do trabalho é uma resistência.*

Isso infelizmente foi traduzido em francês por: *Todo obstáculo à interpretação provém da resistência psíquica.* Assinalo esse ponto a vocês porque não facilita a vida daqueles que só têm a tradução muito simpática do corajoso Sr. Meyerson. E todo o parágrafo precedente é traduzido nesse estilo. Isso deve inspirar em vocês uma salutar desconfiança a respeito de um certo número de traduções de Freud. À frase que eu citava, está apensa uma nota na edição alemã, que discute o ponto seguinte – se o pai do paciente morrer, seria uma resistência? Não lhes digo como Freud conclui, mas vocês veem que essa nota mostra com que amplitude é colocada a questão da resistência. Pois bem, tal nota está suprimida na edição francesa.

Tudo o que suspende/destrói/interrompe a continuidade – pode-se mesmo traduzir assim *Fortsetzung* – *do tratamento é uma resistên-*

cia. É preciso partir de textos como aqueles, guardá-los um pouco na nossa mente, peneirá-los e ver o que acontece.

Do que é que se trata, em suma? Trata-se da continuação do tratamento, do trabalho. Para colocar bem os pingos nos ii, Freud não disse *Behandlung,* o que poderia significar *a cura.* Não, trata-se do trabalho, *Arbeit,* que pode ser definido pela sua forma, como a associação verbal determinada pela regra de que ele acaba de falar, a regra fundamental da associação livre. Ora, esse trabalho, já que estamos na análise dos sonhos, é evidentemente a revelação do inconsciente.

Isso vai nos permitir evocar um certo número de problemas, em particular este, que Anzieu mencionou há pouco – essa resistência, de onde vem ela? Vimos que não há texto nos *Studien über Hysterie* que permita considerar que, como tal, ela venha do eu. Nada indica tampouco na *Traumdeutung* que ela venha do processo secundário – cuja introdução é uma etapa tão importante do pensamento de Freud. Quando chegamos aos anos 1915, em que Freud publica *Die Verdrängung,* primeiro estudo a aparecer entre os que serão ulteriormente reagrupados nos escritos metapsicológicos, a resistência é certamente concebida como algo que se produz do lado do consciente, mas cuja identidade é essencialmente regulada pela sua distância, *Entfernung,* em relação àquilo que foi originalmente recalcado. Portanto, a ligação da resistência com o conteúdo do próprio inconsciente, ainda é aí extremamente sensível. Isso permanece assim até uma época mais tardia do que a desse artigo, que faz parte do período médio da evolução de Freud.

Afinal de contas, o que foi originalmente recalcado, o que é que é, desde *A interpretação dos sonhos* até esse período que qualifico de intermediário? É ainda e sempre o passado. Um passado que deve ser restituído, e relativamente ao qual não podemos fazer de outra forma a não ser reevocar uma vez mais a ambiguidade e os problemas que ele levanta quanto à sua definição, sua natureza e sua função.

Esse período é o próprio período do *Homem dos Lobos,* em que Freud coloca a questão do que é o trauma. Ele se apercebe de que o trauma é uma noção extremamente ambígua, porque parece, segundo toda evidência clínica, que sua face fantasmática é infinitamente mais importante do que sua face de evento. Desde então, o evento passa para o segundo plano na ordem das referências subjetivas. Em compensação, datar o trauma continua a ser para ele um problema que convém conservar, se é que posso dizer, obstinadamente, como o lembrei àqueles que seguiram o meu ensinamento a respeito do *Homem dos Lobos*. Quem saberá jamais o que ele viu? Mas quer o tenha visto, quer não, só pode tê-lo visto em tal data precisa, não pode tê-lo visto sequer um ano mais tarde. Acredito não trair o pensamento de Freud – basta saber lê-lo, está escrito preto no branco – ao dizer que só a perspectiva da história e do reconhecimento permite definir o que conta para o sujeito.

Gostaria, para aqueles que não estão acostumados com essa dialética que já desenvolvi abundantemente, de dar a vocês um certo número de noções de base. É preciso estar sempre no nível do alfabeto. Assim, vou tomar um exemplo que fará vocês compreenderem bem as questões levantadas pelo reconhecimento, e que os impedirá de submergi-lo em noções tão confusas quanto as de memória ou de lembrança. Se, em alemão, *Erlebnis* pode ainda ter um sentido, a noção francesa de lembrança vivida ou não vivida presta-se a todas as ambiguidades.

Vou lhes contar uma historiazinha.

Acordo de manhã na minha cortina, como Semiramis, e abro o olho. É uma cortina que não vejo todas as manhãs porque é a cortina da minha casa de campo, aonde só vou a cada oito ou 15 dias, e, nos traços que a franja da cortina fomenta, observo, uma vez mais – digo uma vez mais, só o vi assim uma vez no passado –, o perfil de um rosto, a um só tempo agudo, caricatural e velhusco, que para mim representa vagamente o estilo de uma figura de marquês do século XVIII. Eis aí uma dessas fabulações inteiramente simplórias, às quais a mente se entrega ao acordar, e que se produzem por causa de uma cristalização gestaltista, como se diria nos dias de hoje, para falar do reconhecimento de uma figura que se conhece há muito tempo.

Poderia ter sido a mesma coisa com uma mancha na parede. Por causa disso, posso dizer que a cortina não se mexeu de um nada, há exatamente oito dias. Há uma semana, ao acordar, eu havia visto a mesma coisa. Eu a tinha, é claro, completamente esquecido. Mas, é por causa disso, que eu sei que a cortina não se mexeu. Está sempre ali exatamente no mesmo lugar.

É apenas um apólogo, porque isso se passa no plano imaginário, embora não fosse difícil colocar as coordenadas simbólicas. As tolices – marquês do século XVIII etc. – desempenham aí um papel muito importante, porque se eu não tivesse um certo número de fantasias sobre aquilo que o perfil representa, não o teria reconhecido na franja da minha cortina. Mas deixemos isso de lado.

Vejamos o que comporta no plano do reconhecimento. O fato de que era assim oito dias atrás, está ligado a um fenômeno de reconhecimento no presente.

É exatamente a expressão que Freud emprega nos *Studien über Hysterie.* Ele diz ter feito, nessa época, alguns estudos sobre a memória, e refere a lembrança evocada, o reconhecimento, à força atual e presente que lhe dá, não forçosamente o seu peso e a sua densidade, mas muito simplesmente a sua possibilidade.

É assim que Freud procede. Quando não sabe mais para que santo apelar a fim de obter a reconstrução do sujeito, pega-o sempre aqui, com a pressão das mãos sobre a fronte, e enumera para ele todos os anos, todos os meses, todas as semanas, e mesmo todos os dias, nomeando-os um por um – a terça-feira 17, a quarta-feira 18 etc. Ele se fia suficientemente na estruturação implícita do sujeito, pelo que foi definido desde então como o *tempo socializado,* para pensar que, quando a sua enumeração chegar no ponto em que a agulha do relógio cruzar efetivamente o momento crítico do sujeito, este dirá: – *Ah, sim, justamente, naquele dia, eu me lembro de alguma coisa.* Observem que não estou confirmando que isso funciona. É Freud que nos assegura que funcionava.

Será que vocês apreendem bem o alcance do que estou lhes dizendo? O centro de gravidade do sujeito é essa síntese presente do passado a que chamamos história. E é nisso que confiamos quando se trata de fazer progredir o trabalho. É o que supõe a análise na sua origem. A partir de então, não é necessário demonstrar que isso é refutado no seu fim. Na verdade, se não for assim, não se vê absolutamente o que a análise trouxe de novo.

É uma primeira fase. Será que isso basta?

Não, é claro, isso não basta. A resistência do sujeito se exerce sem dúvida nesse plano, mas ela se manifesta de uma forma curiosa que merece ser explorada, e por casos absolutamente particulares.

Há um caso em que Freud sabia toda a história – a mãe lhe havia contado. Comunica-a então ao sujeito, dizendo-lhe: – *Eis aí o que se passou, eis aí o que se fez a você.* A cada vez, o paciente, a histérica, respondia por uma pequena crise de histeria, reprodução da crise característica. Ela escutava e respondia, na sua forma de resposta, que era o seu sintoma. O que coloca alguns probleminhas, este em particular: será resistência? É uma questão que abro por hoje.

Gostaria de terminar com a observação seguinte. Freud, no fim dos *Studien über Hysterie,* define o núcleo patógeno como o que é procurado, mas que repele o discurso – aquilo a que o discurso foge. A resistência é essa inflexão do discurso ao se aproximar desse núcleo. A partir de então, só poderemos resolver a questão da resistência se aprofundarmos o sentido deste discurso. Já o dissemos, um discurso histórico.

Não esqueçamos o que é a técnica analítica no seu início – uma técnica hipnótica. No hipnotismo, o sujeito sustenta esse discurso histórico. Ele o sustenta mesmo de uma forma particularmente comovente, dramatizada, o que implica a presença do ouvinte. Desse discurso, saído do seu hipnotismo, o sujeito não se lembra mais. Por que será que se encontra bem ali a entrada na técnica analítica? Porque a revivescência do trauma se mostra aqui, em si mesma, imediatamente, ou de maneira permanente, terapêutica. Verifica-se que um discurso assim sustentado, por alguém que pode dizer *eu,* interessa ao sujeito.

Resta o fato de que é ambíguo falar do caráter vivido, revivido do traumatismo no estado segundo, histérico. Não é porque o discurso é dramatizado e se apresenta sob um aspecto patético, que a palavra *revivido* pode nos satisfazer. O que é que isso quer dizer, a assunção pelo sujeito do seu próprio vivido?

Vocês veem que levo a questão ao ponto onde esse revivido é o mais ambíguo, a saber, no estado segundo do sujeito. Mas não será exatamente a mesma coisa em todos os níveis da experiência analítica? Em todo lugar se coloca a questão de saber o que significa o discurso que forçamos o sujeito a estabelecer no parêntese da regra fundamental. Essa regra lhe diz: *Afinal de contas, o seu discurso não tem importância.* No momento em que ele se entrega a esse exercício, já não acredita no seu discurso senão pela metade, porque sabe que está a todo instante sob o fogo cruzado da nossa interpretação. A questão torna-se portanto: *Qual é o sujeito do discurso?*

Retomaremos a partir daí, na próxima vez, e trataremos de discutir, em relação a esses problemas fundamentais, a significação e o alcance da resistência.

27 de janeiro de 1954

IV

O EU E O OUTRO

A resistência e a transferência.
O sentimento da presença.
Verwerfung ≠ Verdrängung.
Mediação e revelação.
As inflexões da palavra.

Da última vez, chegamos a um ponto em que nos perguntávamos qual é a natureza da resistência.

Vocês sentiram que existe ambiguidade, e não somente complexidade, na nossa abordagem desse fenômeno da resistência. Diversas formulações de Freud parecem mostrar que a resistência emana daquilo que está para se revelar, isto é, do recalcado, do *verdrängt* ou ainda do *unterdrückt.*

Os primeiros tradutores traduziram *unterdrückt* por *sufocado* – é bem frouxo. *Verdrängt* ou *unterdrückt* seriam a mesma coisa? Não vamos entrar nesses detalhes. Só o faremos quando tivermos começado a ver se estabelecerem na experiência, distinções entre esses fenômenos.

Gostaria de levá-los hoje, nos *Escritos técnicos,* a um desses pontos em que a perspectiva se estabelece. Antes de manejar o vocabulário, trata-se de tentar compreender, e, com esse fim, colocar-se num lugar a partir do qual as coisas se ordenem.

Na apresentação de doentes da sexta-feira, anunciei-lhes a leitura de um texto significativo, e vou tentar manter a minha promessa.

Existe, no meio da coleção dos escritos ditos técnicos, um texto que se chama *A dinâmica da transferência.* Como todos os textos dessa coleção, não se pode dizer que tenhamos motivos para estar inteiramente satisfeitos com a sua tradução. Existem inexatidões singulares, que vão até os limites da impropriedade. Há algumas espantosas. Elas vão todas no mesmo sentido, que é apagar as arestas do texto. Àqueles que sabem o alemão, nem sei o quanto recomendar que se dirijam ao texto original. Assinalo um corte na tradução, um ponto colocado na penúltima linha, que isola uma frase muito pequena que parece estar ali sem que se saiba por quê – *Enfim, lembremo-nos, ninguém pode ser morto* in absentia *ou* in effigie. No texto alemão, existe – *...porque é preciso se lembrar que ninguém pode ser morto* in absentia *ou* in effigie. É articulado à frase precedente. Isolada, a frase não se compreende, quando o texto de Freud é perfeitamente articulado.

A passagem desse artigo que lhes anunciei, vou lê-la. Vocês a encontrarão na p.55 da tradução francesa. Ela se articula diretamente com a passagem importante dos *Studien* que eu lembrei para vocês, onde se trata da resistência encontrada por aproximação no *sentido radial,* como diz Freud, do discurso do sujeito, quando ele se aproxima da formação profunda a que Freud chama o *núcleo patógeno.*

Estudemos um complexo patógeno às vezes muito aparente e às vezes quase imperceptível... Traduzirei antes por – *ou bem aparente como sintoma, ou bem impossível de apreender, não manifesto* – porque se trata da maneira pela qual o complexo se traduz, e é da tradução do complexo que se diz que ela é aparente ou que ela é imperceptível. Não é mais a mesma coisa que dizer que o próprio complexo o é. Existe na tradução francesa um deslocamento que basta para produzir uma flutuação. Eu continuo – *...desde a sua manifestação no consciente até as suas raízes no inconsciente, chegamos logo a uma região em que a resistência se faz sentir tão nitidamente que a associação que surge então leva a sua marca* – dessa resistência – *e nos aparece como um compromisso entre as exigências dessa resistência e a do trabalho de investigação.* Não é propriamente a *associação que surge,* é *nächste Einfall,* a mais próxima, a próxima associação, mas enfim, o sentido é conservado. *A experiência* – aí está o ponto capital – *mostra que é aqui que surge a transferência. Quando alguma coisa, entre os elementos do complexo (no conteúdo deste) é susceptível de se reportar à pessoa do médico, a transferência ocorre, fornece a ideia seguinte e se manifesta sob* a *forma de uma resistência, de uma parada das associações por exemplo. Tais experiências nos ensinam que a ideia de transferência chegou a deslizar de preferência a todas as outras associações passíveis até o consciente, justamente porque ela satisfaz a resistência.* Esta última parte de frase é sublinhada por Freud. *Um fato desse gênero se reproduz um número incalculável de vezes, ao longo de uma psicanálise. Todas as vezes que nos aproximamos de um complexo patógeno, é antes a parte complexa que pode se converter em transferência que é empurrada em direção ao consciente e que o paciente se obstina em defender com a maior tenacidade.*

Os elementos desse parágrafo que merecem destaque são estes. Inicialmente, *logo chegamos a uma região em que a resistência se faz sentir com nitidez.* Essa resistência emana do processo mesmo do discurso, da sua aproximação, se é que posso dizer isso. Em segundo lugar, *a experiência mostra que é aqui que surge a transferência.* Em terceiro lugar, a transferência se produz *justamente porque satisfaz à resistência.* Em quarto lugar, *um fato desse gênero se reproduz um número incalculável de vezes ao longo de uma psicanálise.* Trata-se de um fenômeno sensível na análise. E essa parte do complexo que se manifestou sob a forma transferência é *empurrada para o consciente neste momento. O paciente obstina-se em defendê-lo com a maior tenacidade.*

Aqui se junta uma nota que coloca em relevo o fenômeno de que se trata, fenômeno com efeito observável, algumas vezes com uma pureza extraordinária. Essa nota recorta uma indicação que emana de outro texto de Freud – *Quando o paciente se cala, há todas as chances de que essa parada no seu discurso seja devida a algum pensamento que se relaciona ao analista.*

Num manejo técnico que não é raro, mas que não obstante ensinamos aos nossos alunos a medir, a refrear, isso se traduz por uma questão do tipo: *Sem dúvida você tem alguma ideia que se relaciona comigo?* Essa solicitação cristaliza às vezes o discurso do paciente em algumas observações que concernem, seja ao aspecto, seja à cara, seja ao mobiliário do analista, seja à maneira pela qual o analista o recebeu naquele dia etc. Esse manejo não deixa de ter fundamento. Alguma coisa dessa ordem pode habitar nesse momento o espírito do paciente, e, focalizando assim as suas associações, podem-se extrair delas coisas muito diversas. Mas observa-se às vezes um fenômeno infinitamente mais puro.

No momento em que ele parece pronto para formular alguma coisa de mais autêntico, de mais quente do que jamais pôde atingir até então, o sujeito, em certos casos, se interrompe e emite um enunciado que pode ser este: *Eu realizo de repente o fato da sua presença.*

Está aí uma coisa que me aconteceu mais de uma vez e de que os analistas podem facilmente dar testemunho. Esse fenômeno se estabelece em conexão com a manifestação concreta da resistência que intervém no próprio tecido da nossa experiência, em função da transferência. Se ele adquire valor seletivo, é que o próprio sujeito sente então, como uma brusca virada, uma viravolta súbita que o faz passar de uma vertente a outra do discurso, de um acento a outro da função da palavra.

Quis colocar logo diante de vocês esse fenômeno bem centrado, que esclarece o nosso assunto de hoje. É o ponto que vai nos permitir partir de novo para colocar as nossas questões.

Antes de prosseguir nessa caminhada, quero deter-me um momento no texto de Freud, para lhes mostrar bem o quanto aquilo de que falo é a mesma coisa de que ele fala. É preciso que vocês se libertem por um instante da ideia de que a resistência é coerente com essa construção segundo a qual o inconsciente é, num dado sujeito, num dado momento, contido e, como se diz, recalcado. Seja qual for a extensão que possamos dar ulteriormente ao termo resistência na sua conexão com o conjunto das defesas, a resistência é um fenômeno que Freud localiza na experiência analítica.

É por essa razão que a pequena nota anexa à passagem que li para vocês é importante – Freud coloca aí os pingos nos ii.

Não se deveria concluir entretanto por uma importância patogênica... – é bem o que estou lhes dizendo, não se trata da noção que temos só depois[5], daquilo que motivou, no sentido profundo do termo, as etapas do desenvolvimento do sujeito – ...*por uma importância patogênica particularmente grande do elemento escolhido em vista da resistência de transferência. Quando, no curso de uma batalha, os combatentes disputam encarniçadamente a posse de algum pequeno campanário ou de alguma fazenda, não deduzimos disso que essa igreja é um santuário nacional, nem que a fazenda abriga os tesouros do exército. O valor dos lugares pode ser tático e só existir para esse único combate.*

É no movimento através do qual o sujeito se revela que aparece um fenômeno que é resistência. Quando essa resistência se torna muito forte, surge a transferência.

É um fato que o texto não diz *um fenômeno de transferência.* Se Freud tivesse querido dizer *aparece um fenômeno de transferência,* ele o teria dito. A prova de que essa diferença é significativa é o fim do artigo. Na última frase, a que começa por *Reconheçamos que nada é mais difícil em análise do que...*, traduziu-se em francês *vencer as resistências,* enquanto o texto diz *die Bezwingung der Überträgunsgsphänomene,* isto é, *o acosso dos fenômenos de transferência.* Utilizo essa passagem para lhes mostrar que *Überträgunsgsphänomene* é do vocabulário de Freud. Por que, aliás, se traduziu por *resistência?* Não é um sinal de grande cultura, senão de grande compreensão.

O que Freud escreveu, é que aí precisamente surge, não o fenômeno mesmo de transferência, mas um fenômeno essencialmente relacionado com ela.

Quanto ao resto, trata-se, ao longo desse artigo, da dinâmica da transferência. Não tomo no seu conjunto todas as questões que são ali colocadas, porque tocam a especificidade da transferência em análise, o fato de que a transferência não está aí como em qualquer outro lugar, mas *que desempenha uma função inteiramente particular.* Aconselho-os a ler esse artigo. Trago-o aqui somente para auxiliar o nosso estudo da resistência. É, entretanto, como vocês verão, o ponto-pivô daquilo de que se trata na dinâmica da transferência.

O que é que isso pode nos ensinar sobre a natureza da resistência? Pode isso nos permitir responder à questão *quem fala?* e, portanto, saber o que quer dizer a reconquista, o reencontro do inconsciente?

Colocamos a questão do que significam memória, rememoração, técnica de rememoração, do que significa a livre associação enquanto nos permite aceder a uma formulação da história do sujeito. Mas o que acontece com o sujeito? Ao longo desse progresso, será que é sempre do mesmo sujeito que se trata?

Eis-nos diante de um fenômeno onde apreendemos um nó nesse progresso, uma conexão, uma pressão original, ou antes, para falar propriamente, uma resistência. Vemos, num certo ponto dessa resistência, produzir-se o que Freud chama a transferência, quer dizer, aqui, a atualização da pessoa do analista. Extraindo-a da minha experiência, eu lhes disse há pouco que no ponto mais sensível, parece-me, e mais significativo do fenômeno, o sujeito a sente como a brusca percepção de algo que não é tão fácil de definir, a presença.

Está aí um sentimento que não temos o tempo todo. Certamente, somos influenciados por toda espécie de presenças, e o nosso mundo só tem sua consistência, sua densidade, sua estabilidade vivida, porque de certa maneira levamos em conta essas presenças, mas não as realizamos como tais. Vocês sentem que é um sentimento de que eu direi que tendemos incessantemente a apagá-la da vida. Não seria fácil viver se, a todo instante, tivéssemos o sentimento da presença com tudo o que ela comporta de mistério. É um mistério que afastamos, e ao qual, para dizer logo tudo, nos acostumamos.

Acredito que está aí algo em que não chegaríamos nunca a parar demasiadamente. E vamos tentar tomá-lo por outras pontas, porque o que Freud nos ensina, o bom método analítico, consiste em reencontrar sempre uma mesma conexão, uma mesma relação, um mesmo esquema, que se apresenta ao mesmo tempo nas formas vividas, em comportamentos, e, também, no interior da relação analítica.

Trata-se para nós de estabelecer uma perspectiva, uma percepção em profundidade de diversos planos. Noções como o isso[6] e o eu, que estamos habituados por certos manejos a colocar de maneira maciça, talvez não sejam simplesmente um par contrastado. É preciso escalonar aí uma estereoscopia um pouco mais complexa.

Àqueles que assistiram ao meu comentário do *Homem dos Lobos* – já tão longínquo agora, há um ano e meio – eu gostaria de lembrar certos pontos particularmente surpreendentes desse texto.

No momento em que aborda a questão do complexo de castração no seu paciente, questão que ocupa uma função extremamente particular na estruturação desse sujeito, Freud formula o problema seguinte: quando o temor da castração entra em questão nesse sujeito, aparecem sintomas, que se situam no plano que chamamos comumente anal, porque são manifestações intestinais. Ora, todos esses sintomas, nós os interpretamos no registro da concepção anal das relações sexuais, consideramos que eles testemunham uma certa etapa da teoria infantil da sexualidade. Com que direito? Pelo fato mesmo de que a castração entrou em jogo, o sujeito não se elevou a um nível de estrutura genital? Qual é a explicação de Freud?

Quando o sujeito, diz Freud, tinha chegado a uma primeira maturação, ou pré-maturação infantil, e estava maduro para realizar, ao menos parcialmente, uma estruturação mais especificamente genital da relação dos seus pais, recusou a posição homossexual que é a dele nessa relação, não realizou a situação edipiana, recusou, rejeitou – a palavra alemã é *verwirft* – tudo que é do plano da realização genital. Voltou à sua verificação anterior dessa relação afetiva, retirou-se para as posições da teoria anal da sexualidade.

Não é nem mesmo um recalque, no sentido em que um elemento que teria sido realizado num certo plano se encontraria posto de lado. Recalque, diz ele na p.111, é outra coisa – *Eine Verdrängung ist etwas anderes als eine Verwerfung.* Na tradução francesa, devida a pessoas cuja intimidade com Freud deveria talvez tê-las iluminado um pouco mais – mas sem dúvida não basta ter levado a relíquia de uma personalidade eminente para estar autorizado a fazer de si mesmo o guardião dela –, traduz-se – *Um recalque é outra coisa que um julgamento que rejeita e escolhe.* Por que traduzir *Verwerfung* assim? Convenho que é difícil, mas a língua francesa...

Sr. Hyppolite: – *Rejeição?*

Sim, *rejeição.* Ou, no caso, *recusa.* Por que introduzir, de repente, um *julgamento* aí dentro, a um nível em que em nenhum lugar há traço de *Urteil?* Há *Verwerfung.* Três páginas adiante, na linha 11, após a elaboração das consequências dessa estrutura, Freud conclui dizendo – *Kein Urteil über seine...* É a primeira vez que *Urteil* vem à sua pena, para encerrar a passagem. Mas, aqui, não há. Nenhum julgamento foi feito sobre a existência do problema da castração – *Aber etwas so,* mas as coisas estão aí, *als ob sie nicht,* como se elas não existissem.

Essa articulação importante indica-nos que, na origem, para que o recalque seja possível, é preciso que exista um para além do recalque, algo de derradeiro, já constituído primitivamente, um primeiro núcleo do recalcado, que não só não se revela, mas que, por não se formular, é literalmente *como se não existisse* – sigo aí o que diz Freud. E, entretanto, em certo sentido, está em algum lugar, porque, Freud nos diz isso em toda parte, ele é o centro de atração que chama para si todos os recalques ulteriores.

Eu direi que é a essência mesma da descoberta freudiana.

Para explicar como se produz um recalque de tal ou tal tipo, histérico ou obsessivo, não é necessário, afinal de contas, recorrer a uma predisposição inata. Freud admite isso, às vezes, como um grande quadro geral, mas nunca como um princípio. Leiam *Bemerkungen über Neurosen,* o segundo artigo, em 1898, sobre as neuroses de defesa.

As formas que toma o recalque são atraídas por esse primeiro núcleo, que Freud atribui então a uma certa experiência, a que chama a experiência original do trauma. Retomaremos mais tarde a questão do que quer dizer *trauma,* cuja noção deve ter sido relativizada, mas retenham que o núcleo primitivo é de um nível diferente dos avatares do recalque. É o fundo e o suporte deles.

Na estrutura daquilo que acontece ao homem dos lobos, o *Verwerfung* da realização da experiência genital é um momento inteiramente particular, que o próprio Freud diferencia de todos os outros. Coisa singular, o que ali está excluído da história do sujeito, e que ele é incapaz de dizer, foi preciso, para dar cabo disto, o acosso de Freud. É somente então que a experiência repetida do sonho infantil tomou o seu sentido, e permitiu, não o revivido, mas a reconstrução direta da história do sujeito.

Suspendo por um momento o tema do *Homem dos Lobos* para tomar as coisas por uma outra ponta. Tomemos a *Traumdeutung*, no capítulo sete, consagrado aos processos do sonho, *Traumvorgünge*.

Freud começa resumindo o que se depreende de tudo que elaborou ao longo do seu livro.

A quinta parte do capítulo começa por esta frase magnífica – *É bem difícil restituir pela descrição de uma sucessão...* – porque ele reelabora mais uma vez tudo que já explicou sobre o sonho – *...a simultaneidade de um processo complicado, e, ao mesmo tempo, parecer abordar cada nova exposição sem ideia preconcebida.*

Essa frase indica bem as dificuldades mesmas que tenho aqui, também eu, a retomar incessantemente esse problema que está sempre presente na nossa experiência, porque é preciso, sob formas diversas, chegar a criá-lo a cada vez sob um novo ângulo. Freud explica-nos que é preciso refazer, a cada vez, o inocente.

Há nesse capítulo um progresso em que tocamos com o dedo nalguma coisa de verdadeiramente muito singular. Freud enumera todas as objeções que se podem fazer sobre a validez da lembrança do sonho. O que é que é o sonho? A reconstituição que o sujeito faz dele seria exata? Que garantia temos nós de que uma verbalização ulterior não se misturou aí? Todo sonho não seria uma coisa instantânea, à qual a palavra do sujeito dá uma história? Freud afasta todas essas objeções, e mostra que não são fundadas. Mostra-o sublinhando o fato, inteiramente singular, de que, quanto mais o texto que o sujeito nos dá é incerto, mais ele é significativo. É na dúvida mesma que o sujeito manifesta sobre certas partes do sonho, que ele, Freud, que o escuta, que o espera, que está lá para revelar o seu sentido, reconhece justamente o que é importante. Porque o sujeito duvida, deve-se ter certeza.

Mas, à medida que o capítulo avança, o procedimento se atenua a tal ponto que no limite, o sonho mais significativo seria o sonho completamente esquecido, de que o sujeito não pudesse dizer nada. É mais ou menos o que Freud escreve – *Pode-se frequen-*

temente reencontrar pela análise tudo que o esquecimento perdeu; em toda uma série de casos, pelo menos, alguns nadinhas permitem reencontrar não o sonho mesmo, o que é acessório, mas os pensamentos que estão na sua base. Alguns nadinhas – é bem o que lhes digo, do sonho não resta mais nada.

Pois bem, o que é que igualmente interessa a Freud? Aí, caímos *nos pensamentos que estão na sua base.*

O termo *pensamento,* não há nada de mais difícil a manejar para todas as pessoas que aprenderam Psicologia. E, como aprendemos psicologia, esses pensamentos são para nós o que remexemos sem cessar na nossa cabeça, enquanto gente habituada a pensar...

Mas talvez *os pensamentos que estão na base,* estamos suficientemente esclarecidos por toda a *Traumdeutung* para nos aperceber de que não é o que se crê quando se fazem estudos sobre a fenomenologia do pensamento, o pensamento sem imagens ou com imagens etc. Não é o que chamamos, correntemente, o pensamento, porque aquilo de que se trata o tempo todo é de um desejo.

Deus sabe que esse desejo, nós aprendemos ao longo da nossa pesquisa a nos aperceber de que ele corre como um anel que vemos desaparecer e reaparecer num jogo de passa-passa. Afinal de contas, ainda não sabemos se deve ser situado do lado do inconsciente ou do lado do consciente. E desejo de quem? e de que falta sobretudo?

Freud ilustra o que ele quer dizer com um exemplo, numa pequena nota que tira da *Introdução à Psicanálise.*

Uma doente, ao mesmo tempo cética e muito interessada por ele, Freud, lhe conta um sonho bastante longo, durante o qual, diz ela, certas pessoas lhe falam do livro sobre o *Witz,* e falam bem do livro. Tudo isso parece não trazer nada. Trata-se, em seguida, de outra coisa, e tudo que resta do sonho é isto – *canal.* Talvez um outro livro onde haja essa palavra, algo em que se trata de *canal...* ela não sabe, é inteiramente obscuro.

Resta pois *canal,* e não se sabe a que isso se relaciona, nem de onde vem, nem aonde vai. Bem, é isso que é o mais interessante, diz ele, isso que não é senão um fragmentozinho, com uma aura de incerteza em volta.

E o que é que isso dá? No dia seguinte, não no mesmo dia, ela conta que tem uma ideia que se liga a *canal.* É precisamente um trocadilho. Uma travessia de Douvres a Calais, um inglês e um francês. Ao longo da conversa, o inglês cita a célebre frase – *Do sublime ao ridículo, não há mais do que um passo.* E o francês, galante, responde: – *Sim, o Passo de Calais,* o que é particularmente gentil para o interlocutor. Ora, o Passo de Calais é o canal da Mancha. Reencontramos pois o canal, e ao mesmo tempo o quê? Prestem bem atenção, porque isso tem a mesma função que o surgimento da presença no momento das resistências. A doente, cética, discutiu longamente antes o mérito da teoria de Freud sobre o trocadilho. Após a sua discussão, no momento em que o seu discurso hesita e não sabe mais aonde ir, aparece exatamente o mesmo fenômeno – como o dizia, outro dia, Mannoni, que me pareceu muito feliz, porque falava enquanto parteiro, *a resistência se apresenta pelo ângulo transferencial.*

Do sublime ao ridículo, não há mais do que um passo – está aí o ponto em que o sonho se liga ao auditor, porque, isso, é para Freud.

Assim, *canal,* não era grande coisa, mas, após as associações, é indiscutível.

Gostaria de tomar outros exemplos.

Deus sabe o quanto Freud é sensível no seu agrupamento dos fatos, e não é por acaso que as coisas vêm reunir-se em certos capítulos. Por exemplo, acontece no sonho, no momento em que ele toma certa orientação, fenômenos que são muito especialmente de ordem linguística. Um erro de linguagem é feito pelo sujeito, em plena consciência. O sujeito sabe, no sonho, que é um erro de linguagem, porque uma personagem intervém então para corrigi-lo. Num ponto crítico, há pois ali uma adaptação que se realiza mal, e cuja função se desdobra sob os nossos olhos. Mas deixemos isso de lado, por enquanto.

Tomemos ainda – eu o escolhi esta manhã, um pouco ao acaso – esse exemplo célebre que Freud publicou desde 1898 no seu primeiro capítulo da *Psicopatologia da vida cotidiana.* Freud se refere, a propósito do esquecimento dos nomes, ao esforço que fez um dia, numa relação com um interlocutor de viagem, para evocar o nome do autor do célebre afresco da catedral de Orvieto, vasta composição que manifesta os fenômenos esperados para o fim do mundo e centrada na aparição do Anticristo. O autor desse afresco é Signorelli, e Freud não chega a reencontrar o nome dele. Vêm outros – é isso, não é isso – *Botticelli, Boltraffio...*, não chega a reencontrar *Signorelli.*

Consegue, enfim, graças a um procedimento analítico. Porque esse pequeno fenômeno não surge do nada, está inserido no texto de uma conversa. Naquele momento eles vão de Raguse para o interior da Dalmácia, e estão quase no limite do império austríaco, em Bósnia-Herzegóvina. Esta palavra *Bósnia* dá lugar a um certo número de anedotas, e *Herzegóvina* também. Depois, vêm algumas observações sobre uma disposição particularmente simpática da clientela muçulmana, que é, numa certa perspectiva, primitiva, e que testemunha aqui uma extraordinária decência. Quando o médico dá uma notícia muito má, que a doença é incurável – o interlocutor de Freud parece com efeito ser um médico que tem uma prática, nessa região – essas pessoas deixaram algum sentimento de hostilidade manifestar-se em relação a ele. Além disso, imediatamente em seguida se endereçam a ele, dizendo: – *Herr, se tivesse havido algo a fazer, o senhor teria certamente sido capaz de fazê-lo.* Estão, pois, em presença de um fato que é preciso aceitar, donde a sua atitude comedida, cortês, respeitosa, em relação ao médico, chamado *Herr,* em alemão. Tudo isso forma o fundo sobre o qual parece se estabelecer a sequência da conversa, pontuada do esquecimento significativo que coloca o seu problema para Freud.

Freud indica que tomava parte na conversa, mas que, a partir de certo momento, a sua atenção foi dirigida para outro lugar – durante o tempo mesmo em que falava, pensava noutra coisa, a que o conduzia essa história médica.

Por um lado, voltava-lhe à ideia o valor que dão os pacientes, especialmente islâmicos, a tudo que é da ordem das funções sexuais. Literalmente, um paciente que o tinha consultado por perturbações da potência sexual, lhe havia dito: – *Se não se tem mais isso, a vida não vale mais a pena de ser vivida.* Por outro lado, ele se lembrava de ter sabido, num dos lugares em que tinha feito uma estada, da morte de um dos seus pacientes, de quem tinha cuidado durante muito tempo, coisa que não se fica sabendo, diz ele, sem um certo abalo. Não quisera exprimir esses pensamentos concernentes à valorização dos processos sexuais, porque não estava muito seguro do seu interlocutor. E, além disso, não tinha parado de bom grado o seu pensamento a respeito da morte desse doente. Mas, pensando nisso tudo, havia retirado a sua atenção daquilo que estava começando a dizer.

Freud faz no seu texto um quadrinho muito bonito – dirijam-se à edição *Imago* – onde escreve todos os nomes – *Botticelli, Boltraffio, Herzegóvina, Signorelli,* e embaixo os pensamentos recalcados, o som *Herr* e a questão. O resultado é o que ficou. A palavra *Signor* foi trazida pelo *Herr* daqueles muçulmanos tão polidos, *Traffio* foi trazido pelo fato de que tinha recebido lá o choque da má notícia concernente ao seu paciente. O que pôde reencontrar, no momento em que o seu discurso procurava o autor do afresco de Orvieto, é o que estava disponível, depois que um certo número de elementos radicais tinha sido trazido pelo que chama o *recalcado,* isto é, as ideias concernentes às histórias sexuais dos muçulmanos, e o tema da morte.

O que é que isso quer dizer? O recalcado não estava tão recalcado assim, porque, se não falou dele ao seu companheiro de viagem, ele o dá para nós, logo em seguida, no seu texto. Mas tudo se passa, com efeito, como se essas palavras – pode-se falar de palavras mesmo se esses vocábulos são partes de palavras, porque eles têm uma vida de palavras individuais – fossem a parte do discurso que, na verdade, Freud tinha de sustentar para o seu interlocutor. Ele não o disse, embora tenha começado. É isso que o interessava, é isso que estava pronto a dizer, e por não ter dito ficaram-lhe, na sequência da sua conexão com esse interlocutor, restos, pedaços, sobras dessa palavra.

Vocês não veem aí o quanto esse fenômeno, que se passa ao nível da realidade, é complementar do que se passa ao nível do sonho? Aquilo a que assistimos é à emergência de uma palavra verídica.

Deus sabe quão longe ela pode ressoar, essa palavra verídica. De que é que se trata – senão do absoluto, a saber, da morte, que ali está presente, e à qual Freud nos diz que preferiu, e não simplesmente por causa do seu interlocutor, não se afrontar muito? Deus sabe também que o problema da morte é vivido pelo médico como um problema de domínio. Ora, o médico, no caso, Freud, como o outro, perdeu – é sempre assim que sentimos a perda do doente, sobretudo quando tratamos dele por muito tempo.

O que é que decapita, pois, o *Signorelli?* Tudo se concentra, com efeito, em torno da primeira parte desse nome, e da sua ressonância semântica. É na medida em que a palavra, a que pode revelar o mais profundo segredo do ser de Freud, não é dita, que Freud não pode mais se ligar ao outro senão pelas sobras dessa palavra. Só ficam os restos. O fenômeno do esquecimento está aí, literalmente manifestado pela degradação da palavra na sua relação com o outro.

Ora – eis aonde eu queria chegar através de todos esses exemplos – é na medida em que a confissão do ser não chega ao seu termo, que a palavra se lança inteiramente na vertente em que ela se agarra ao outro.

Não é estranho à essência da palavra, se é que se pode dizer isso, o agarrar-se ao outro. A palavra é mediação sem dúvida, mediação entre o sujeito e o outro, e ela implica a realização do outro na mediação mesma. Um elemento essencial da realização do outro é que a palavra possa nos unir a ele. Está aí o que lhes ensinei sobretudo até o presente, porque é nessa dimensão que nos deslocamos incessantemente.

Mas há uma outra face da palavra que é revelação.

Revelação, e não expressão – o inconsciente só se expressa por deformação, *Entstellung,* distorção, transposição. Escrevi neste verão *Função e campo da palavra e da linguagem,* sem colocar ali, intencionalmente, o termo expressão, porque toda a obra de Freud se desdobra no sentido da revelação, e não da expressão. A revelação é o móvel último daquilo que procuramos na experiência analítica.

A resistência se produz no momento em que a palavra de revelação não se diz, em que – como Streba o escreve muito curiosamente no fim de um artigo execrável, mas tão cândido, e que centra toda a experiência analítica em torno do desdobramento do ego, de que uma metade deve vir em nosso auxílio contra a outra – o sujeito não tem mais saída. Ele se agarra ao outro porque aquilo que é impelido em direção à palavra não acedeu a ela. A vinda parada da palavra, na medida em que alguma coisa talvez a torne fundamentalmente impossível, aí está o ponto-pivô em que, na análise, a palavra bascula inteira para a primeira face e se reduz à sua função de relação ao outro. Se a palavra funciona então como mediação, é por não se ter realizado como revelação.

A questão é sempre saber em que nível se produz o agarramento do outro. É preciso estar tão imbecilizado quanto se pode estar por certa maneira de teorizar, de dogmatizar e de se arregimentar na técnica analítica, para nos ter dito um dia que uma das condições prévias do tratamento analítico, era o quê? – que o sujeito tenha uma certa realização do outro como tal. Claro, espertalhão! Mas trata-se de saber a que nível esse outro é realizado, e como, em que função, em que círculo da sua subjetividade, a que distância se encontra esse outro.

Ao longo da experiência analítica, essa distância varia sem cessar. Besteira pretender considerá-la como um certo estado do sujeito.

É o mesmo espírito que faz o Sr. Piaget falar da noção egocêntrica do mundo da criança. Como se os adultos tivessem o que ensinar sobre isso à molecada! E eu gostaria muito de saber, nas balanças do Eterno, o que é que pesa como a melhor apreensão do outro, a que pode ter o Sr. Piaget, na sua posição de professor, e na sua idade, ou a que tem uma criança! Essa criança, nós a vemos prodigiosamente aberta a tudo que o adulto lhe traz do sentido do mundo. Será que nunca se reflete sobre o que significa, no que diz respeito ao sentimento do outro, essa prodigiosa permeabilidade a tudo que é mito, lenda, conto de fada, história, essa facilidade em se deixar invadir pelos relatos? Acredita-se que é compatível com os pequenos jogos de cubos graças aos quais o Sr. Piaget nos mostra que a criança acede a um conhecimento, copernicano do mundo?

Trata-se de saber como, num dado momento, aponta em direção ao outro esse sentimento tão misterioso da presença. Talvez esteja integrado àquilo de que Freud nos fala na "Dinâmica da transferência", quer dizer, a todas as estruturações prévias, não somente da vida amorosa do sujeito, mas da sua organização do mundo.

Se eu tivesse de isolar a primeira inflexão da palavra, o momento primeiro onde se inflete, na sua curva, toda a realização da verdade do sujeito, o nível primeiro em que a captação do outro toma sua função, eu o isolaria numa fórmula que me foi dada por um daqueles que estão aqui e que eu controlo. Eu lhe perguntava: – *Em que pé está, o seu sujeito, a seu respeito esta semana?* Ele me deu então uma expressão que coincide exatamente com o que eu tinha tentado situar nessa inflexão – *Tomou-me como testemunha.* E, com efeito, está aí uma das funções mais elevadas, mas já desviadas da palavra – a tomada como testemunha.

Um pouco mais adiante, será a sedução. Um pouco mais adiante, ainda, a tentativa de captar o outro num jogo em que a palavra passa mesmo – a experiência analítica nos mostrou bem isso – a uma função mais simbólica, a uma satisfação instintiva mais profunda. Sem contar o último termo – desorganização completa da função da palavra nos fenômenos de transferência, em que o sujeito, nota Freud, se libera inteiramente e chega a fazer exatamente o que lhe agrada.

Afinal de contas, aquilo a que somos levados por essa consideração não será aquilo de que parti no meu relato sobre as funções da palavra? a saber, a oposição da palavra vazia e da palavra plena, palavra plena na medida em que realiza a verdade do sujeito, palavra vazia em relação àquilo que tem de fazer *hic et nunc* com seu analista, em que o sujeito se perde nas maquinações do sistema da linguagem, no labirinto dos sistemas de referência que lhe dá o estado cultural em que, mais ou menos, toma parte. Entre esses dois extremos, desdobra-se toda uma gama de realização da palavra.

Essa perspectiva leva-nos exatamente a isto – a resistência de que se trata projeta os seus resultados no sistema do eu, na medida em que o sistema do eu não é nem mesmo concebível sem o sistema, se é que se se pode dizer, do outro lado. O eu é referente ao outro. O eu se constitui em relação ao outro. Ele é o seu correlato. O nível no qual o outro é vivido situa exatamente o nível no qual, literalmente, o eu existe para o sujeito.

A resistência, com efeito, encarna-se no sistema do eu e do outro. Ela se realiza aí a tal ou tal momento da análise. Mas é de outro lugar que ela parte, a saber, da impotência do sujeito para desembocar no domínio da realização da *sua* verdade. De um modo sem dúvida mais ou menos definido para tal sujeito pelas fixações do seu caráter e da sua estrutura, é sempre num certo nível, num certo estilo da relação ao outro, que se projeta o ato da palavra.

A partir desse momento, vejam o paradoxo da posição do analista. É no momento em que a palavra do sujeito é a mais plena, que eu, analista, poderia intervir. Mas eu interviria em quê? – no seu discurso. Ora, quanto mais íntimo é o discurso para o sujeito, mais eu me centro nesse discurso. Mas o inverso é igualmente verdadeiro. Quanto mais o seu discurso é vazio, mais sou levado, também eu, a me agarrar ao outro, isto é, a fazer o que se faz o tempo todo, nessa famosa análise das resistências, a procurar o além do seu discurso – além, reflitam bem, que não está em parte alguma, além que o sujeito tem de realizar, mas que justamente não realizou, e que é então feito de minhas projeções, no nível em que o sujeito o realiza naquele momento.

Eu lhes mostrei, da última vez, os perigos das interpretações ou imputações intencionais, que, verificadas ou não, suscetíveis ou não de verificações, não são na verdade mais verificáveis do que qualquer sistema de projeções. E é exatamente aí que está a dificuldade da análise.

Quando dizemos que fazemos a interpretação das resistências, estamos em presença desta dificuldade – como operar a um certo nível de menor densidade da relação da palavra? Como operar nessa interpsicologia, ego e alter ego, a que nos reduz a degradação mesma do processo da palavra? Em outros termos, quais são as relações possíveis entre esta intervenção da palavra que é a interpretação, e o nível do ego, na medida em que esse nível implica sempre, correlativamente, o analisado e o analista? Quando a função da palavra caiu tão bem no sentido do outro que ela não é nem mais mediação, mas somente violência implícita, redução do outro a uma função correlativa do eu do sujeito, que podemos nós fazer para manejar ainda de forma válida a palavra na experiência analítica?

Vocês sentem o caráter oscilante do problema. Ele nos leva a esta questão – o que é que quer dizer esse apoio no outro? Por que o outro se torna tanto menos verdadeiramente outro, quanto mais torna exclusivamente a função de apoio?

É desse círculo vicioso que se trata de sair na análise. Não estaríamos nós tanto mais presos aí, quanto mais a história da técnica mostra que sempre se pôs um acento mais forte sobre o aspecto eu-oico[7] das resistências? É o mesmo problema que se exprime ainda sob esta forma – por que o sujeito se aliena tanto mais, quanto mais se afirma como eu?

Voltamos assim à questão da sessão precedente – quem é então aquele que, para além do eu, procura fazer-se reconhecer?

3 de fevereiro de 1954

V

Introdução e resposta a uma exposição de Jean Hyppolite sobre a *Verneinung* de Freud

O entrecruzamento linguístico.
As disciplinas filosóficas.
Estrutura da alucinação.
Em toda relação ao outro, a denegação.

Os que estavam aqui da última vez puderam ouvir um desenvolvimento sobre a passagem central do escrito de Freud, a "Dinâmica da transferência".

Todo este desenvolvimento consistiu em lhes mostrar que o fenômeno maior da transferência parte do que eu poderia chamar o fundo do movimento da resistência. Isolei esse momento, que permanece mascarado na teoria analítica, em que a resistência, no seu fundo mais essencial, se manifesta por um movimento de báscula da palavra em direção à presença do auditor, da testemunha que é o analista. O momento em que o sujeito se interrompe, é ordinariamente o momento mais significativo da sua aproximação em direção à verdade. Apreendemos aqui a resistência no estado puro, que culmina no sentimento, frequentemente tinto de angústia, da presença do analista.

Eu lhes ensinei também que a interrogação do analista quando o sujeito se interrompe – a qual, por lhes ter sido indicada por Freud, tornou-se para alguns quase automática – *Não está pensando em alguma coisa que me diga respeito, a mim, analista!* – não é senão um ativismo que cristaliza a orientação do discurso em direção ao analista. Essa cristalização torna apenas manifesto que o discurso do sujeito, na medida em que não chega à palavra plena em que deveria se revelar o seu fundo inconsciente, já se endereça ao analista, é feito para interessá-lo, e se sustenta dessa forma alienada do ser que se chama o ego.

1

A relação do ego ao outro, a relação do sujeito a esse outro, a esse semelhante em relação ao qual inicialmente ele se formou, é uma estrutura essencial da constituição humana.

É a partir dessa função imaginária que podemos conceber e explicar o que é o ego na análise. Não digo o ego na psicologia, onde ele é função de síntese, mas o ego na análise, função dinâmica. O ego aí se manifesta como defesa, recusa. Aí está inscrita toda a história das oposições sucessivas que o sujeito manifestou à integração daquilo a que se chamará em seguida na teoria, em seguida somente, suas pulsões as mais profundas e as mais desconhecidas. Em outros termos, nesses momentos de resistência, tão bem indicados por Freud, apreendemos aquilo através de que o movimento mesmo da experiência analítica isola a função fundamental do ego, o desconhecimento.

A mola, o ponto sensível da investigação de Freud, eu lhes mostrei a propósito da análise do sonho. Vocês viram aí, sob uma forma quase paradoxal, quanto a análise freudiana do sonho supõe que ele tem função de palavra. Isso é demonstrado pelo fato de que Freud toma o último traço de um sonho desaparecido no momento preciso em que o sujeito se volta inteiramente para ele. É no ponto preciso em que o sonho não é mais do que um traço, um pedaço de sonho, um vocábulo isolado, que reencontramos sua ponta transferencial. Já evoquei essa interrupção significativa, isolada, que pode ser o ponto de virada de um momento da sessão analítica. O sonho modela-se, portanto, sobre um movimento idêntico.

Mostrei-lhes igualmente a significação da palavra não dita porque recusada, porque *verworfen, rejeitada* pelo sujeito. Fiz vocês sentirem o peso próprio da palavra no esquecimento de uma palavra – exemplo extraído da *Psicopatologia da vida cotidiana* – e o quanto, também aí, é sensível a diferença entre aquilo que deveria ter formulado a palavra do sujeito, e aquilo que lhe resta para se endereçar ao outro. No caso presente, pelo efeito da palavra *Herr,* falta algo à palavra do sujeito, o vocábulo *Signorelli,* que ele não poderá mais evocar com o interlocutor diante de quem, de maneira potencial, a palavra *Herr* foi chamada no instante anterior com a sua plena significação. Esse momento revelador da relação fundamental da resistência e da dinânima da experiência analítica nos leva, pois, a uma questão que se pode polarizar entre estes dois termos – o ego, a palavra.

Está aí uma questão tão pouco aprofundada – ela deveria entretanto ser para nós o objeto da investigação essencial – que em alguma parte, sob a pena do Sr. Fenichel, encontramos por exemplo que é pelo ego que incontestavelmente vem ao sujeito o sentido das palavras. Será necessário ser analista para pensar que tal afirmação está, no mínimo, sujeita a contestação? Mesmo admitindo que o ego seja, com efeito, o que, como se diz, dirige as nossas manifestações motoras, e consequentemente, a saída desses vocábulos que se chamam palavras, pode-se dizer que, no nosso discurso, atualmente, o ego seja senhor de tudo que as palavras contêm?

O sistema simbólico é formidavelmente intrincado, é marcado por essa *Verschlungenheit, propriedade de entrecruzamento,* que a tradução dos escritos técnicos verteu por *complexidade,* o que é – oh, quanto! – muito fraco. *Verschlungenheit* designa o entrecruzamento linguístico – todo símbolo linguístico facilmente isolado não é solidário somente do conjunto, mas se recorta e se constitui por toda uma série de afluências, de sobredeterminações oposicionais que o situam ao mesmo tempo em vários registros. Esse sistema da linguagem, no qual se desloca o nosso discurso, não será algo que ultrapassa infinitamente toda intenção que ali podemos colocar, e que é somente momentânea?

É precisamente com essas ambiguidades, com essas riquezas implicadas desde agora no sistema simbólico tal como foi constituído pela tradição na qual nos inserimos como indivíduos, bem mais do que o soletramos e o aprendemos, é com essas funções que joga a experiência analítica. A todo instante essa experiência consiste em mostrar ao sujeito que ele diz mais do que pensa dizer – para não tomar a questão senão por esse ângulo.

Poderíamos ser levados a tomar a questão sob o ângulo genético. Mas seríamos então arrastados numa investigação psicológica que nos levaria tão longe que não podemos abordá-la agora. Parece entretanto incontestável que não é a partir da aquisição do controle motor revelado pelo aparecimento das primeiras palavras que podemos julgar sobre a aquisição como tal da linguagem. As contagens de palavras que os observadores se satisfazem em registrar deixam intacto o problema de saber em que medida as palavras que emergem com efeito na representação motora emergem precisamente de uma primeira apreensão do conjunto do sistema simbólico como tal.

Os primeiros aparecimentos, a clínica o manifesta, têm uma significação toda contingente. Todo o mundo sabe com que diversidade aparecem na locução da criança os primeiros fragmentos da linguagem. E sabe-se também como é surpreendente ouvir a criança exprimir advérbios, partículas de palavras, alguns *talvez* ou *ainda não,* antes de ter exprimido uma palavra substantiva, o menor nome de objeto.

Essa posição prévia do problema parece indispensável para situar toda observação válida. Se não chegarmos a apreender bem a autonomia da função simbólica na realização humana, é impossível partir dos fatos sem cometer logo os mais grosseiros erros de compreensão.

Como aqui não é um curso de Psicologia Geral, indubitavelmente não terei ocasião de retomar essas questões.

2

Hoje, penso só poder introduzir o problema do ego e da palavra partindo, é claro, da maneira através da qual se revela na nossa experiência.

Esse problema, só podemos colocá-lo a partir do ponto em que está a sua formulação. Não podemos fazer de conta que a teoria freudiana do ego não existe. Freud opôs o ego ao isso, e essa teoria impregna as nossas concepções teóricas e técnicas. E por isso que hoje eu gostaria de chamar a atenção de vocês para um texto que se chama a *Verneinung*.

Verneinung, como o Sr. Hyppolite me fazia observar há pouco, é *denegação* e não *negação,* como se traduziu em francês. É sempre assim que eu mesmo o evoquei nos meus seminários, cada vez que tive ocasião de fazê-lo.

O texto é de 1925. É posterior ao aparecimento dos artigos concernentes à Psicologia do eu e à sua relação com o isso. Em particular, é posterior ao artigo *Das Ich und das Es*. Freud retoma ali essa relação, sempre viva para ele, do ego com a manifestação falada do sujeito na sessão.

Pareceu-me, por razões que vocês verão se manifestar, que o Sr. Hyppolite, que nos dá a grande honra de vir aqui participar dos nossos trabalhos com sua presença, e mesmo com suas intervenções, poderia nos trazer o testemunho de uma crítica sustentada por tudo que conhecemos dos seus trabalhos anteriores.

O problema em causa, como vocês vão ver, não interessa a nada menos que toda a teoria, se não do conhecimento, pelo menos do julgamento. É por isso que lhe pedi, sem dúvida com um pouco de insistência, que aceitasse não apenas me substituir, mas trazer o que só ele pode trazer a um texto do rigor de *Die Verneinung.*

Acredito que haveria aí dificuldades para um espírito que não fosse formado nessas disciplinas filosóficas de que não poderíamos prescindir na função que ocupamos. Nossa experiência não é a de um esfrega-esfrega afetivo. Não temos de provocar no sujeito retornos de experiências mais ou menos evanescentes, confusas, em que consistiria toda a magia da Psicanálise. Estamos, pois, plenamente no nosso dever, escutando, a propósito de um texto como esse, as opiniões qualificadas de alguém que é exercitado na crítica da linguagem e formado nas disciplinas filosóficas.

Esse escrito manifesta uma vez mais o valor fundamental de todos os escritos de Freud. Cada palavra merece ser medida pela sua incidência precisa, seu acento, sua vez particular, merece ser inserida na mais rigorosa análise lógica. É nisso que se diferencia dos mesmos termos agrupados mais ou menos vagamente por discípulos, para quem a apreensão dos problemas foi de segunda mão, se é que se pode dizer, e nunca plenamente elaborada, donde resulta essa degradação da teoria analítica que se manifesta incessantemente nas suas hesitações.

Antes de dar a palavra ao Sr. Hyppolite, gostaria de chamar a atenção de vocês para uma intervenção que ele fez ao longo de uma espécie de debate que tinha provocado uma certa maneira de apresentar as coisas a respeito de Freud e das suas intenções relativas ao doente. O Sr. Hyppolite tinha então dado a Z* um auxílio...

Sr. Hyppolite: – *...momentâneo.*

– ...sim, um auxílio momentâneo. Tratava-se, vocês se lembram, de ver qual era a atitude fundamental, intencional de Freud relativamente ao paciente, no momento em que pretendia substituir a análise das resistências pela palavra a essa subjugação que se opera pela sugestão ou pela hipnose.

Eu tinha me mostrado então muito reservado sobre a questão de saber se havia aí em Freud uma manifestação de combatividade, e mesmo de dominação, relíquia do estilo ambicioso que poderíamos ver trair-se na sua juventude.

Acredito que um texto é bastante decisivo. É uma passagem da *Psicologia coletiva e análise do eu*. É a propósito da Psicologia coletiva, isto é, das relações ao outro, que o eu, enquanto função autônoma, é, pela primeira vez, introduzido na obra de Freud – simples observação que faço hoje porque ela justifica o ângulo sob o qual eu mesmo o introduzo a vocês. Essa passagem está no capítulo quatro, intitulado "Sugestão e libido".

Assim se está preparado para admitir que a sugestão (ou mais exatamente, a sugestionabilidade) é um fenômeno primitivo e irredutível, um fato fundamental da vida psíquica do homem. Tal era também a opinião de Bernheim, de quem eu próprio pude ver, em 1889, os esforços extraordinários. Mas lembro-me de que, já então, eu experimentava uma espécie de revolta surda contra essa tirania da sugestão.

Quando a um doente que se mostrava recalcitrante gritava-se "O que é que você faz? Você se contrassugestiona!", eu não podia deixar de pensar que se exerciam sobre ele uma injustiça e uma violência. O homem tinha certamente o direito de se contrassugestionar, quando se procurava submetê-lo pela sugestão. A minha oposição tomou mais tarde a forma de uma revolta contra a maneira de pensar segundo a qual a sugestão, que explicava tudo, não teria, ela mesma, necessidade de nenhuma explicação. E mais de uma vez citei a esse propósito a velha brincadeira: "Se São Cristóvão suportava Cristo e se Cristo suportava o mundo, diga-me: onde é então que São Cristóvão pode colocar os pés!"

Verdadeira revolta, portanto, que experimentava Freud diante da violência que a palavra pode comportar. Essa tendência potencial da análise das resistências, que Z* testemunhava outro dia, é precisamente o contrassenso a evitar na prática da análise. Acredito que a esse respeito essa passagem tem todo o seu valor, e merece ser citada.

Agradecendo-lhe ainda pela colaboração que ele quer nos dar, peço ao Sr. Hyppolite que, segundo o que ouvi dizer, quis consagrar uma atenção prolongada a esse texto, que nos traga simplesmente o seu sentimento.

Ler-se-á a exposição de J. Hyppolite nos Écrits, *p.879-87 ou em* "Figures de la pensée philosophique", escritos de Jean Hyppolite, *Paris, 1971 – tomo I, p.385-96.*

3

Não chegaríamos nunca a ser suficientemente gratos ao Sr. Hyppolite por nos ter dado ocasião, por um movimento coextensivo ao pensamento de Freud, de encontrar imediatamente esse para-além da Psicologia positiva, que ele situou de modo notável.

De passagem, faço-os observar que, insistindo nestes seminários sobre o caráter transpsicológico do campo psicanalítico, não fazemos senão reencontrar o que é a evidência da nossa prática, e que o pensamento mesmo daquele que nos abriu as portas dela manifesta, sem cessar, no menor dos seus escritos.

Há muito a tirar da reflexão sobre esse texto. A extrema condensação da exposição do Sr. Hyppolite é, talvez, num certo sentido, muito mais didática do que eu próprio lhes exprimo no meu estilo, com certas intenções. Eu a mandarei mimeografar para uso daqueles que vêm aqui, porque me parece que não pode haver melhor prefácio a essa distinção de níveis, a essa crítica de conceitos, na qual me esforço para introduzi-los com o propósito de evitar confusões.

A elaboração do texto de Freud pelo Sr. Hyppolite mostrou-nos a diferença de níveis da *Bejahung*, da afirmação, e da negatividade enquanto ela instaura num nível inferior – é de propósito que utilizo expressões muito mais chãs – a constituição da relação sujeito-objeto. Está aí aquilo a que esse texto, aparentemente tão mínimo, nos introduz de cara, alcançando sem nenhuma dúvida algumas das elaborações mais atuais da meditação filosófica.

Isso nos permite, ao mesmo tempo, criticar a ambiguidade sempre cultivada em torno da famosa oposição do intelectual e do afetivo – como se o afetivo fosse uma espécie de coloração, de qualidade inefável que devesse ser procurada em si mesma, de maneira independente da pele esvaziada que seria a realização puramente intelectual de uma relação do sujeito. Essa concepção que impele a análise para vias singulares é pueril. O menor sentimento singular, e mesmo estranho, que o sujeito acusa no texto da sessão, é conotado de sucesso sensacional. É o que deriva desse mal-entendido fundamental.

O afetivo não é como uma densidade especial que faltaria à elaboração intelectual. Não se situa num para-além mítico da produção do símbolo que seria anterior à formulação discursiva. Só isso pode nos permitir de cara, não digo situar, mas apreender aquilo em que consiste a realização plena da palavra.

Resta-nos um pouco de tempo. Gostaria de tentar apontar imediatamente, através de exemplos, de que forma a questão se coloca. Vou lhes mostrar isso por dois lados.

4

Tomemos inicialmente um fenômeno a propósito do qual a elaboração do pensamento psicopatológico renovou totalmente a perspectiva – a alucinação.

Até uma certa data, a alucinação foi considerada um fenômeno crítico em torno do qual se colocava a questão do valor discriminativo da consciência – não podia ser a consciência que estava alucinada, devia ser outra coisa. De fato, basta que nos introduzamos na nova fenomenologia da percepção, tal como ela se depreende do livro do Sr. Merleau-Ponty, para vermos que a alucinação é, ao contrário, integrada como essencial à intencionalidade do sujeito.

A alucinação, contentamo-nos de hábito com um certo número de registros, com o do princípio do prazer, para explicar a sua produção. Consideramo-la assim o primeiro movimento na ordem da satisfação do sujeito. Não podemos nos contentar com uma teorização tão simples.

Lembrem-se do exemplo que lhes citei da última vez no *Homem dos Lobos*. O progresso da análise do sujeito em questão, as contradições que apresentam os traços através dos quais seguimos a elaboração da sua situação no mundo humano, indicam uma *Verwerfung*, uma rejeição – o plano genital sempre foi para ele como se não existisse, literalmente. Essa rejeição, fomos levados a situá-la no nível, eu diria, da *não-Bejahung*, porque não podemos colocá-la, absolutamente, no mesmo nível do que uma denegação.

O que é chocante é o que segue. À luz das explicações que lhes foram dadas hoje em torno de *Dia Verneinung*, ela será bem mais compreensível. De um modo geral, com efeito, a condição para que alguma coisa exista para o sujeito, é que haja *Bejahung*, essa *Bejahung* que não é negação da negação. O que é que se passa quando essa *Bejahung* não se produz e quando nada é, pois, manifestado no registro simbólico?

Vejamos o *Homem dos Lobos*. Não houve para ele *Bejahung*, realização do plano genital. Não há traço desse plano no registro simbólico. O único traço que dele tenhamos, é a emergência, de modo algum na sua história, mas verdadeiramente no mundo exterior, de uma pequena alucinação. A castração, que é precisamente o que para ele não existiu, manifesta-se sob a forma do que ele imagina – ter-se cortado o dedinho tão profundamente que só se segura por um pedacinho de pele. Fica então submerso pelo sentimento de uma catástrofe tão inexprimível que não ousa nem mesmo falar disso para a pessoa ao seu lado. Aquilo de que não ousa falar, é isso – é como se essa pessoa à qual ele imediatamente refere todas as suas emoções, estivesse anulada. O outro não existe mais. Há uma espécie de mundo exterior imediato, manifestações percebidas no que chamarei um real primitivo, um real não simbolizado, apesar da forma simbólica, no sentido corrente da palavra, que toma esse fenômeno.

O sujeito não é de modo algum psicótico. Só tem uma alucinação. Poderá ser psicótico mais tarde, não o é no momento em que tem essa vivência absolutamente limitada, nodal, estranha à vivência da sua infância, inteiramente desintegrada. Nesse momento da sua infância, nada permite classificá-la como um esquizofrênico, mas se trata de um fenômeno de psicose.

Há pois aí, ao nível de uma experiência inteiramente primitiva, nesse ponto de origem em que a possibilidade do símbolo abre o sujeito para uma certa relação ao mundo, uma correlação, um balanceio que eu lhes peço que compreendam – o que não é reconhecido faz irrupção na consciência sob a forma de visto.

Se vocês aprofundarem essa polarização particular, parecer-lhes-á muito mais fácil abordar o fenômeno ambíguo que se chama o *déjà-vu,* e que se situa entre esses dois modos de relação, o reconhecido e o visto. Com o *déjà-vu,* algo no mundo exterior é levado ao limite, e surge com uma pré-significação especial. A ilusão retrospectiva reporta esse percebido dotado de uma qualidade original ao domínio do *déjà-vu.* Freud não nos fala de nada além disso quando nos diz que toda experiência do mundo exterior se refere implicitamente a algo que já foi percebido no passado. Isso se aplica ao infinito – de certa maneira, toda espécie de percebido comporta necessariamente uma referência a um percebido anterior.

É por isso que somos levados aí ao nível do imaginário enquanto tal, ao nível da imagem modelo da forma original. Não se trata do reconhecido simbolizado e verbalizado. Reencontramos antes os problemas evocados pela teoria platônica, não da rememoração, mas da reminiscência.

Anunciei-lhes um outro exemplo, que tomo dos defensores da maneira dita moderna de analisar. Vocês vão ver que os seus princípios já estão expostos em 1925 nesse texto de Freud.

Faz-se muito alarde em torno do fato de que analisamos inicialmente a superfície, como se diz. Seria o fino para permitir ao sujeito progredir escapando a essa espécie de acaso que representaria a esterilização intelectualizada do conteúdo re-evocado pela análise.

Pois bem, Kris, num dos seus artigos, expõe o caso de um sujeito que ele analisa e que, aliás, já fora analisado uma vez. Esse sujeito tem graves entraves no seu trabalho, trabalho intelectual que parece, pelo que se entrevê, muito próximo das preocupações que podem ser as nossas. Este sujeito experimenta todo tipo de dificuldade em produzir, como se diz. Com efeito, a sua vida está como que entravada pelo sentimento que tem, de ser, digamos para abreviar, um plagiário. Troca incessantemente ideias com alguém que lhe é muito próximo, um *scholar* brilhante, mas se sente sempre tentado a tomar as ideias que lhe fornece o seu interlocutor, e isso é para ele um entrave perpétuo a tudo que quer dizer, publicar.

Não obstante, chega a pôr de pé um certo texto. Mas um dia, chega declarando de maneira quase triunfal que toda a sua tese já se encontra na biblioteca, num artigo publicado. Ei-lo, pois, desta vez, plagiário, apesar de si mesmo.

Em que vai consistir a pretensa interpretação pela superfície que nos propõe Kris? Provavelmente nisto – Kris se interessa efetivamente pelo que se passou e pelo que há no artigo. Examinando de mais perto, percebe que absolutamente não há aí o essencial das teses introduzidas pelo sujeito. Algumas coisas estão esboçadas, que colocam a mesma questão, mas nada das perspectivas novas introduzidas pelo seu paciente, cuja tese é portanto plenamente original. É preciso partir daí, diz Kris, é o que ele chama – não sei por quê – uma tomada das coisas pela superfície.

Ora, diz Kris, se o sujeito insiste em lhe manifestar que toda a sua conduta está entravada, é que o seu pai nunca chegou a publicar nada, e isso porque era esmagado por um avô – em todos os sentidos da palavra – que era uma personagem produtiva e muito fecunda. Tem necessidade de encontrar no seu pai, um avô, pai do pai, um pai maior, digamos um grande pai,[8] um pai que seria grande, que, ele, seria capaz de fazer alguma coisa, e satisfaz essa necessidade forjando tutores, maiores que ele, na dependência dos quais se encontra por intermédio de um plagiarismo de que então se culpa, e com o auxílio do qual se destrói. Com isso não faz nada além de satisfazer uma necessidade que é a que o atormentou durante a sua infância e, em consequência, dominou a sua história.

Incontestavelmente, a interpretação é válida. É importante ver através de que o sujeito reage a ela. O que é que Kris considera como a confirmação do alcance do que ele introduz, e que leva bem longe?

Ver-se-á em seguida toda a história do sujeito se desenvolver. Ver-se-á que a simbolização, para falar propriamente, peniana, dessa necessidade do pai real, criador e poderoso, passou através de todo tipo de jogos na infância, jogos de pesca – o pai pescará um peixe maior ou menor? etc. Mas a reação imediata do sujeito é essa. Fica em silêncio, e é na sessão seguinte que diz – *Outro dia, saindo, fui a tal rua* – isso se passa em Nova York, trata-se da rua onde há restaurantes estrangeiros e onde se comem coisas um pouco picantes – *e procurei um lugar onde pudesse encontrar a refeição de que gosto particularmente, miolos frescos.*

Vocês veem aí o que é uma resposta evocada por uma interpretação justa, a saber, um nível da palavra simultaneamente paradoxal e pleno na sua significação.

Que essa interpretação aqui seja justa, a que se deve isso? Trata-se de alguma coisa que está na superfície? O que é que isso quer dizer? Não quer dizer nada, senão que Kris, por um desvio sem dúvida adaptado, mas de que poderia muito bem prever o termo, se apercebeu precisamente disto – que o sujeito, na sua manifestação sob essa forma especial que é a produção de um discurso organizado, em que está sempre sujeito a esse processo que se chama a denegação e em que se cumpre a integração do seu ego, só pode refletir a sua relação fundamental ao seu eu ideal sob uma forma invertida.

Em outros termos, a relação ao outro, na medida em que nela tende a se manifestar o desejo primitivo do sujeito, contém sempre em si mesma esse elemento fundamental, original, da denegação, que toma aqui a forma da inversão.

Isso, como vocês veem, apenas nos introduz em novos problemas.

Mas, para continuar, conviria que fosse situada a diferença de nível entre o simbólico como tal, a possibilidade simbólica, abertura do homem aos símbolos, e, por outro lado, a sua cristalização no discurso organizado enquanto contém, fundamentalmente, a contradição. Acredito que o comentário do Sr. Hyppolite lhes mostrou isso magistralmente hoje. Desejo que vocês guardem o aparelho e o manejo em mãos, como referências às quais possam sempre se reportar quando chegarem a cruzamentos difíceis na sequência da nossa exposição. É por isso que agradeço ao Sr. Hyppolite por ter concorrido com a sua alta competência.

10 de fevereiro de 1954

VI

ANÁLISE DO DISCURSO E ANÁLISE DO EU

Anna Freud ou Melanie Klein.

Tenho a intenção de começar a levá-los para a região delimitada pelos nossos propósitos da última vez. É exatamente a região compreendida entre a formação do símbolo e o discurso do eu, e em que já avançamos desde o início deste ano.

Dei hoje ao seminário que vamos continuar juntos o título de "Análise do Discurso e Análise do Eu", mas não posso prometer dar conta de um título tão ambicioso numa única sessão. Opondo esses dois termos, pretendo substituí-los à oposição clássica análise do material/análise das resistências.

No texto sobre a *Verneinung*, que ele teve a gentileza de comentar para nós, o Sr. Hyppolite valorizou o sentido complexo, manejável, de *Aufhebung*. Em alemão, esse termo significa ao mesmo tempo negar, suprimir, mas também conservar na supressão, suspender. Temos aí o exemplo de um conceito que não chegaríamos nunca a aprofundar em demasia para refletir sobre o que fazemos no nosso diálogo, com o sujeito, como o observaram já há algum tempo os psicanalistas.

1

É claro que é com o eu do sujeito, com suas limitações, suas defesas, seu caráter, que temos a ver. Temos de fazê-lo avançar. Mas qual a função que ele desempenha nessa operação? Toda a literatura analítica está como que embaraçada para defini-la com exatidão.

Todas as elaborações recentes que tomam o eu do analisado como aliado do analista na Grande-Obra analítica comportam contradições manifestas. Com efeito, salvo se se desembocar na noção, não só de bipolaridade ou de bifuncionamento do eu, mas, para falar propriamente, de *splitting*, distinção radical entre dois eus, é muito difícil definir o eu como uma função autônoma, ao mesmo tempo que se continua a tomá-lo por um mestre de erros, sede das ilusões, lugar de uma paixão que lhe é própria e se orienta essencialmente para o desconhecimento. Função de desconhecimento, é o que ele é na análise, como, aliás, numa grande tradição filosófica.

Há parágrafos no livro de Anna Freud, *O ego e os mecanismos de defesa*, em que se tem o sentimento, se passarmos sobre a linguagem às vezes desconcertante pelo seu caráter coisista, de que ela fala do eu no estilo de compreensão que tentamos manter aqui. E tem-se ao mesmo tempo o sentimento de que ela fala do *homenzinho que está dentro do homem*, que teria uma vida autônoma dentro do sujeito e estaria ali a defendê-lo – *Pai, mantenha-se à direita, Pai, mantenha-se à esquerda* – contra o que pode assaltá-lo, de fora como de dentro. Se considerarmos o seu livro como uma descrição moralista, então ela fala incontestavelmente do eu como da sede de certo número de paixões, num estilo que não é indigno do que La Rochefoucauld pôde assinalar sobre as manhas incansáveis do amor-próprio.

A função dinâmica do eu no diálogo analítico permanece, pois, até o presente, profundamente contraditória, por não ter sido rigorosamente situada, e isso aparece cada vez que abordamos os princípios da técnica.

Acredito que muitos de vocês leram esse livro de Anna Freud. É extremamente instrutivo e, porque é muito rigoroso, pode-se certamente assinalar nele os pontos em que aparecem as falhas da sua demonstração, mais sensíveis ainda nos exemplos que ela dá.

Vejam as passagens em que ela tenta definir a função do eu. Na análise, diz ela, o eu só se manifesta pelas suas defesas, quer dizer, na medida em que se opõe ao trabalho analítico. Quer isso dizer que tudo que se opõe ao trabalho analítico seja defesa do eu? Ela reconhece em outro lugar que isso não pode ser mantido e que há outros elementos de resistência além das defesas do eu. Não foi assim que comecei a abordar o problema com vocês? Muitos problemas abordados aqui, figuram nesse livro, e é com muita atenção que é preciso lê-lo, porque tem o valor de um legado, verdadeiramente bem transmitido, da última elaboração de Freud sobre o eu.

Alguém que nos é próximo na Sociedade, tomado no Congresso de 1950, não sei por quê, por um arroubo lírico – esse prezado camarada – chamou Anna Freud de *o fio de prumo da Psicanálise.* Pois bem, o fio de prumo não basta numa arquitetura. São necessários alguns outros instrumentos, um nível d'água por exemplo. Mas enfim, o fio de prumo não está mal – ele nos permite encontrar a vertical de certos problemas.

Vou pedir à Srta. Gélinier que lhes apresente um artigo de Melanie Klein, intitulado "A importância da formação do símbolo no desenvolvimento do eu". Não acredito que seja mau introduzi-lo, lendo para vocês um texto de Anna Freud concernente à análise das crianças e especialmente às defesas do eu.

Eis um pequeno exemplo que ela nos dá. Trata-se de uma das suas pacientes, que se faz analisar por causa de um estado de ansiedade grave que perturba a sua vida e os seus estudos, e isso, para obedecer à sua mãe.

No início da análise, diz Anna Freud, *o seu comportamento em relação a mim permanece amigável e franco, mas observo entretanto que ela evita cuidadosamente nos relatos fazer a menor alusão ao seu sintoma, e deixa passar em silêncio as crises de ansiedade que tem no intervalo das sessões. Quando me acontece insistir para fazer o sintoma entrar na análise ou interpretar a ansiedade que traem certos dados das associações, o comportamento amigável da paciente logo se modifica. Despeja toda vez sobre mim uma torrente de observações irônicas e de sarcasmos. Fracasso totalmente ao tentar ligar essa atitude da doente ao seu comportamento em relação à sua mãe. As relações conscientes e inconscientes da moça com a sua mãe oferecem uma imagem bem diferente. Sua ironia, seus sarcasmos incessantemente renovados, desconcertam o analista e, durante um certo tempo, tornam inútil a continuação do tratamento. Entretanto, uma análise mais aprofundada mostra, em seguida, que zombaria e caçoada não constituem, para falar propriamente, uma reação de transferência e não estão de modo algum ligadas à situação analítica. A paciente recorre a essa manobra, dirigida contra si mesma, cada vez que sentimentos de ternura, de desejo, ou de ansiedade, estão para surgir no consciente. Quanto mais potente é o impulso do afeto, mais a moça coloca veemência e acrimônia em se ridicularizar. A analista só atrai secundariamente essas reações de defesa porque encoraja a aparição, no consciente, dos sentimentos de ansiedade da doente. O conhecimento do conteúdo da ansiedade, mesmo quando os outros dizeres da paciente permitem a sua interpretação exata, permanece inoperante, enquanto toda tentativa de se aproximar do afeto apenas intensifica a defesa. Só foi possível, em análise, tornar consciente o conteúdo da angústia, após ter conseguido fazer chegar até o consciente, e por aí tornar inoperante, o modo de defesa contra os afetos pela depreciação irônica, processo que até então se tinha realizado automaticamente em todas as circunstâncias da vida da doente. Do ponto de vista histórico, esse procedimento de defesa pelo ridículo e pela ironia se explica, em nossa paciente, por uma identificação com o pai defunto que tinha querido ensinar à sua filha o domínio de si e caçoava dela cada vez que ela se entregava a manifestações sentimentais. O método de defesa contra o afeto fixa, pois, aqui a lembrança de um pai ternamente amado. A técnica que se impõe nesse caso é a de analisar em primeiro lugar a defesa da paciente contra os seus afetos, o que permite em seguida estudar a sua resistência na transferência. Só nesse momento, torna-se possível analisar verdadeiramente a ansiedade e a sua pré-história.*

Do que é que se trata no que se apresenta aqui como necessidade de analisar a defesa do eu? Não se trata de nada senão do correlato de um erro. Anna Freud, com efeito, tomou logo as coisas pelo ângulo da relação dual entre ela e a doente. Tomou a defesa da doente por aquilo através de que se manifestava, isto é, uma agressão contra ela, Anna Freud. É no plano do eu dela, Anna Freud, é no âmbito da relação dual com ela, Anna Freud, que ela percebeu as manifestações de defesa do eu. Quis ao mesmo tempo ver ali uma manifestação da transferência, segundo a fórmula que faz da transferência a reprodução de uma situação. Embora frequentemente dada, ao ponto de passar por clássica, essa fórmula é incompleta, porque ela não precisa como a situação é estruturada. O que lhes digo aqui se liga ao que indicava na minha conferência no *Colégio Filosófico.*

Anna Freud começou a interpretar a relação analítica segundo o protótipo da relação dual, que é a relação do sujeito à sua mãe. Ela se encontrou logo numa posição que não só marcava passo, mas era completamente estéril. O que é que ela chama *ter analisado a defesa contra os afetos?* Não parece que se possa, a partir desse texto, ver nisso outra coisa além da compreensão dela. Não é nessa via que ela podia progredir. Deveria ter distinguido a interpretação dual, em que o analista entra numa rivalidade de eu a eu com o analisado, e a interpretação que progride no sentido da estruturação simbólica do sujeito, a qual deve ser situada para além da estrutura atual do seu eu.

Voltamos por aí à questão de saber de qual *Bejahung,* de qual assunção pelo eu, de qual *sim* se trata no progresso analítico. Qual *Bejahung* se trata de obter, que constitui o desvendamento essencial ao progresso de uma análise?

Freud, num escrito contido no *Esboço de psicanálise,* p.40 da edição francesa, mas que não está fora do nosso círculo, porque se intitula "Da técnica psicanalítica", nos diz que é a conclusão de um pacto que define a entrada na situação analítica. *O eu doente do paciente nos promete uma franquia total, isto é, a livre disposição de tudo que a sua autopercepção lhe entrega. Do nosso lado, lhe asseguramos a maior discrição e colocamos a seu serviço a nossa experiência na interpretação do material submetido ao inconsciente. O nosso saber compensa a sua ignorância e permite ao eu recuperar e governar os domínios perdidos do seu psiquismo. É esse pacto que constitui toda a situação analítica.*

Pois bem – minha última conferência implicava isto – se é verdade que o nosso saber vem dar socorro à ignorância do analisado, nem por isso deixamos de estar, nós também, na ignorância, na medida em que ignoramos a constelação simbólica que mora no inconsciente do sujeito. Ademais, essa constelação, é preciso sempre concebê-la como estruturada, e segundo uma ordem complexa.

A palavra *complexo* veio à superfície da teoria analítica por uma espécie de força interna, porque, como vocês sabem, não foi Freud quem a inventou, mas Jung. Quando vamos à descoberta do inconsciente, o que encontramos são situações estruturadas, organizadas, complexas. Freud nos deu o primeiro modelo, o padrão, no complexo de Édipo. Aqueles de vocês que seguiram desde há muito tempo o meu seminário, puderam, através do comentário que fiz dos casos menos sujeitos a caução por serem os mais ricamente delineados pelo próprio Freud, a saber, três das cinco grandes psicanálises, puderam perceber quanto o complexo de Édipo coloca problemas e quantas ambiguidades comporta. Todo o desenvolvimento da análise, em suma, foi feito pela valorização sucessiva de cada uma das tensões implicadas nesse sistema triangular. Só isso já nos força a ver nele coisa inteiramente diversa do bloco maciço que se resume na fórmula clássica – atração sexual pela mãe, rivalidade com o pai.

Vocês sabem o caráter profundamente dissimétrico, e isso desde a origem, de cada uma das relações duais que compreende a estrutura edipiana. A relação que liga o sujeito à mãe é distinta da que o liga ao pai, a relação narcísica ou imaginária com o pai é distinta da relação simbólica, e também da relação a que devemos chamar real – a qual é residual em relação à arquitetura que nos interessa na análise. Tudo isso mostra suficientemente a complexidade da estrutura, e que não é inconcebível que uma outra direção de pesquisa nos permita elaborar o mito edipiano melhor do que o foi até aqui.

Apesar da riqueza do material que foi incluído no interior da relação edipiana, não nos descolamos do esquema dado por Freud. Esse esquema deve ser mantido como essencial, porque ele é, vocês verão por quê, verdadeiramente fundamental, não somente para toda compreensão do sujeito, mas também para toda realização simbólica, pelo sujeito, do isso, do inconsciente – o qual é um si-mesmo e não uma série de pulsões desorganizadas, como uma parte da elaboração teórica de Freud tenderia a fazer supor quando se lê nela que só o eu tem no psiquismo uma organização.

Vimos da última vez que a redução mesma da negação relativa ao denegado não nos dá, só por isso, quanto ao sujeito, a sua *Bejahung*. É preciso olhar de perto o valor dos critérios que exigimos – e sobre os quais estamos aliás de acordo com o sujeito – para reconhecer uma *Bejahung* satisfatória.

Onde está a origem da evidência? É a reconstrução analítica que o sujeito deve autenticar. É com o auxílio de vazios que a lembrança deve ser revivida. E Freud nos lembra com toda razão que não podemos nunca ter confiança integral na memória. A partir daí, com o que exatamente nos satisfazemos, nós, quando o sujeito nos diz que as coisas chegaram ao ponto de fazer clique em que ele tem o sentimento da verdade?

Essa questão leva-nos ao cerne do problema do sentimento de realidade que abordei outro dia a propósito da gênese da alucinação do homem dos lobos. Dei essa fórmula quase algébrica, que quase tem aparência muito transparente, muito concreta – o real, ou o que é percebido como tal, é o que resiste absolutamente à simbolização. Afinal de contas, o sentimento de real, não se apresenta ele no seu máximo na manifestação abrasadora de uma realidade irreal, alucinatória?

No homem dos lobos, a simbolização do sentido do plano genital foi *verworfen*. Além disso, não temos que nos espantar com o fato de que certas interpretações, que se chamam interpretações do conteúdo, não sejam simbolizadas pelo sujeito. Manifestam-se numa etapa em que não podem, em nenhum nível, lhe dar a revelação de qual é a sua situação nesse domínio interditado que é o seu inconsciente, porquanto estão ainda no plano da negação ou no da negação da negação. Algo não foi ainda franqueado – que está justamente para além do discurso, e necessita um salto no discurso. O recalque não pode desaparecer pura e simplesmente, só pode ser ultrapassado, no sentido de *Aufhebung*.

O que Anna Freud chama análise das defesas contra o afeto, é unicamente uma etapa da sua própria compreensão e não da compreensão do sujeito. Tendo-se apercebido de que ela se perde ao acreditar que a defesa do sujeito é uma defesa contra ela, pode então analisar a resistência da transferência.

E isso a leva a quê? – a alguém que não está lá, a um terceiro. Ela depreende algo que se deve assemelhar muito à posição de Dora. O sujeito se identificou ao seu pai e essa identificação estruturou o seu eu. Essa estruturação do eu é ali designada enquanto defesa. É a parte mais superficial da identificação, mas pode-se reencontrar, por esse viés, no plano mais profundo, e reconhecer a situação do sujeito na ordem simbólica. O contexto da análise não é outra coisa – reconhecer que função assume o sujeito na ordem das relações simbólicas que cobre todo o campo das relações humanas, e cuja célula inicial é o complexo de Édipo, onde se decide a assunção do sexo.

Dou agora a palavra à Srta. Gélinier, que vai fazer vocês apreenderem o ponto de vista de Melanie Klein. Esse ponto de vista está em oposição ao de Anna Freud – não é por nada que essas duas senhoras, que não deixam de ter analogias, se opuseram através de rivalidades merovíngias.

O ponto de vista de Anna Freud é intelectualista, e a leva a formular que tudo deve ser conduzido, na análise, a partir da posição mediana, moderada, que seria a do eu. Tudo parte nela da educação ou da persuasão do eu, e tudo deve voltar para ali. Vocês vão ver de onde parte, ao contrário, Melanie Klein, para abordar um assunto particularmente difícil, com o qual nos perguntamos como Anna Freud teria podido fazer uso das suas categorias de eu forte e de eu fraco, os quais supõem uma posição de reeducação prévia. Vocês poderão julgar ao mesmo tempo qual está mais próxima do eixo da descoberta freudiana.

O artigo de Melanie Klein, "The Importance of Symbol-Formation in the Development of the Ego", publicado em 1930, figura na compilação Contributions to Psycho-Analysis, 1921-1945, *publicado em 1948. Tradução francesa sob o título* Essais de psychanalyse, 1921-1945, *Paris, 1968.*

2

Melanie Klein enfia o simbolismo, com a maior brutalidade, no pequeno Dick! Ela começa jogando imediatamente em cima dele as interpretações maiores. Ela o joga numa verbalização brutal do mito edípico, quase tão revoltante para nós quanto para qualquer leitor – *Você é o trenzinho, você quer foder a sua mãe.*

Esse modo de fazer se presta evidentemente a discussões teóricas – que não podem ser dissociadas do diagnóstico do caso. Mas é certo que depois dessa intervenção, alguma coisa se produz. Tudo está aí.

Vocês notaram a falta de contato experimentada por Dick. Está aí o defeito do seu ego. Seu ego não está formado. Do mesmo modo, Melanie Klein distingue Dick dos neuróticos, até na sua profunda indiferença, a sua apatia, a sua ausência. Com efeito, é claro que, nele, o que não é simbolizado é a realidade. Esse jovem sujeito está inteirinho na realidade, no estado puro, inconstituído. Ele está inteirinho no indiferenciado. Ora, o que é que constitui um mundo humano? – senão o interesse pelos objetos enquanto distintos, os objetos enquanto equivalentes. O mundo humano é um mundo infinito quanto aos objetos. A esse respeito, Dick vive num mundo não humano.

Esse texto é precioso porque é de uma terapeuta, de uma mulher de experiência. Ela sente as coisas, ela as exprime mal, não se pode culpá-la por isso. A teoria do ego é aqui incompleta, talvez porque ela não esteja decidida a dá-la, mas ela mostra muito bem isso – se, no mundo humano, os objetos se multiplicam, se desenvolvem, com a riqueza que constitui a sua originalidade, é na medida em que aparecem num processo de expulsão ligado ao instinto de destruição primitivo.

Trata-se aí de uma relação primitiva, na raiz mesma, instintiva, do ser. À medida que se produzem essas ejeções fora elo mundo primitivo do sujeito, que não está ainda organizado no registro da realidade propriamente humana, comunicável, surge cada vez um novo tipo de identificação. É o que não é suportável, e a ansiedade surge ao mesmo tempo.

A ansiedade não é uma espécie de energia que o sujeito teria de repartir para constituir os objetos, não há no texto de Melanie Klein nenhuma frase cuja forma vá nesse sentido. A ansiedade é sempre definida como surgindo, *arising*. A cada uma das relações objetais corresponde um modo de identificação cujo sinal é a ansiedade. As identificações de que se trata aqui precedem a identificação eu-oica. Mas, mesmo quando esta for feita, toda nova re-identificação do sujeito fará surgir a ansiedade – a ansiedade no sentido em que ela é tentação, vertigem, perda do sujeito que se reencontra em níveis extremamente primitivos. A ansiedade é uma conotação, um sinal, como Freud formulou sempre muito bem, uma qualidade, uma coloração subjetiva.

Ora, essa ansiedade é precisamente o que não se produz no sujeito em questão. Dick não pode nem mesmo chegar à primeira espécie de identificação, que seria já um esboço de simbolismo. Ele está, tão paradoxal quanto seja dizê-lo, diante da realidade, ele vive na realidade. No consultório de Melanie Klein, não há para ele nem outro nem eu, há uma realidade pura e simples. O intervalo entre as duas portas é o corpo da mãe. Os trens e tudo que se segue é, sem dúvida, alguma coisa, mas que não é nem nomeável, nem nomeada.

É então que Melaine Klein, com esse instinto de animal que a fez aliás perfurar uma soma de conhecimentos até então impenetrável, ousa lhe falar – falar a um ser que se deixa, pois, apreender como alguém que, no sentido simbólico do termo, não responde. Ele está lá como se ela não existisse, como se fosse um móvel. E, entretanto, ela lhe fala. Ela dá literalmente nomes ao que, sem dúvida, participa do símbolo porque pode ser imediatamente nomeado, mas que, para esse sujeito, só era, até então, realidade pura e simples.

É aí que adquire sua significação o termo prematuração, que ela emprega para dizer que Dick já atingiu, de algum modo, o estado genital.

Normalmente, o sujeito atribui aos objetos da sua identificação primitiva uma série de equivalências imaginárias que multiplicam o seu mundo – esboça identificações com certos objetos, retira-os, os refaz com outros, etc. Cada vez, a ansiedade interrompe a identificação definitiva, a fixação da realidade. Mas essas idas e voltas darão sua moldura a esse real infinitamente mais complexo que é o real humano. Após essa fase, ao longo da qual as fantasias são simbolizadas, vem o estado dito genital, em que a realidade é então fixada.

Ora, para Dick, a realidade está bem fixada, mas porque ele não pode fazer essas idas e vindas. Ele está, imediatamente, numa realidade que não conhece nenhum desenvolvimento.

Não é, entretanto, uma realidade absolutamente desumanizada. Ela significa, ao seu nível. Ela já está simbolizada porque se lhe pode dar um sentido. Mas como ela é, antes de tudo, movimento de ida e vinda, trata-se apenas de uma simbolização antecipada, fisgada, e de uma só e única identificação primária, que tem nomes – o *vazio,* o *preto.* Essa hiância é precisamente o que é humano na estrutura própria do sujeito, e é o que nele responde. Ele só tem contato com essa hiância.

Nessa hiância, ele só conta com um número muito limitado de objetos, que não pode nem mesmo nomear, como vocês o observaram muito bem. Certo, já tem uma certa apreensão dos vocábulos, mas desses vocábulos não fez a *Bejahung* – não os assume. Ao mesmo tempo, por mais paradoxal que isso pareça, existe nele uma possibilidade de empatia muito maior do que a normal, porque está perfeitamente bem em relação com a realidade, de maneira não ansiógena. Quando vê sobre o corpete de Melanie Klein pedacinhos de lápis que são o resultado de um despedaçamento, diz – *Poor Melanie Klein.*

Na próxima vez, tomaremos o problema da relação do simbolismo e do real pelo ângulo mais difícil, no seu ponto de origem. Vocês verão a relação com o que designamos outro dia no comentário do Sr. Hyppolite – a função do destrucionismo na constituição da realidade humana.

17 de fevereiro de 1954

A Tópica do Imaginário

VII

A TÓPICA DO IMAGINÁRIO

Mediação sobre a óptica.
Introdução do buquê invertido.
Realidade: o caos original.
Imaginário: o nascimento do eu.
Simbólico: as posições do sujeito.
Função do mito de Édipo na psicanálise.

As ideias miúdas que eu vou discutir hoje estavam anunciadas com o título "A tópica do imaginário". Um assunto como esse seria suficientemente considerável para ocupar muitos anos de ensino, mas, posto que certas questões concernentes ao lugar do imaginário na estrutura simbólica estão no fio do nosso discurso, a conversa de hoje pode reivindicar esse título.

Isso não vai sem um plano preconcebido, de que eu espero que o conjunto lhes manifestará o rigor, que eu lhes trouxe da última vez a propósito de um caso particularmente significativo, porque mostra de maneira reduzida o jogo recíproco dos três grandes termos que já tivemos ocasião de mencionar – o imaginário, o simbólico e o real.

Sem esses três sistemas de referências, não é possível compreender a técnica e a experiência freudianas. Muitas dificuldades se justificam e se esclarecem quando para aí se trazem essas distinções. Isso vale para as incompreensões que a Srta. Gélinier indicou outro dia diante do texto de Melanie Klein. O que conta, quando se tenta elaborar uma experiência, não é tanto o que se compreende quanto o que não se compreende. O mérito da exposição da Srta. Gélinier é precisamente ter valorizado o que, nesse texto, não se compreende.

É nisso que o método dos comentários se revela fecundo. Comentar um texto é como fazer uma análise. Quantas vezes não fiz observar àqueles que controlo, quando me dizem – *Acredito ter compreendido que ele queria dizer isto, e aquilo* – uma das coisas que mais devemos evitar é compreender muito, compreender mais do que existe no discurso do sujeito. Interpretar e imaginar que se compreende, não é de modo algum a mesma coisa. É exatamente o contrário. Eu diria mesmo que é na base de uma certa recusa de compreensão que empurramos a porta da compreensão analítica.

Não basta que um texto pareça se sustentar. Evidentemente se sustenta no quadro das ladainhas às quais estamos habituados – maturação instintiva, instinto primitivo de agressão, sadismo oral, anal etc. E, entretanto, no registro que Melanie Klein faz intervir, aparece um certo número de contrastes que vou retomar em detalhes.

Tudo gira em torno do que pareceu, à Srta. Gélinier, singular, paradoxal, contraditório, na função do ego – muito desenvolvido, ele bloqueia todo desenvolvimento, mas ao se desenvolver, reabre a porta em direção à realidade. Como é que a porta da realidade é reaberta por um desenvolvimento do ego? Qual é a função própria da interpretação kleiniana, que se apresenta com um caráter de intrusão, de coisa posta sobre o sujeito? Eis as questões que hoje teremos para retocar.

Vocês devem ter-se apercebido desde já de que no caso desse jovem sujeito, real, imaginário e simbólico são sensíveis, aflorantes. O simbólico, eu lhes ensinei a identificá-lo com a linguagem – ora, não será na medida em que, digamos, Melanie Klein fala, que algo se passa? Por outro lado, quando Melanie Klein nos diz que os objetos são constituídos por jogos de projeções, introjeções, expulsões, de reintrojeções de maus objetos, e que o sujeito, tendo projetado o seu sadismo, o vê voltar desses objetos, e, por esse fato, se encontra bloqueado por um temor ansioso, vocês não sentem que estamos no domínio do imaginário?

Todo o problema a partir de então é o da junção do simbólico e do imaginário na constituição do real.

1

Para tentar esclarecer um pouco as coisas, fomentei para vocês um modelinho, sucedâneo do estádio do espelho.

O estádio do espelho, eu o tenho frisado, não é simplesmente um momento do desenvolvimento. Tem também uma função exemplar, porque revela certas relações do sujeito à sua imagem, enquanto *Urbild* do eu. Ora, esse estádio do espelho, impossível de denegar, tem uma apresentação óptica – tampouco se pode negar isso. Será por acaso?

As ciências, e sobretudo as ciências em gestação como a nossa, frequentemente tomam emprestado modelos a outras ciências. Vocês não imaginam, meus pobres amigos, o que devem à Geologia. Se não houvesse Geologia, como chegar a pensar que se pudesse passar, no mesmo nível, de uma camada recente a uma camada muito anterior? Não seria mal, digo de passagem, que todo analista comprasse um livrinho de Geologia. Havia outrora um analista-geólogo, Leuba, que escreveu um livro cuja leitura eu não chegaria nunca a aconselhar bastante.

A óptica também teria o que dizer. Não estou, quanto a isso, em desacordo com a tradição do mestre – mais de um entre vocês certamente observou, na *Traumdeutung*, no capítulo "Psicologia dos processos do sonho", o famoso esquema no qual Freud insere todo o processo do inconsciente.

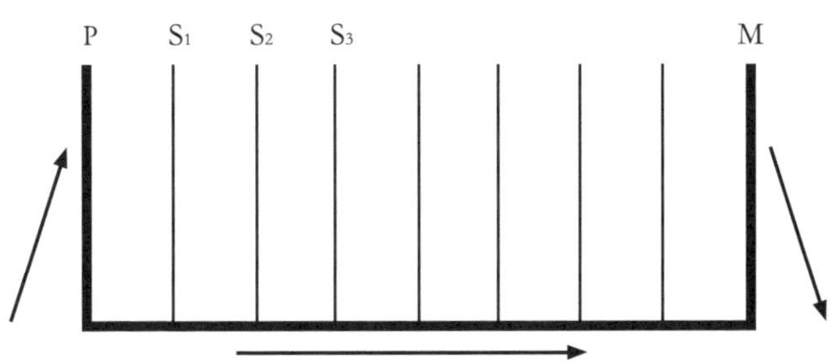

Esquema de Freud

No interior, Freud coloca as diferentes camadas que se distinguem do nível perceptivo, isto é, da impressão instantânea – S_1, S_2 etc., ao mesmo tempo, imagem, lembrança. Esses traços registrados são ulteriormente recalcados no inconsciente. É um esquema muito bonito, que retomaremos porque nos prestará serviços. Mas eu os faço observar que é acompanhado de um comentário que parece não ter nunca atraído o olhar de quem quer que seja, embora tenha sido retomado de outra forma na obra quase derradeira de Freud, o *Esboço de psicanálise.*

Eu o leio para vocês tal como está na *Traumdeutung. A ideia que nos é assim oferecida é a de um lugar psíquico* – trata-se exatamente do campo da realidade psíquica, quer dizer, de tudo que se passa entre a percepção e a consciência motora do eu. *Afastemo-nos logo da noção de localização anatômica. Fiquemos no terreno psicológico e procuremos apenas nos representar o instrumento que serve às produções psíquicas como uma espécie de microscópio complicado, de aparelho fotográfico etc. O lugar psíquico corresponderá a um ponto desse aparelho onde se forma a imagem. No microscópio e no telescópio, sabe-se que estão aí dois pontos ideais aos quais não corresponde nenhuma parte tangível do aparelho. Parece-me inútil escusar-me pelo que a minha comparação possa ter de imperfeito. Só a emprego para fazer compreender o agenciamento do mecanismo psíquico, decompondo-o e determinando a função de cada uma das suas partes. Não creio que ninguém nunca tenha ainda tentado reconstruir assim o aparelho psíquico. O ensaio não tem risco. Quero dizer que podemos deixar livre curso às nossas hipóteses, desde que preservemos o nosso julgamento crítico, e que não tomemos o andaime pelo próprio prédio. Só temos necessidade de representações auxiliares para nos aproximar de um fato desconhecido, as mais simples e as mais tangíveis serão as melhores.*

Inútil dizer-lhes que, como os conselhos são dados para não serem seguidos, não deixamos desde então de tomar o andaime pelo prédio. Por outro lado, a autorização que Freud nos dá de utilizar relações auxiliares para nos aproximarmos de um fato desconhecido, me incitou a dar provas de uma certa desenvoltura para construir um esquema.

Algo de quase infantil vai nos servir hoje, um aparelho de óptica muito mais simples do que um microscópio complicado – não que não fosse divertido buscar a comparação em questão, mas isso nos levaria um pouco longe.

Não chegaria nunca a recomendar bastante a vocês a meditação sobre a óptica. Coisa curiosa, fundou-se um sistema inteiro de metafísica sobre a geometria e a mecânica, procurando nelas modelos de compreensão, mas não parece que se tenha, até o presente, tirado o partido que se pode da óptica. Ela deveria entretanto prestar a alguns sonhos, essa ciência engraçada que se esforça para produzir com aparelhos a coisa singular que se chama *imagens*, à diferença das outras ciências, que introduzem na natureza um recorte, uma dissecção, uma anatomia.

Compreendam que não procuro, ao dizer isso, fazê-los tomar gato por lebre, e as imagens ópticas pelas imagens que nos interessam. Mas não é por nada, todavia, que elas têm o mesmo nome.

As imagens ópticas apresentam diversidades singulares, algumas são puramente subjetivas, são as que se chamam virtuais, enquanto outras são reais, a saber, sob certos prismas, se comportam como objetos e podem ser tomadas como tais. Muito mais singular ainda – esses objetos que as imagens reais são, podemos dar as suas imagens virtuais. Nesse caso, o objeto que é a imagem real toma, e devidamente, o nome de objeto virtual.

Na verdade, uma coisa ainda é mais surpreendente, é que a óptica repouse inteirinha sobre uma teoria matemática sem a qual é absolutamente impossível estruturá-la. Para que haja uma óptica, é preciso que, a todo ponto dado no espaço real, corresponda um ponto e só um num outro espaço, que é o espaço imaginário. É a hipótese estrutural fundamental. Ela parece excessivamente simples, mas sem ela não se pode escrever a menor equação, nem simbolizar nada – a óptica é impossível. Mesmo aqueles que a ignoram não poderiam fazer nada em óptica se ela não existisse.

Aí também, o espaço imaginário e o espaço real se confundem. Isso não impede que devam ser pensados como diferentes. Em matéria de óptica, temos muitas ocasiões para nos exercer em certas distinções que lhes mostram o quanto a dimensão simbólica conta na manifestação de um fenômeno.

Por um outro lado, existe em óptica uma série de fenômenos de que se pode dizer que são inteiramente reais, porque também é a experiência que nos guia nessa matéria, mas em que, entretanto, a todo instante, a subjetividade está engajada. Quando vocês veem um arco-íris, veem algo de inteiramente subjetivo. Vocês o veem a uma certa distância que se desenha na paisagem. Ele não está lá. É um fenômeno subjetivo. E, entretanto, graças a um aparelho fotográfico, vocês o registram de modo inteiramente objetivo. Então, o que é isso? Não sabemos mais muito bem, não é, onde está o subjetivo, onde está o objetivo. Ou não seria que temos o hábito de colocar no nosso compreendedorzinho uma distinção muito sumária entre o objetivo e o subjetivo? O aparelho fotográfico não seria um aparelho subjetivo, inteiramente construído com a ajuda de um *x* e de um *y*, que habitam o domínio em que vive o sujeito, quer dizer, o da linguagem?

Deixarei essas questões em aberto, para ir direto a um pequeno exemplo que vou tentar colocar no espírito de vocês antes de colocá-lo no quadro-negro, porque não há nada mais perigoso do que as coisas no quadro-negro – é sempre um pouco sem graça.

Trata-se de um experimento clássico, que se fazia no tempo em que a Física era divertida, no tempo da verdadeira Física. Também nós, nós estamos, no momento em que se trata verdadeiramente da Psicanálise. Quanto mais próximos estamos da Psicanálise divertida, mais se trata da verdadeira Psicanálise. Em seguida, isso vai girar, isso se fará por aproximação e por truques. Não se compreenderá mais o que se faz, como já não há necessidade de compreender nada da óptica para fazer um microscópio. Regozijemo-nos pois; ainda fazemos Psicanálise.

Coloquem aqui no meu lugar um mesmo caldeirão – que me substituiria com vantagem talvez, em certos dias, como caixa de ressonância – um caldeirão tão próximo quanto possível de uma semiesfera, bem polido no interior, em suma um aparelho esférico. Se ele avançar quase até a mesa, vocês não verão dentro – assim, mesmo que eu tivesse sido transformado em caldeirão, o fenômeno de miragem que se produz de tempos em tempos entre eu e meus alunos não se produzirá aqui. Um espelho esférico produz uma imagem real. A cada ponto de um raio luminoso que emana de um ponto qualquer de um objeto colocado a certa distância, de preferência no plano do centro da esfera, corresponde no mesmo plano, por convergência dos raios refletidos sobre a superfície da esfera, um outro ponto luminoso – o que dá do objeto uma imagem real.

Lamento não ter podido trazer hoje o caldeirão, nem os aparelhos do experimento. Vocês devem imaginá-los.

Suponham que isto seja uma caixa, oca deste lado, e que ela esteja colocada sobre um pé, no centro da semiesfera. Sobre a caixa, vocês vão colocar um vaso, real. Embaixo, há um buquê de flores. Então, o que é que se passa?

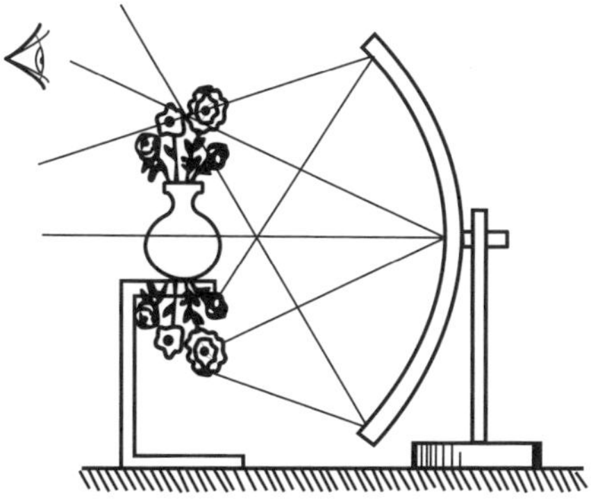

O experimento do buquê invertido

O buquê reflete-se sobre a superfície esférica, para vir ao ponto luminoso simétrico. Entendam que todos os raios fazem o mesmo, em virtude da propriedade da superfície esférica – todos os raios emanados de um ponto dado vêm ao mesmo ponto simétrico. A partir de então, forma-se uma imagem real. Notem que os raios não se cruzam muito bem no meu esquema, mas isso é verdade também na realidade, e para todos os instrumentos de óptica – não se tem nunca senão uma aproximação. Para além do olho, os raios continuam o seu caminho, e redivergem. Mas, para o olho, são convergentes, e dão uma imagem real, porque a característica dos raios que batem num olho sob uma forma convergente é a de dar uma imagem real. Convergentes, vindo ao olho, eles divergem, afastando-se. Se os raios vêm bater no olho em sentido contrário, é uma imagem virtual que se forma. É o que se passa quando vocês olham uma imagem no espelho – vocês a veem lá onde não está. Aqui, ao contrário, vocês a veem onde está – com a única condição de que o seu olho esteja no campo dos raios que já vieram se cruzar no ponto correspondente.

Nesse momento, enquanto vocês não veem o buquê real, que está escondido, verão aparecer, se estiverem no bom campo, um buquê imaginário muito curioso, que se forma bem no gargalo do vaso. Como os seus olhos devem se deslocar linearmente no mesmo plano, vocês terão uma impressão de realidade, sem deixarem de sentir que alguma coisa é estranha, borrada, porque os raios não se cruzam muito bem. Quanto mais longe vocês estiverem, mais a paralaxe agirá, e mais a ilusão será completa.

É um apólogo que vai nos servir muito. Certo, esse esquema não pretende tocar em nada que esteja substancialmente relacionado com o que manejamos na análise, as relações ditas reais ou objetivas, ou as relações imaginárias. Mas nos permite ilustrar de uma forma particularmente simples o que resulta da intrincação estreita do mundo imaginário e do mundo real na economia psíquica – vocês vão ver agora como.

2

Esse pequeno experimento me agradou. Não fui eu que o inventei, ele é conhecido há muito tempo sob o título de *experimento do buquê invertido.* Tal qual, na sua inocência – os seus autores não o tinham fabricado para nós – ele nos seduz até pelos detalhes contingentes, o vaso e o buquê.

Com efeito, o domínio próprio do eu primitivo, *Ur-Ich* ou *Lust-Ich,* se constitui pela clivagem, pela distinção com o mundo exterior – o que está incluído dentro distingue-se do que é rejeitado pelos processos de exclusão, *Aufstossung*, e de projeção. A partir daí, se há noções que são colocadas no primeiro plano de todas as concepções analíticas do estado primitivo da formação do eu, são precisamente aquelas de continente e de conteúdo. É por isso que a relação do vaso com as flores que ele contém pode nos servir de metáfora, e das mais preciosas.

Vocês sabem que o processo da sua maturação fisiológica permite ao sujeito, num dado momento da sua história, integrar efetivamente suas funções motoras, e aceder a um domínio real do seu corpo. Só que, é antes desse momento, embora de maneira correlativa, que o sujeito toma consciência do seu corpo como totalidade. É sobre isso que insisto na minha teoria do estádio do espelho – a só vista da forma total do corpo humano dá ao sujeito um domínio imaginário do seu corpo, prematuro em relação ao domínio real. Essa formação é destacada do processo mesmo da maturação e não se confunde com ele. O sujeito antecipa-se ao acabamento do domínio psicológico, e essa antecipação dará seu estilo a todo exercício posterior do domínio motor efetivo.

É a aventura original através da qual, pela primeira vez, o homem passa pela experiência de que se vê, se reflete e se concebe corpo outro que não ele mesmo – dimensão essencial do humano, que estrutura toda a sua vida de fantasia.

Supomos na origem todos os issos, objetos, instintos, desejos, tendências etc. É, pois, a pura e simples realidade que não se delimita em nada, que não pode ser ainda objeto de nenhuma definição, que não é nem boa, nem má, mas ao mesmo tempo caótica e absoluta, original. É o nível ao qual Freud se refere em *Die Verneinung*, quando fala dos julgamentos de existência – ou bem é, ou bem não é. E é aí que a imagem do corpo dá ao sujeito a primeira forma que lhe permite situar o que é e o que não é do eu. Bem, digamos que a imagem do corpo, se a situamos no nosso esquema, é como o vaso imaginário que contém o buquê de flores real. Aí está como nos podemos representar o sujeito anterior ao nascimento do eu, e o surgimento deste.

Esquematizo, como vocês percebem, mas o desenvolvimento de uma metáfora, de um aparelho de pensar, necessita que no início se faça sentir para o que serve. Vocês verão que esse aparelho tem uma maneabilidade que permite jogar de todas as espécies de movimentos. Vocês podem inverter as condições do experimento – o vaso poderia também estar embaixo, e as flores em cima. Vocês podem tornar imaginário o que é real à vontade, com a condição de conservar a relação dos sinais + – + ou – + –.

Para que a ilusão se produza, para que se constitua, diante do olho que olha, um mundo em que o imaginário pode incluir o real e, ao mesmo tempo, formá-lo, em que o real também pode incluir e, ao mesmo tempo, situar o imaginário, é preciso que uma condição seja realizada – eu o disse a vocês, o olho deve estar numa certa posição, deve estar no interior do cone.

Se estiver no exterior do cone, já não verá o que é imaginário, pela simples razão de que nada do cone de emissão virá bater nele. Verá as coisas no seu estado real, inteiramente nu, quer dizer, o interior do mecanismo, e um pobre vaso vazio, ou flores isoladas, segundo os casos.

Vocês me dirão: – *Não somos um olho, o que é esse olho que passeia?*

A caixa, quer dizer, o próprio corpo de vocês. O buquê são instintos e desejos, os objetos do desejo que passeiam. E o caldeirão, o que que é? Bem que poderia ser o córtex. Por que não? Seria divertido – falaremos disso um outro dia.

No meio disso, o olho de vocês não passeia, está fixado lá, como um pequeno apêndice que titila o córtex. Então, por que é que eu lhes conto que ele passeia, e que, segundo a sua posição, ora dá certo, ora não dá?

O olho está aqui, como muito frequentemente, o símbolo do sujeito.

Toda a ciência repousa sobre o fato de que se reduz o sujeito a um olho, e é por isso que ela está projetada diante de vocês, isto é, objetivada – eu lhes explicarei isso numa outra vez. A propósito da teoria dos instintos, num outro ano, alguém tinha trazido uma construção muito bonita, a mais paradoxal que eu jamais ouvi proferir, que entificava os instintos. No fim, não sobrava mais nenhum, e era, por esse motivo, uma demonstração útil de fazer.

Para nos reduzirmos um instantezinho a ser apenas um olho, seria preciso que nos colocássemos na posição do cientista que pode decretar que ele é apenas um olho, e colocar um cartaz na porta: – *Não perturbar o experimentador*. Na vida, as coisas são inteiramente diferentes, porque não somos um olho. Então, o que quer dizer o olho que está aí?

Quer dizer que, na relação do imaginário e do real, e na constituição do mundo tal como ela resulta disso, tudo depende da situação do sujeito. E a situação do sujeito – vocês devem sabê-lo desde que lhes repito – é essencialmente caracterizada pelo seu lugar no mundo simbólico, ou, em outros termos, no mundo da palavra. É desse lugar que depende o fato de que tenha direito ou defesa de se chamar *Pedro*. Segundo um caso ou outro, ele está no campo do cone ou não está.

Eis o que é preciso que vocês coloquem na cabeça, mesmo que isso lhes pareça um pouco abrupto, para compreender o que vai se seguir.

3

Devemos tomar o texto de Melanie Klein pelo que é, isto é, o relato de uma experiência.

Aí está um menino que, como nos é dito, tem por volta de quatro anos, cujo nível geral de desenvolvimento é de 15 a 18 meses. Está aí uma questão de definição, e não se sabe nunca o que se quer dizer. Qual é o instrumento de medida? Frequentemente se deixa de precisá-lo. Um desenvolvimento afetivo de 15 a 18 meses, essa noção fica ainda mais solta que a imagem de uma flor no experimento que eu acabo de produzir para vocês.

A criança tem um vocabulário muito limitado, e mais do que limitado, incorreto. Ela deforma as palavras e, a maior parte do tempo, as emprega mal, enquanto em outros momentos nos damos conta de que ela conhece o seu sentido. Melanie Klein insiste no fato mais chocante – essa criança não tem o desejo de se fazer compreender, não procura se comunicar, as suas únicas atividades mais ou menos lúdicas são emitir sons e comprazer-se nos sons sem significação, nos barulhos.

Essa criança possui mesmo assim alguma coisa da linguagem – senão Melanie Klein não conseguiria ser compreendida por ela. Dispõe de certos elementos do aparelho simbólico. Por outro lado, Melanie Klein, desde o primeiro contato com a criança, que é tão importante, caracteriza sua atitude como apatia, indiferença. Nem por isso ela deixa de ter orientação. Não dá impressão de idiota, longe disso. Melanie Klein a distingue de todos os neuróticos crianças que viu antes, observando que ela não mostra nenhuma ansiedade aparente, mesmo sob as formas veladas em que se produz nos neuróticos, explosão ou recuo, rigidez, timidez. Isso não escaparia a alguém com a experiência da terapeuta em questão. Ela está aí, essa criança, como se nada contasse. Olha Melanie Klein como olharia um móvel.

Sublinho esses aspectos porque quero colocar em relevo o caráter uniforme da realidade para ela. Tudo lhe é igualmente real, igualmente indiferente.

É aqui que começam as perplexidades da Srta. Gélinier.

O mundo da criança, diz-nos Melanie Klein, produz-se a partir de um continente – seria o corpo da mãe – e de um conteúdo do corpo dessa mãe. Ao longo do processo das suas relações instintivas com esse objeto privilegiado que é a mãe, a criança é levada a proceder a uma série de relações de incorporações imaginárias. Pode morder, absorver o corpo da sua mãe. O estilo dessa incorporação é um estilo de destruição.

Nesse corpo materno, a criança espera encontrar certo número de objetos, providos, eles próprios, de certa unidade, ainda que estejam incluídos, objetos que podem ser perigosos para ela. Por que perigosos? Exatamente pela mesma razão de que ela é perigosa para eles. Em espelho, é o caso de dizê-lo, ela os reveste das mesmas capacidades de destruição das quais ela própria se sente portadora. É por isso que acentuará a sua exterioridade em relação às primeiras limitações do seu eu, e que os rejeitará como objetos maus, perigosos, cocô.

Esses objetos serão certamente exteriorizados, isolados desse primeiro continente universal, desse primeiro grande todo que é a imagem fantasiada do corpo da mãe, império total da primeira realidade infantil. Mas lhe aparecerão, entretanto, sempre providos do mesmo acento maléfico que terá marcado suas primeiras relações com eles. É por isso que os reintrojetará, e dirigirá seu interesse para outros objetos menos perigosos. Fará, por exemplo, o que se chama a equação *fezes – urina*. Diferentes objetos do mundo exterior, mais neutralizados, serão colocados como os equivalentes dos primeiros, estarão ligados a eles por uma equação – eu o sublinho – imaginária. Assim, a equação simbólica que redescobrimos entre esses objetos surge, de um mecanismo alternativo de expulsão e de introjeção, de projeção e de absorção, quer dizer, de um jogo imaginário.

É esse jogo, precisamente, que eu tento simbolizar para vocês, no meu esquema, pelas inclusões imaginárias de objetos reais, ou inversamente, pelas tomadas de objetos imaginários no interior de um recinto real.

Em Dick, vemos bem que há esboço de imaginificação, se é que posso dizer isso, do mundo exterior. Nós a temos aí pronta a aflorar, mas está apenas preparada.

Dick joga com o continente e o conteúdo. Ele já entificou naturalmente em certos objetos, o pequeno trem por exemplo, um certo número de tendências, e mesmo de pessoas – a si próprio enquanto trenzinho, em relação a seu pai que é trem grande. Aliás, o número de objetos que são significativos é, para ele, fato surpreendente, extremamente reduzido, reduzido aos signos mínimos que permitem exprimir o dentro e o fora, o conteúdo e o continente. Assim, o espaço preto é logo assimilado ao interior do corpo da mãe, no qual ele se refugia. O que não se produz, é o jogo livre, a conjunção entre as diferentes formas, imaginária e real, dos objetos.

É o que faz com que, quando ele vai se refugiar no interior vazio e escuro do corpo materno, os objetos não estejam lá, para grande espanto da Srta. Gélinier. Por uma razão simples – no seu caso, o buquê e o vaso não podem estar lá ao mesmo tempo. É isso que é a chave.

Os espantos da Srta. Gélinier repousam sobre o fato de que, para Melanie Klein, tudo está num plano de igual realidade – de *unreal reality*, como ela se exprime, o que não permite conceber, com efeito, a dissociação dos diferentes *sets* de objetos primitivos. É que não há em Melaine Klein nem teoria do imaginário, nem teoria do ego. Cabe a nós introduzir essas noções, e compreender que, na medida em que uma parte da realidade é imaginada, a outra é real, e inversamente, na medida em que uma é realidade, é a outra que se torna imaginária. Apreende-se aí por que, no início, a conjunção das diferentes partes, dos *sets*, nunca pode ser acabada.

Estamos aqui na relação em espelho.

Chamamos a isso plano de projeção. Mas como indicar o correlato da projeção? Seria preciso encontrar uma outra palavra que não *introjection*. Tal como nos servimos dela em análise, a palavra introjeção não é o contrário da projeção. Praticamente só é empregada, como vocês o observarão, no momento em que se trata de introjeção simbólica. Acompanha-se sempre de uma denominação simbólica. A introjeção é sempre introjeção da palavra do outro, o que introduz uma dimensão muito diferente da de projeção. É em torno dessa distinção que vocês podem fazer a separação entre o que é função do ego e é da ordem do registro dual, e o que é função do supereu. Não é por nada que se distinguem na teoria analítica, nem que se admite que o supereu, o supereu autêntico, é uma introjeção secundária em relação à função do ego ideal.

São observações laterais. Volto ao caso descrito por Melanie Klein.

A criança está lá. Ela dispõe de certo número de registros significativos. Melanie Klein – aqui, nós podemos segui-la – sublinha a extrema estreiteza de um deles – o domínio imaginário. Normalmente é pelas possibilidades de jogo da transposição imaginária que se pode fazer a valorização progressiva dos objetos, no plano que se chama comumente afetivo, por uma multiplicação, um desdobramento em leque de todas as equações imaginárias que permitem ao ser humano ser o único entre os animais a ter um número quase infinito de objetos à sua disposição – de objetos marcados por um valor de *Gestalt* no seu *Umwelt*, de objetos isolados nas suas formas. Melanie Klein sublinha a pobreza do mundo imaginário, e, no mesmo lance, a impossibilidade para essa criança de entrar numa relação efetiva com os objetos enquanto estruturas. Correlação que é importante apreender.

Se resumimos agora tudo o que Melanie Klein descreve da atitude dessa criança, o ponto significativo é simplesmente este – ela não faz nenhum apelo.

O apelo, aí está uma noção que peço que guardem. Vocês vão se dizer – *Naturalmente, com isso, ele introduz sua linguagem, o Dr. Lacan.* Mas a criança já tem seu sistema de linguagem, muito suficientemente. A prova é que brinca com ele. Serve-se dela para fazer um jogo de oposição contra as tentativas de intrusão dos adultos. Por exemplo, comporta-se de uma forma que é dita no texto negativista. Quando sua mãe lhe propõe um nome, que é capaz de reproduzir de maneira correta, o reproduz de maneira ininteligível, deformada, que não pode servir para nada. Reencontramos aqui a distinção a fazer entre negativismo e denegação – como nos lembrou o Sr. Hyppolite, provando por aí não somente sua cultura, mas que já viu doentes. Dick serve-se da linguagem de uma forma propriamente negativista.

Consequentemente, ao introduzir o apelo, não é a linguagem que introduzo de fininho. Eu diria mesmo mais – não somente não é a linguagem, mas é um nível superior à linguagem. É mesmo embaixo da linguagem, se falarmos de níveis. Basta que vocês observem um animal doméstico para verem que um ser desprovido de linguagem é inteiramente capaz de lhes endereçar apelos, apelos para atrair sua atenção para alguma coisa que, em certo sentido, lhe falta. Ao apelo humano está reservado um desenvolvimento posterior, mais rico, porque se reproduz justamente num ser que já adquiriu o nível da linguagem.

Sejamos esquemáticos.

Um certo Karl Bühler elaborou uma teoria da linguagem, que não é a única nem a mais completa, mas nela se encontra alguma coisa que não deixa de ter interesse – ele distingue três etapas na linguagem. Situou-as, infelizmente, com registros que não as tornam muito compreensíveis.

Inicialmente, o nível do enunciado como tal, que é quase um nível de dado natural. Estou no nível do enunciado quando digo a uma pessoa a coisa mais simples, um imperativo por exemplo. É nesse nível do enunciado que é preciso colocar tudo que concerne à natureza do sujeito. Um oficial, um professor, não dará sua ordem na mesma linguagem que um operário ou um contramestre. No nível do enunciado, no seu estilo e até nas suas entonações, tudo que aprendemos diz respeito à natureza do sujeito.

Num imperativo qualquer, há outro plano, o do apelo. Trata-se do tom no qual esse imperativo é dado. O mesmo texto pode ter valores completamente diferentes segundo o tom. O simples enunciado *pare* pode ter, segundo as circunstâncias, valores de apelo completamente diferentes.

O terceiro valor é propriamente a comunicação – o de que se trata, e sua referência com o conjunto da situação.

Estamos com Dick ao nível do apelo. O apelo toma o seu valor no interior do sistema já adquirido da linguagem. Ora, o de que se trata é que essa criança não emite nenhum apelo. O sistema pelo qual o sujeito vem se situar na linguagem é interrompido, ao nível da palavra. Não são a mesma coisa, a linguagem e a palavra – essa criança é, até certo nível, mestre da linguagem, mas ela não fala. É um sujeito que está aí e que, literalmente, não responde.

A palavra não chegou a ele. A linguagem não envolveu o seu sistema imaginário, cujo registro é excessivamente curto – valorização dos trens, dos botões das portas, do lugar negro. Suas faculdades, não de comunicação, mas de expressão, estão limitadas a isso. Para ele, o real e o imaginário são equivalentes.

Melanie Klein deve pois renunciar então a toda técnica. Tem o mínimo de material. Não chega nem mesmo a ter brinquedos – essa criança não brinca. Quando toma um pouco o trenzinho, não brinca, faz isso como atravessa a atmosfera – como se fosse um invisível, ou antes, como se tudo lhe fosse, de certa maneira, invisível.

Melanie Klein não procede aqui, tem uma consciência viva disso, a nenhuma interpretação. Parte, diz ela, de ideias que tem, e que são conhecidas, do que se passa nesse estado. Eu vou sem mais e digo a ele: – *Dick pequeno trem, grande trem Papai-trem.*

Nisso, a criança se põe a brincar com o seu trenzinho, e diz a palavra *station,* isto é, *estação.* Momento crucial, em que se esboça a junção da linguagem e do imaginário do sujeito.

Melanie Klein lhe reenvia isso – *A estação é Mamãe. Dick entrar na Mamãe.* A partir daí, tudo se desencadeia. Ela só lhe fará destas, e não outras. E muito depressa a criança progride. É um fato.

O que foi então que Melanie Klein fez? – nada além de introduzir a verbalização. Ela simbolizou uma relação efetiva, a de um ser, nomeado, com um outro. Ela chapou a simbolização do mito edipiano, para chamá-la pelo seu nome. É a partir daí que, depois de uma primeira cerimônia, que terá sido refugiar-se no espaço negro para retomar contato com o continente, desperta para a criança a novidade.

A criança verbaliza um primeiro apelo – um apelo falado. Pergunta pela sua babá, com a qual tinha entrado e que tinha deixado sair como se nada houvesse. Pela primeira vez, produz uma reação de apelo que não é simplesmente um apelo afetivo, mimetizado por todo o ser, mas um apelo verbalizado, que a partir de então comporta resposta. É uma primeira comunicação no sentido próprio, técnico, do termo.

As coisas desenvolvem-se em seguida a tal ponto que Melanie Klein faz intervir todos os outros elementos de uma situação a partir de então organizada e, até o próprio pai, que vem desempenhar o seu papel. Fora das sessões, diz Melanie Klein, as relações da criança se desenvolvem no plano do Édipo. A criança simboliza a realidade em volta dela a partir desse núcleo, dessa pequena célula palpitante de simbolismo que lhe deu Melanie Klein.

É o que se chama em seguida – *ter aberto as portas do seu inconsciente.*

No que é que Melanie Klein fez o que quer que seja que manifeste uma apreensão qualquer de não sei que processo que seria, no sujeito, seu inconsciente? Ela admite isto de cara, por hábito. Releiam todos essa observação e verão nela a manifestação sensacional da fórmula que lhes dou sempre – o *inconsciente é o discurso do outro.*

Eis um caso onde é absolutamente manifesto. Não há nenhuma espécie de inconsciente no sujeito. É o discurso de Melanie

Klein que enxerta brutalmente sobre a inércia eu-oica inicial da criança as primeiras simbolizações da situação edipiana. Melanie Klein faz sempre assim com os seus sujeitos, mais ou menos implicitamente, mais ou menos arbitrariamente.

No caso dramático, nesse sujeito que não acedeu à realidade humana porque não faz ouvir nenhum apelo, quais são os efeitos das simbolizações introduzidas pela terapeuta? Elas determinam uma posição inicial a partir da qual o sujeito pode fazer agir o imaginário e o real e conquistar o seu desenvolvimento. Ele se precipita numa série de equivalências, num sistema em que os objetos se substituem uns aos outros. Percorre toda uma sequência de equações que o fazem passar do intervalo entre os dois batentes da porta em que ia se refugiar como no escuro absoluto do continente total, a objetos que ele lhe substitui – a bacia d'água, por exemplo. Ele desdobra e articula assim todo o seu mundo. E, depois da bacia d'água, passa a um radiador elétrico, a objetos mais e mais elaborados. Acede a conteúdos cada vez mais ricos, como à possibilidade de definir o conteúdo e o não conteúdo.

Por que falar nesse caso de desenvolvimento do ego? É confundir como sempre o ego e o sujeito.

O desenvolvimento só ocorre na medida em que o sujeito se integra ao sistema simbólico, aí se exercita, aí se afirma pelo exercício de uma palavra verdadeira. Não é nem mesmo necessário, vocês vão observar, que essa palavra seja a sua. No casal momentaneamente formado, sob a sua forma contudo menos afetivada, entre a terapeuta e o sujeito, uma verdadeira palavra pode ser introduzida. Sem dúvida, não é qualquer uma – é aí que vemos a virtude da situação simbólica do Édipo.

É verdadeiramente a chave – uma chave muito reduzida. Já lhes indiquei que havia, muito provavelmente, todo um molho de chaves. Talvez lhes faça um dia uma conferência sobre o que nos dá, a esse respeito, o mito dos primitivos – não direi *os menores primitivos,* porque não são menores, sabem muito mais que nós. Quando estudamos uma mitologia, a que, por exemplo, vai talvez aparecer a propósito de uma população sudanesa, vemos que o complexo de Édipo não é para eles senão uma piadinha. É um detalhezinho mínimo num mito imenso. O mito permite confrontar uma série de relações entre os sujeitos, de uma riqueza e de uma complexidade perto das quais o Édipo parece uma edição tão abreviada, que afinal, nem sempre é utilizável.

E daí? Para nós, analistas, temos nos contentado com isso até o presente. Certo, tenta-se elaborar um pouco, mas é bem tímido. Sentimo-nos sempre horrivelmente atravancados porque distinguimos mal imaginário, simbólico e real.

Quero agora fazer vocês observarem isso. Quando Melanie Klein lhe entrega o esquema do Édipo, a relação imaginária que vive o sujeito, embora extremamente pobre, já é suficientemente complexa para que se possa dizer que ele tem o seu próprio mundo. Mas esse real primitivo é para nós literalmente inefável. Enquanto não nos diz nada, não temos nenhum meio de penetrar nele, senão por extrapolações simbólicas que fazem a ambiguidade de todos os sistemas como o de Melanie Klein – ela nos diz, por exemplo, que, no interior do império do corpo materno, o sujeito ali está com todos os seus irmãos, sem contar o pênis do pai etc. É mesmo?

Não importa, já que podemos apreender assim, em todo o caso, como esse mundo se põe em movimento, como imaginário e real começam a se estruturar, como se desenvolvem os investimentos sucessivos, que delimitam a variedade dos objetos humanos, quer dizer, nomeáveis. Todo esse processo parte desse primeiro afresco que constitui uma palavra significativa, formulando uma estrutura fundamental que, na lei da palavra, humaniza o homem.

Como dizer isso a vocês de outra maneira ainda? Perguntem-se o que representa o apelo no campo da palavra. Pois bem, é a possibilidade da recusa. Eu digo a *possibilidade.* O apelo não implica a recusa, ele não implica nenhuma dicotomia, nenhuma bipartição. Mas vocês podem constatar que é no momento em que se produz o apelo, que se estabelecem no sujeito as relações de dependência. Ele acolherá a partir de então a sua babá com os braços abertos e, indo se esconder atrás da porta, de propósito, manifestará, de repente, em relação a Melanie Klein, a necessidade de ter um companheiro nesse canto reduzido que foi ocupar por um momento. A dependência virá em seguida.

Nessa observação, vocês veem pois agir na criança, independentemente, a série de relações pré-verbais e pós-verbais. E vocês se apercebem de que o mundo exterior – o que nós chamamos o mundo real, e que não é senão um mundo humanizado, simbolizado, feito da transcendência introduzida pelo símbolo na realidade primitiva – só se pode constituir quando são produzidos, no bom lugar, uma série de encontros.

Essas posições são da mesma ordem do que aquelas que, no meu esquema, fazem depender tal estruturação da situação de tal posição do olho. Eu me servirei de novo desse esquema. Só quis introduzir hoje um buquê, mas pode-se introduzir o outro.

A partir do caso de Dick e utilizando as categorias do real, do simbólico e do imaginário, mostrei-lhes que pode acontecer que um sujeito que dispõe de todos os elementos da linguagem, e que tem a possibilidade de fazer certo número de deslocamentos imaginários que lhe permitem estruturar o seu mundo, não esteja no real. Porque não está? – unicamente porque as coisas não vieram numa certa ordem. A figura no seu conjunto está perturbada. Não há meio de dar a esse conjunto o menor desenvolvimento.

Trata-se do desenvolvimento do ego? Tomem de novo o texto de Melanie Klein. Ela diz que o ego foi desenvolvido de maneira muito precoce, de sorte que a criança tem uma relação excessivamente real à realidade porque o imaginário não pode se introduzir – e em seguida, na segunda parte da frase, ela diz que é o ego que para o desenvolvimento. Isso quer dizer simplesmente que o ego não pode ser utilizado de forma válida como aparelho na estruturação desse mundo exterior. Por uma simples razão – por causa da má posição do olho, o ego não aparece, pura e simplesmente.

Digamos que o vaso seja virtual. O vaso não aparece, e o sujeito fica numa realidade reduzida, com uma bagagem imaginária também reduzida.

O motor dessa observação é o que vocês devem compreender – a virtude da palavra, na medida em que o ato da palavra é um funcionamento coordenado a um sistema simbólico já estabelecido, típico e significativo.

Isso mereceria que vocês colocassem questões, que relessem o texto, que manejassem também o esqueminha a fim de verem, por si mesmos, como pode lhes servir.

O que lhes dei hoje é uma elaboração teórica feita inteiramente contra o texto dos problemas levantados da última vez pela Srta. Gélinier. Anuncio o título da próxima sessão, que ocorrerá daqui a 15 dias – *"A transferência, aos níveis distintos em que é preciso estudá-la"*.

24 de fevereiro de 1954

VIII

O lobo! O lobo!

O caso de Roberto.
Teoria do supereu.
O caroço da palavra.

Vocês puderam familiarizar-se, através do nosso diálogo, com a ambição que preside ao nosso comentário, a de repensar os textos fundamentais da experiência analítica. A alma do nosso aprofundamento é a ideia seguinte – o que, numa experiência, é sempre o mais bem visto é o que está a uma certa distância. Também não é surpreendente que seja agora, e aqui, que sejamos levados, para compreender a experiência analítica, a partir de novo do que está implicado no seu dado mais imediato, a saber, a função simbólica, ou o que é exatamente a mesma coisa no nosso vocabulário – a função da palavra.

Esse domínio central da experiência analítica, nós o reencontramos indicado em todo lugar na obra de Freud, nunca nomeado, mas indicado em todos os seus passos. Não acredito estar forçando nada quando digo que é o que se pode imediatamente traduzir de um texto freudiano qualquer, quase algebricamente. E essa tradução dá a solução de inúmeras antinomias que se manifestam em Freud com essa honestidade que faz com que um texto dele não seja nunca fechado, como se todo o sistema estivesse lá.

Para a próxima sessão, desejaria muito que alguém se encarregasse do comentário de um texto que é exemplar do que acabo de lhes exprimir. A redação desse texto se situa entre "Rememoração, repetição e elaboração" e "Observações sobre o amor de transferência", que são dois dos textos mais importantes da coleção dos *Escritos técnicos*. Trata-se da "Introdução à noção do narcisismo".

É um texto que não podemos integrar ao nosso progresso, a partir do momento em que abordamos a situação do diálogo analítico. Vocês convirão se souberem dos prolongamentos implicados nestes termos *situação* e *diálogo* – diálogo entre aspas.

Tentamos definir no seu campo próprio a resistência. Em seguida formulamos uma definição da transferência. Ora, vocês sentem toda a distância que há entre – a resistência, que separa o sujeito da palavra plena que a análise espera dele, e que é função dessa inflexão ansiógena que constitui no seu modo mais radical, ao nível da troca simbólica, a transferência – e este fenômeno que manejamos tecnicamente na análise e que nos parece ser a mola energética, como Freud se exprime, da transferência, a saber, o amor.

Nas "Observações sobre o amor de transferência", Freud não hesita em chamar a transferência pelo nome de *amor*. Freud elude tão pouco o fenômeno amoroso, passional, no seu sentido mais concreto, que chega a dizer que não há, entre a transferência e o que chamamos na vida o amor, nenhuma distinção verdadeiramente essencial. A estrutura desse fenômeno artificial que é a transferência e a do fenômeno espontâneo que chamamos amor, e muito precisamente o amor-paixão, são, no plano psíquico, equivalentes.

Não há, da parte de Freud, nenhuma elusão do fenômeno, nenhuma tentativa de dissolver o escabroso no que seria simbolismo, no sentido em que se o entende habitualmente – o ilusório, o irreal. A transferência é o amor.

Nossos encontros vão agora se centrar em torno do amor de transferência, para terminar com o estudo dos *Escritos técnicos*. Isso nos levará ao âmago desta outra noção, que tento introduzir aqui, e sem a qual também não é possível fazer uma justa repartição do que manejamos na nossa experiência – a função do imaginário.

Não acreditem que essa função do imaginário esteja ausente dos textos de Freud. Não está mais ausente do que a função simbólica. Muito simplesmente, Freud não a colocou no primeiro plano, e não assinalou em todo lugar onde se pode encontrá-la. Quando estudarmos a *Introdução ao narcisismo,* vocês verão que o próprio Freud, para designar a diferença entre o que é demência precoce, esquizofrenia, psicose, e o que é neurose, não encontra outra definição além desta que parecerá talvez surpreendente para alguns de vocês. *O paciente que sofre de histeria ou de neurose obsessiva abandonou, como o psicótico, e até aonde for a influência da sua doença, sua relação à realidade, mas a análise mostra que não rompeu de maneira alguma, por isto, todas as suas relações eróticas com as pessoas e as coisas; ele as sustenta, mantém, conserva ainda na fantasia. Por um lado, substituiu, aos objetos reais, objetos imaginários fundados nas suas lembranças, ou misturou os dois –* lembrem-se do nosso esquema da última vez – *enquanto, por outro lado, parou de dirigir suas atividades motoras para o acesso dos seus fins em conexão com os objetos reais. É unicamente a essa condição da libido que podemos legitimamente aplicar o termo introjeção da libido, que Jung usou de maneira não discriminada. É diferente com o parafrênico. Parece realmente ter retirado a sua libido das pessoas e das coisas do mundo exterior, sem as substituir por outras fantasias.* Isso significa que ele recriou esse mundo imaginativo. *O processo parece um processo secundário e faz parte do seu esforço em direção à reconstrução que tem por finalidade dirigir de novo a libido para um objeto.*

Entramos aí na distinção essencial que se deve fazer entre neurose e psicose, quanto ao funcionamento do imaginário, distinção que a análise de Schreber que poderemos, eu espero, começar antes do fim do ano, nos permitirá aprofundar.

Por hoje, cederei a palavra a Rosine Lefort, minha aluna, aqui presente à minha direita, de quem ouvi ontem à noite que, para o nosso subgrupo de psicanálise de crianças, ela trouxe a observação de uma criança de que tinha me falado há muito tempo. É um desses casos graves que nos deixam num grande embaraço quanto ao diagnóstico, numa grande ambiguidade nosológica. Mas em todo o caso, Rosine Lefort soube vê-lo com grande profundidade, como vocês poderão constatar.

Assim como partimos, há duas conferências, da observação de Melanie Klein, é a Rosine Lefort que cedo hoje a palavra. Ela abrirá, na medida em que o tempo nos permitir, questões às quais me esforçarei para dar respostas que poderão, da próxima vez, ser inseridas no que exporei sob a rubrica da *Transferência no imaginário.*

Cara Rosine, exponha-nos o caso de Roberto.

1

O CASO DE ROBERTO

SRA. LEFORT: – *Roberto nasceu a 4 de março de 1948. Sua história foi reconstituída dificilmente, e é sobretudo graças ao material trazido em sessão que se pôde saber dos traumatismos sofridos.*

Seu pai é desconhecido. Sua mãe está atualmente internada como paranoica. Ela ficou com ele até a idade de cinco meses, errando de casa em casa. Negligenciou os cuidados essenciais a ponto de se esquecer de nutri-lo. Era preciso lembrar-lhe incessantemente os cuidados necessários à criança: limpeza, alimentação. Ocorre que essa criança foi negligenciada, a ponto de passar fome. Precisou ser hospitalizada, com a idade de cinco meses, num grande estado de hipotrofia e de desnutrição.

Apenas hospitalizada, teve uma otite bilateral que precisou de uma mastoidectomia dupla. Foi em seguida enviada a Paul Parquet, cuja prática rígida de profilaxia todo o mundo conhece. Ali é isolada e nutrida com sonda devido à anorexia. Sai com nove meses, devolvida à sua mãe quase à força. Nada se sabe sobre os dois meses que então passa com ela. Reencontra-se um vestígio deles por ocasião da sua hospitalização com 11 meses em que está de novo num estado acentuado de desnutrição. Será definitiva e legalmente abandonada alguns meses mais tarde, sem ter revisto a mãe.

Desde essa época até a idade de três anos e nove meses, esta criança sofreu vinte e cinco mudanças de residência, passando por instituições de crianças ou hospitais, sem nunca ter vivido num ambiente familiar[9] *propriamente dito. Essas hospitalizações foram necessárias por doenças infantis, por uma adenoidectomia, por exames neurológicos, ventriculografia, eletrencefalografia, pelos quais foi obrigada a passar – resultados normais. Notam-se avaliações sanitárias, médicas, que indicam profundas perturbações somáticas, e depois, o somático tendo melhorado, deteriorações psicológicas. A última avaliação de Denfert, quando Roberto tem três anos e meio, propõe uma internação que não podia ser definitiva, por estado parapsicótico não francamente definido. O teste de Gesell dá um QD de 43.*

Ele chegou pois com três anos e nove meses à instituição, dependência do depósito de Denfert, onde comecei a *tratá-lo. Nesse momento, apresentava-se da seguinte maneira.*

Do ponto de vista estaturo-ponderal, estava em bom estado, à parte uma otorreia bilateral crônica. Do ponto de vista motor, tinha uma marcha pendular, uma grande descoordenação de movimentos, uma hiperagitação constante. Do ponto de vista da linguagem, ausência total de palavra coordenada, gritos frequentes, risos guturais e discordantes. Só sabia dizer duas palavras, que gritava – Dona! *e* O lobo!. *Esta palavra,* O lobo!, *ele a repetia o dia todo, o que me faz chamá-lo de* o menino-lobo, *porque era verdadeiramente a representação que ele tinha de si mesmo.*

Do ponto de vista do comportamento, era hiperativo, o tempo todo agitado por movimentos bruscos e desordenados, sem finalidade. Atividade de preensão incoerente – ele jogava o braço para a frente a fim de pegar um objeto e, se não o atingisse, não podia retificar e devia recomeçar o movimento desde o início. Perturbações variadas do sono. Sobre esse fundo permanente, tinha crises de agitação convulsiva, sem convulsões verdadeiras, com enrubescimento da face, berros dilacerantes, por ocasião de cenas rotineiras da sua vida – o penico, e sobretudo o esvaziamento do penico, o despir-se, a comida, as portas abertas que não podia suportar, não mais do que o escuro, os gritos das outras crianças e, como veremos, as mudanças de quarto.

Mais raramente, tinha crises diametralmente opostas em que estava completamente prostrado, olhando sem finalidade, como depressivo.

Com o adulto, era hiperagitado, não diferenciado, sem verdadeiro contato. As crianças, parecia ignorá-las, mas quando uma delas gri-

tava ou chorava, entrava numa crise convulsiva. Nesses momentos de crise, tornava-se perigoso, forte, estrangulava as outras crianças, e foi preciso isolá-lo à noite e para as refeições. Não se via então nenhuma angústia, nem emoção alguma.

Não sabíamos bem em que categoria colocá-lo. Mas, apesar disso, tentamos um tratamento, não sem nos perguntarmos, porém, se chegaríamos a alguma coisa.

Vou lhes falar do primeiro ano do tratamento, que foi em seguida interrompido durante um ano. O tratamento conheceu muitas fases.

Ao longo da fase preliminar, mantinha o comportamento que tinha durante a vida. Gritos guturais. Entrava no quarto correndo sem parar, berrando, pulando no ar e caindo de novo agachado, tomando a cabeça entre as mãos, abrindo e fechando a porta, acendendo e apagando a luz. Os objetos, ele os tomava ou os rejeitava, ou ainda os empilhava sobre mim. Prognatismo muito marcado.

A única coisa que pude depreender dessas primeiras sessões era que ele não ousava se aproximar da mamadeira de leite, ou que só se aproximava soprando nela. Notei também um interesse pela bacia que, cheia de água, parecia desencadear uma verdadeira crise de pânico.

No fim dessa fase preliminar, durante uma sessão, após ter empilhado tudo sobre mim num estado de grande agitação, safou-se, e eu o ouvi, em cima da escada que não sabia descer sozinho, dizer, num tom patético, numa tonalidade muito baixa que não lhe era habitual, Mamãe, *face ao vazio.*

Essa fase preliminar terminou, fora do tratamento. Uma noite, após a hora de deitar, em pé na cama, com tesouras de plástico, tentou cortar o seu pênis diante das outras crianças terrificadas.

Na segunda parte do tratamento, começou a expor o que era para ele O lobo! *Gritava isso o tempo todo.*

Começou, um dia, tentando estrangular uma menininha que eu tratava. Foi necessário separá-los e colocá-lo em outro quarto. Sua reação foi violenta, sua agitação intensa. Precisei vir e levá-lo para o quarto em que vivia de hábito. Logo que chegou lá, berrou: – O lobo!

e começou a jogar tudo pelo quarto, era o refeitório – comida e pratos. Nos dias seguintes, cada vez que passava diante do quarto onde tinha sido colocado, berrava: – O lobo!

Isso esclarece também o comportamento que tinha em relação às portas que não podia suportar abertas, passava o tempo da sessão a abri-las para me fazer fechá-las de novo e gritar: – O lobo!

É preciso lembrar aqui da sua história – as mudanças de lugar, de quartos, eram para ele uma destruição, porque tinha mudado sem parar tanto de lugar como de adultos. Tinha-se tornado para ele um verdadeiro princípio de destruição, que havia marcado intensamente as manifestações primordiais da sua vida de ingestão e de excreção. Exprimiu isso, principalmente em duas cenas, uma com a mamadeira e a outra com o penico.

Tinha acabado por tomar a mamadeira. Um dia, foi abrir a porta, e estendeu a mamadeira a alguém imaginário – quando estava só com um adulto num quarto, continuava a se comportar como se houvesse outras crianças em torno dele. Estendeu a madeira. Voltou arrancando o bico, fez-me recolocá-lo, estendeu de novo a mamadeira para fora, deixou a porta aberta, deu-me as costas, engoliu dois goles de leite, e, diante de mim, arrancou o bico, jogou a cabeça para trás, inundou-se de leite, jogou o resto sobre mim. E, tomado de pânico, foi embora, inconsciente e cego. Precisei ir buscá-lo na escada onde começava a rolar. Tive a impressão, nesse momento, de que ele tinha engolido a destruição, e que a porta aberta e o leite estavam ligados.

A cena do penico, que se seguiu, estava marcada pelo mesmo caráter de destruição. Acreditava-se obrigado, no início do tratamento, a fazer cocô na sessão, pensando que, se me desse alguma coisa, me conservaria. Só podia fazê-lo apertado contra mim, sentando-se sobre o penico, segurando com uma das mãos o meu avental, e, com a outra, a mamadeira ou um lápis. Comia antes, e, sobretudo, depois. Não leite, mas bombons e doces.

A intensidade emocional testemunhava um grande medo. A última dessas cenas esclareceu para ele a relação entre a defecação e a destruição pelas mudanças.

Ao longo dessa cena, tinha começado a fazer cocô, sentado ao meu lado. Depois, com o seu cocô ao lado, folheava as páginas de um livro, virando as páginas. Depois, ouviu um barulho no exterior. Louco de medo, saiu, pegou o penico, e depositou-o diante da porta da pessoa que acabava de entrar no quarto ao lado. Depois, voltou ao quarto em que eu estava, e colou-se à porta, berrando: – O lobo! O lobo!

Tive a impressão de um rito propiciatório. Esse cocô, ele era incapaz de me dar. Sabia, de certa forma, que eu não o exigia. Foi colocá-lo no exterior, sabia que ia ser jogado, portanto destruído. Eu lhe interpretei então o seu rito. Aí, foi procurar o penico, recolocou-o no quarto ao meu lado, escondeu-o com um papel dizendo "hum, hum", como para não ser obrigado a dá-lo.

Então, começou a ser agressivo contra mim, como se, dando-lhe a permissão de se possuir através desse cocô de que podia dispor, eu lhe tivesse dado a possibilidade de ser agressivo. Evidentemente, não podendo até aí possuir, não tinha o senso da agressividade, mas somente o da autodestruição, e isso quando atacava as outras crianças.

A partir desse dia, não se acreditou mais obrigado a fazer cocô durante a sessão. Empregou substitutos simbólicos, a areia. Sua confusão era grande entre ele próprio, os conteúdos do seu corpo, os objetos, as crianças, os adultos que o cercavam. Seu estado de ansiedade, de agitação, tornava-se cada vez maior. Na vida, ele se tornava insustentável. Eu mesma assistia, em sessão, a verdadeiros turbilhões em que tinha muita dificuldade de intervir.

Nesse dia, depois de ter bebido um pouco de leite, derramou leite no chão, depois jogou areia na bacia de água, encheu a mamadeira com areia e água, fez xixi no penico, colocou areia dentro. Depois, pegou leite misturado com areia e água, acrescentou o todo ao penico, e colocou por cima o bonequinho de borracha e a mamadeira. Confiou-me o todo.

Nesse momento foi abrir a porta, e voltou com o rosto convulsionado de medo. Retomou a mamadeira que estava no penico e quebrou-a, precipitando-se em cima até reduzi-la a pedacinhos. Juntou-os em seguida, cuidadosamente, e enfiou-os na areia do penico. Estava num tal estado que foi preciso que eu o descesse, sentindo que não podia fazer mais nada por ele. Levou o penico. Uma parcela de areia caiu no chão, desencadeando nele um pânico inverossímil. Foi preciso que pegasse o menor pedacinho de areia, como se fosse um pedaço dele mesmo, e berrava: – O lobo! O lobo!

Não pôde suportar ficar na coletividade, não pôde suportar que nenhuma criança se aproximasse do seu penico. Foi preciso deitá-lo num estado de tensão intensa, que só cedeu de maneira espetacular após um relaxamento diarréico, que ele espalhou com as mãos por toda a parte, na sua cama bem como nas paredes.

Toda essa cena era tão patética, vivida com tal angústia, que eu estava muito inquieta, e comecei a me dar conta da ideia que ele tinha de si mesmo.

Precisou-a no dia seguinte, em que tive de frustrá-lo, correu para a janela, abriu-a, e gritou: – O lobo! O lobo!, *e, vendo sua imagem no vidro, bateu nele, gritando:* – O lobo! O lobo!

Roberto se representava assim, ele era O lobo! *É a sua própria imagem que ele golpeia ou evoca com tanta tensão. Esse penico em que colocou o que entra nele e o que sai, o xixi e o cocô, depois uma imagem humana, o boneco, depois os fragmentos da mamadeira, era verdadeiramente uma imagem dele mesmo, semelhante à do lobo, como o testemunhou o pânico quando um pouco de areia tinha caído no chão. Sucessivamente, e, ao mesmo tempo, ele é todos os elementos que colocou no penico. Era apenas a série de objetos pelos quais entrava em contato com a vida cotidiana, símbolos dos conteúdos do seu próprio corpo. A areia é o símbolo das fezes, a água o da urina, o leite o daquilo que entra no seu corpo. Mas a cena do penico mostra que ele diferenciava muito pouco tudo isso. Para ele, todos os conteúdos estão unidos no mesmo sentimento de destruição permanente do seu corpo, que, por oposição a esses conteúdos, representa o continente, e que ele simbolizou pela mamadeira quebrada, cujos pedaços foram enfiados nesses conteúdos destrutivos.*

Na fase seguinte, ele exorcizava O lobo! *Digo exorcismo porque essa criança me dava a impressão de ser um possesso. Graças à minha permanência, pôde exorcizar, com um pouco de leite que tinha bebido, as cenas da vida cotidiana que lhe faziam tanto mal.*

Nesse momento, minhas interpretações tenderam sobretudo a diferenciar os conteúdos do seu corpo do ponto de vista afetivo. O leite é o que se recebe. O cocô é o que se dá, e o seu valor depende do leite que se recebeu. O xixi é agressivo.

Numerosas sessões se desenrolaram assim. Nesse momento em que fazia xixi no penico, me anunciava: – Cocô não, é xixi. *Estava desolado. Eu o tranquilizava dizendo-lhe que ele tinha recebido muito pouco para poder dar algo sem que isso o destruísse. Isso o tranquilizava. Podia então ir esvaziar o penico na privada.*

O esvaziamento do penico era acompanhado de muitos ritos de proteção. Começava por esvaziar a urina no lavabo do WC, deixando a torneira de água correr de modo a poder substituir a urina por água. Enchia o penico, fazendo transbordar muito, como se um continente não tivesse existência a não ser pelo seu conteúdo e devesse transbordar como para contê-lo, por sua vez. Havia aí uma visão sincrética do ser no tempo, como continente e conteúdo, inteiramente como na vida intrauterina.

Reencontrava aqui essa imagem confusa que tinha de si mesmo. Esvaziava esse xixi, e tentava recuperá-lo, persuadido de que era ele que se iria. Berrava: – O lobo!, *e o penico só podia ter realidade para ele, quando cheio. Toda a minha atitude consistiu em lhe mostrar a realidade do penico, que ficava, após ter sido esvaziado do seu xixi, como ele, Roberto, ficava, após ter feito xixi, como a torneira não era arrastada pela água que corre.*

Através dessas interpretações e da minha permanência, Roberto introduziu progressivamente um prazo entre o esvaziamento e o preenchimento, até o dia em que pôde voltar triunfante com um penico vazio nos braços. Tinha visivelmente adquirido a ideia da permanência do seu corpo. Suas roupas eram para ele o seu continente, e, quando estava despido, era a morte certa. A cena de tirar a roupa era para ele ocasião de verdadeiras crises, a última tinha durado três horas, durante a qual o pessoal o descrevia como possesso. Berrava: – O lobo!, *correndo de um quarto para o outro, jogando sobre as outras crianças as fezes que encontrava nos penicos. Só quando amarrado se acalmava.*

No dia seguinte, veio à sessão, começou a tirar a roupa num estado de grande ansiedade, e, inteiramente nu, subiu na cama. Foram necessárias três sessões para que chegasse a beber um pouco de leite, inteiramente nu na cama. Mostrava a janela e a porta, e batia no rosto, gritando: – O lobo!

Paralelamente, na vida cotidiana, tirar a roupa era fácil, mas a isso se seguia uma grande depressão. Começava a soluçar à noite sem razão, descia para se fazer consolar pela enfermeira-chefe, embaixo, e adormecia nos braços dela.

No fim dessa fase, exorcizou comigo o esvaziamento do penico, bem como a cena de tirar a roupa, através da minha permanência, que tinha tornado o leite um elemento construtor. Mas, impelido pela necessidade de construir um mínimo, não tocou no passado, não contou senão com o presente da sua vida cotidiana, como se estivesse privado de memória.

Na fase seguinte, sou eu que me torno O lobo!

Aproveita-se do pouco de construção que conseguiu realizar para projetar sobre mim todo o mal que tinha bebido e, em certa medida, reencontrar a memória. Vai assim poder progressivamente tornar-se agressivo. Isso vai tornar-se trágico. Impelido pelo passado, é preciso que seja agressivo contra mim, e entretanto, ao mesmo tempo, sou, no presente, aquela de quem ele precisa. Devo tranquilizá-lo com minhas interpretações, falar-lhe do passado que o obriga a ser agressivo, e assegurar-lhe que isso não acarreta o meu desaparecimento, nem a sua mudança de lugar, o que é sempre tomado por ele como uma punição.

Quando tinha sido agressivo comigo, tentava se destruir. Representava-se por uma mamadeira, e procurava quebrá-la. Eu a retirava das suas mãos, porque ele não estava em condições de suportar quebrá-la. Ele retomava então o curso da sessão, e a sua agressividade contra mim continuava.

Nesse momento, precisei desempenhar o papel da sua mãe esfomeadora. Ele me obrigou a sentar sobre uma cadeira em que havia o seu copo de leite, a fim de que eu o virasse, privando-o assim da sua comida boa. Pôs-se então a berrar: – O lobo!, *pegou o berço e o boneco, e jogou-os para fora da janela. Voltou-se contra mim, e, com grande violência, fez-me ingurgitar água suja, berrando: –* O lobo! O lobo! *Essa mamadeira representava aqui a má comida, e reenviava à separação com a sua mãe, que o tinha privado de comida, e a todas as mudanças a que ele tinha sido obrigado.*

Paralelamente, encarregou-me de outro papel, o da mãe má, o papel da que vai embora. Uma noite, me viu partir da instituição. No dia seguinte, reagiu, quando me havia visto ir embora outras vezes sem ser capaz de exprimir a emoção que podia sentir. Nesse dia, fez xixi em mim num estado de grande agressividade, e de ansiedade também.

A cena não era senão o prelúdio de uma cena final, que teve como resultado me carregar definitivamente de todo mal que tinha sofrido, e de projetar em mim O lobo!

Eu tinha pois, porque eu partia, ingurgitado a mamadeira com a água suja e recebido o xixi agressivo em mim. Eu era pois O lobo! *Roberto separou-se dele ao longo de uma sessão fechando-me no banheiro, depois voltou só ao quarto das sessões, subiu na cama vazia, e pôs-se a gemer. Não podia me chamar, e era preciso entretanto que eu voltasse, porque eu era a pessoa permanente. Voltei. Roberto estava estendido, patético, o polegar mantido a dois centímetros da sua boca. E, pela primeira vez numa sessão, estendeu-me os braços e se fez consolar.*

A partir dessa sessão, assistimos na instituição a uma mudança total do seu comportamento.

Tive a impressão de que ele tinha exorcizado O lobo!

A partir desse momento, não falou mais dele, e pôde passar à fase seguinte – a regressão intrauterina, quer dizer, a construção do seu corpo, do ego body, *que ele não tinha podido fazer até então.*

Para empregar a dialética que ele próprio tinha sempre empregado, a dos conteúdos-continentes, Roberto devia, para se construir, ser o meu conteúdo, mas devia se assegurar da minha posse, quer dizer, do seu futuro continente.

Começou esse período tomando um balde cheio d'água, cuja alça era uma corda. Essa corda, ele não podia absolutamente suportar que estivesse amarrada nas duas extremidades. Era preciso que pendesse de um lado. Eu tinha ficado impressionada com o fato de que, quando tinha sido obrigada a apertar a corda para levar o balde, ele tivesse sentido uma dor que parecia quase física. Um dia, colocou o balde cheio d'água entre as pernas, segurou a corda e levou a extremidade dela ao umbigo. Tive então a impressão de que o balde era eu, e de que ele se ligava a mim por um cordão umbilical. Em seguida, virou o conteúdo do balde de água, despiu-se, depois deitou nessa água, em posição fetal, encolhido, estirando-se de tempos em tempos, e indo até abrir a boca e fechá-la sobre o líquido, como um feto bebe o líquido amniótico, como o mostraram as últimas experiências norte-americanas. Eu tinha a impressão de que assim ele se construía.

No início, excessivamente agitado, tomou consciência de uma certa realidade de prazer, e tudo terminou em duas cenas capitais, desempenhadas com um recolhimento extraordinário e uma plenitude espantosa, se levarmos em conta, a sua idade e o seu estado.

Na primeira dessas cenas, Roberto, inteiramente nu à minha frente, pegou água com as mãos juntas, levou-a à altura dos ombros e fê-la escorrer ao longo do seu corpo. Recomeçou assim várias vezes; e depois disse-me, docemente: – Roberto, Roberto.

Esse batismo pela água – porque, dado o seu recolhimento nisto, era um batismo – foi seguido de um batismo pelo leite.

Começou a brincar na água com mais prazer do que recolhimento. Em seguida, pegou o seu copo de leite e bebeu. Depois, recolocou o bico e começou a derramar o leite da mamadeira ao longo do seu corpo. Como isso não ia suficientemente rápido, tirou o bico e recomeçou, fazendo escorrer o leite sobre o peito, o ventre e ao longo do pênis com um sentimento intenso de prazer. Depois, voltou-se para mim, e me mostrou esse pênis, tomando-o na mão, com ar de contentamento. Em seguida, bebeu leite, colocando-o assim em cima e dentro, de maneira que o conteúdo fosse a um só tempo conteúdo e continente, reencontrando a mesma cena que tinha desempenhado com a água.

Nas fases subsequentes, passou para o estádio de construção oral.

Esse estádio é extremamente difícil, muito complexo. Inicialmente, tem quatro anos e vive o mais primitivo dos estádios. Além disso, as outras crianças que eu trato nessa instituição são meninas, o que é um problema para ele. Enfim, os patterns *de comportamento de Roberto não desapareceram totalmente e têm tendência a voltar cada vez que há uma frustração.*

Depois do batismo pela água e pelo leite, Roberto começou a viver a simbiose que caracteriza a relação primitiva mãe-criança. Mas, quando a criança a vive verdadeiramente, não existe normalmente nenhum problema de sexo, pelo menos no sentido do recém-nascido em relação à sua mãe. Ao passo que aí existia.

Roberto devia fazer uma simbiose com uma mãe feminina, o que colocava então o problema da castração. O problema era chegar a fazê-lo receber a comida sem que isso implicasse a sua castração.

Ele viveu inicialmente essa simbiose de uma forma simples. Sentado nos meus joelhos, ele comia. Em seguida, pegava o meu anel e o meu relógio e os colocava, ou então pegava um lápis na minha blusa e o quebrava com os dentes. Então, interpretei-lhe. Esta identificação a uma mãe fálica castradora fica, a partir de então, no plano do passado, e se acompanhou de uma agressividade reacional que evolui nas suas motivações. Não quebrava mais a ponta do lápis senão para se punir dessa agressividade.

Em seguida, pôde beber o leite na mamadeira, estirado nos meus braços, mas era ele mesmo que segurava a mamadeira. Só mais tarde é que pôde suportar que eu segurasse a mamadeira, como se todo o passado o impedisse de receber em si, de mim, o conteúdo de um objeto tão essencial.

O seu desejo de simbiose estava ainda em conflito com o seu passado. É por isso que escolheu o viés de se dar a mamadeira. Mas, à medida que fazia a experiência, através de outras comidas, como papinhas e doces, que a comida que ele recebia de mim através desses símbolos não fazia dele uma menina, pôde então recebê-la de mim.

Tentou inicialmente se diferenciar de mim dividindo-a comigo. Ele me dava de comer tudo, dizendo, enquanto se apalpava: – Roberto, *depois me apalpando:* – Não Roberto. *Eu me servi muito disso nas minhas interpretações para ajudá-lo a se diferenciar. A situação deixou então de ser somente entre ele e mim, e ele fez intervir as menininhas que eu tinha em tratamento.*

Era um problema de castração, porque ele sabia que, antes dele e depois dele, uma menininha subia para a sessão comigo. A lógica emocional queria, pois, que ele se fizesse menina, porque era uma menina que rompia essa simbiose comigo, da qual ele tinha necessidade. A situação era conflitiva. Ele a desempenhou de diferentes maneiras, fazendo xixi sentado no urinol, ou então de pé, mas se mostrando agressivo.

Roberto era agora capaz de receber, e capaz de dar. Ele me deu o seu cocô sem medo de ser castrado por esse dom.

Chegamos então a um patamar do tratamento que se pode resumir assim – o conteúdo do seu corpo não é mais destrutivo, mau. Roberto é capaz de exprimir a sua agressividade fazendo xixi em pé, e sem que a existência e a integridade do conteúdo, isto é, do corpo, sejam colocadas em causa.

O QD no Gesell passou de 43 a 80, e no Terman-Merill, ele teve um QI de 75. O quadro clínico mudou, as perturbações motoras desapareceram, o prognatismo também. Com as outras crianças, tornou-se amigável, frequentemente protetor dos mais pequenos. Pode-se começar a integrá-lo nas atividades de grupo. Só a linguagem permanece rudimentar, Roberto nunca faz frases, não emprega senão palavras essenciais.

Depois eu saio de férias. Fico ausente durante dois meses.

Na minha volta, ele desempenha uma cena que mostra a coexistência nele dos patterns *do passado e da construção presente.*

Durante a minha ausência, o seu comportamento tinha ficado como era – ele o exprimia no seu antigo modo, mas de uma maneira muito rica em virtude do adquirido, o que a separação representava para ele, o seu medo de me perder.

Quando voltei, ele esvaziou, como para destruí-los, o leite, seu xixi, seu cocô, depois tirou o avental e o jogou na água. Destruiu assim os seus antigos conteúdos e seu antigo continente, reencontrados pelo traumatismo da minha ausência.

No dia seguinte, ultrapassado pela sua reação psicológica, Roberto se exprimia no plano somático – diarreia profusa, vômito, síncope. Esvaziava-se completamente da sua imagem passada. Só a minha permanência podia estabelecer a ligação com uma nova imagem de si mesmo – com um novo nascimento.

Nesse momento, adquiriu uma nova imagem de si mesmo. Nós o vemos na sessão desempenhar novamente antigos traumatismos que ignoramos. Roberto bebe a mamadeira, coloca o bico na sua orelha, e quebra em seguida a mamadeira, num estado de violência muito grande.

Ora, ele foi capaz de fazê-la sem que a integridade do seu corpo tenha sofrido. Separou-se do seu símbolo da mamadeira, e pôde se exprimir pela mamadeira enquanto objeto. Essa sessão era tão chocante, ele a repetiu duas vezes, que eu fiz uma inquirição para saber como se tinha passado a antrotomia sofrida aos cinco meses. Soube-se então que no serviço ORL em que ele fora operado, não havia sido anestesiado, e que durante essa operação dolorosa, se mantinha à força na sua boca uma mamadeira de água açucarada.

Esse episódio traumático esclareceu a imagem que Roberto tinha construído de uma mãe esfomeadora, paranoica, perigosa, que certamente o atacava. Depois a separação, uma mamadeira mantida à força, fazendo-o engolir os seus gritos. As alimentações por sonda, vinte e cinco mudanças sucessivas. Tive a impressão de que o drama de Roberto era que todas as suas fantasias orais-sádicas tinham-se realizado nas suas condições de existência. Suas fantasias tinham-se tornado realidade.

Ultimamente precisei confrontá-lo com uma realidade. Estive ausente durante um ano, e voltei grávida de oito meses. Ele me viu grávida. Começou por brincar com fantasias de destruição dessa criança.

Desapareci para o parto. Durante minha ausência, meu marido o tomou para tratar, e ele encenou a destruição dessa criança. Quando voltei, me viu lisa, e sem criança. Estava então persuadido de que suas fantasias tinham-se tornado realidade, que tinha matado a criança, e, portanto, que eu ia matá-lo.

Ficou extremamente agitado nesses quinze dias, até o dia em que pôde me dizê-lo. Então, aí, eu o confrontei com a realidade. Levei minha filha a ele, de maneira que eu pudesse agora fazer o corte. Seu estado de agitação caiu brutalmente, e quando o retomei em sessão no dia seguinte, começou a me exprimir enfim um sentimento de ciúme. Ligava-se a alguma coisa de vivo, e não à morte.

Essa criança tinha ficado sempre no estado em que as fantasias eram realidade. É o que explica que suas fantasias de construção intrauterina no tratamento tenham sido realidade, e que tenha podido fazer uma construção espantosa. Se tivesse superado esse estado, eu não teria podido obter essa construção dele mesmo.

Como dizia ontem, tive a impressão de que essa criança havia soçobrado sob o real, que no início do tratamento não havia nela nenhuma função simbólica, e ainda menos função imaginária.

Havia, não obstante, duas palavras.

2

SR. HYPPOLITE: – *É sobre o termo* O lobo *que eu queria colocar uma questão. De onde veio* O lobo?

SRA. LEFORT: – *Nas instituições de crianças, vê-se frequentemente as enfermeiras meterem medo com o lobo. Na instituição em que o tomei para tratar, um dia em que as crianças estavam insuportáveis, foram trancadas no jardim das crianças, e uma enfermeira foi ao exterior fazer o grito do lobo para torná-las comportadas.*

SR. HYPPOLITE: – *Restaria explicar por que o medo do lobo se firmou nele, como em tantas outras crianças.*

SRA. LEFORT: – *O lobo era evidentemente a mãe devoradora, em parte.*

SR. HYPPOLITE: – *A Sra. acredita que o lobo é sempre a mãe devoradora?*

SRA. LEFORT: – *Nas histórias infantis se diz sempre que o lobo vai comer. No estádio sádico-oral, a criança tem vontade de comer a sua mãe, e pensa que a sua mãe vai comê-lo. Sua mãe se torna o lobo. Acredito que provavelmente é a gênese, mas não estou certa. Há na história dessa criança muitas coisas ignoradas, que não pude saber. Quando queria ser agressiva comigo, não se colocava de quatro e não latia. Presentemente ela faz isso. Agora sabe que é um ser humano, mas tem necessidade, de tempos em tempos, de se identificar a um animal, como faz uma criança de 18 meses. E, quando quer ser agressiva, põe-se de quatro, e faz au-au, sem a menor angústia. Depois se levanta, e continua o curso da sessão. Não pode ainda exprimir sua agressividade a não ser nesse estádio.*

SR. HYPPOLITE: – *Sim, é entre* zwingen *e* bezwingen. *É toda a diferença entre a palavra onde há imposição, e aquela em que não há imposição. A imposição,* Zwang, *é o lobo que lhe dá a angústia, e a angústia superada,* Bezwingung, *é o momento em que faz o papel de lobo.*

SRA. LEFORT: – *Sim, estou bem de acordo.*

O lobo naturalmente coloca todos os problemas do simbolismo: não é uma função que se possa limitar, porque somos forçados a procurar sua origem numa simbolização geral.

Por que o lobo? Não é uma personagem que nos seja tão familiar no nosso país. O fato de que seja o lobo o escolhido para produzir esses efeitos, liga-nos diretamente a uma função mais larga no plano mítico, folclórico, religioso, primitivo. O lobo liga-se a toda uma filiação pela qual chegamos às sociedades secretas, com o que comportam de iniciatório, seja na adoção de um totem, seja na identificação a um personagem.

É difícil fazer essas distinções a propósito de um fenômeno tão elementar, mas eu gostaria de chamar a atenção de vocês para a diferença entre o supereu,[10] no determinismo do recalque, e o ideal do eu.

Não sei se vocês se aperceberam disso – há aí duas concepções que, desde que as façamos intervir numa dialética qualquer para explicar um comportamento de doente, parecem dirigidas exatamente em sentido contrário. O supereu é constrangedor e o ideal do eu exaltante.

São coisas que tendemos a apagar, porque passamos de um termo ao outro como se os dois fossem sinônimos. É uma questão que mereceria ser colocada a propósito da relação transferencial. Quando se procura o fundamento da ação terapêutica, diz-se que o sujeito identifica o analista ao seu ideal do eu, ou, ao contrário, ao seu supereu, e, no mesmo texto, se substitui um ao outro à medida do desenvolvimento da demonstração, sem explicar muito bem a diferença.

Serei certamente levado a examinar a questão do supereu. Direi logo que, se não nos limitamos a um uso cego, mítico, desse termo, a palavra-chave, ídolo, o supereu se situa essencialmente no plano simbólico da palavra, à diferença do ideal do eu.

O supereu é um imperativo. Como indicam o bom senso e o uso que se faz dele, é coerente com o registro e com a noção da lei, quer dizer, com o conjunto do sistema da linguagem, na medida em que define a situação do homem enquanto tal, quer dizer, enquanto não é somente indivíduo biológico. Por outro lado, é preciso acentuar também, e ao contrário, o seu caráter insensato, cego, de puro imperativo, de simples tirania. Em que direção podemos nós fazer a síntese dessas noções?

O supereu tem uma relação com a lei, e ao mesmo tempo, é uma lei insensata, que chega até a ser o desconhecimento da lei. É sempre assim que vemos agir o supereu no neurótico. Não será porque a moral do neurótico é uma moral insensata, destrutiva, puramente oprimente, quase sempre antilegal, que foi preciso elaborar na análise a função do supereu?

O supereu é, a um só tempo, a lei e a sua destruição. Nisso, ele é a palavra mesma, o comando da lei, na medida em que dela não resta mais do que a raiz. A lei se reduz inteiramente a alguma coisa que não se pode nem mesmo exprimir, como o *Tu deves,* que é uma palavra privada de todos os seus sentidos. É nesse sentido que o supereu acaba por se identificar àquilo que há somente de mais devastador, de mais fascinante, nas experiências primitivas do sujeito. Acaba por se identificar ao que chamo *figura feroz,* às figuras que podemos ligar aos traumatismos primitivos, sejam eles quais forem, que a criança sofreu.

Nesse caso privilegiado, vemos aí, encarnada, essa função da linguagem, nós a tocamos com o dedo na sua forma mais reduzida, reduzida a uma palavra cujo sentido e alcance, para a criança, não somos nem mesmo capazes de definir, mas que a liga entretanto à comunidade humana. Como você indicou pertinentemente, não é uma criança-lobo que teria vivido na simples selvageria, é uma criança que fala, e é por esse *O lobo!* que você teve desde o inicio a possibilidade de instaurar o diálogo.

O que há de admirável nessa observação é o momento em que, depois de uma cena que você descreveu, desaparece o uso do termo *O lobo!* É em volta desse pivô da linguagem, da relação a essa palavra que é para Roberto o resumo de uma lei, que se dá a virada da primeira para a segunda fase. Começa em seguida essa elaboração extraordinária que termina por esse autobatismo perturbador, quando ele pronuncia o seu próprio prenome. Tocamos aí, na sua forma mais reduzida, a relação fundamental do homem à linguagem. É extraordinariamente comovente.

Que questões vocês têm ainda a colocar?

Sra. Lefort: – *Que diagnóstico?*

Bem, há pessoas que já tomaram uma posição sobre isso. Lang, disseram-me que ontem à noite você disse algo a respeito, que me pareceu interessante. Acho que o diagnóstico que você deu é apenas analógico. Referindo-se ao quadro que existe na nosografia, você pronunciou a palavra...

Dr. Lang: – *Delírio alucinatório. Pode-se tentar procurar uma analogia entre as perturbações muito profundas do comportamento das crianças e o que conhecemos nos adultos. E mais frequentemente se fala de esquizofrenia infantil quando não se compreende muito bem o que se passa. Há aqui um elemento essencial que falta para que se possa falar de esquizofrenia, a dissociação. Não há dissociação, porque há apenas construção. Isso me pareceu lembrar certas formas de organização do delírio alucinatório. Fiz muitas reservas ontem à noite, porque há um passo a franquear entre a observação direta da criança dessa idade e o que conhecemos da nosografia habitual. Haveria nesse caso muitas coisas a explicitar.*

Sim. Foi assim que eu compreendi o que você tinha dito quando me foi trazido. Um delírio alucinatório, no sentido em que se entende, de uma psicose alucinatória crônica, só tem uma coisa em comum com o que se passa nesse sujeito, é essa dimensão, que foi observada com fineza pela Sra. Lefort, que é o fato de essa criança só viver o real. Se a palavra *alucinação* significa alguma coisa, é esse sentimento de realidade. Há na alucinação alguma coisa que o paciente assume verdadeiramente como real.

Vocês sabem o quanto isso permanece problemático, mesmo numa psicose alucinatória. Há na psicose alucinatória crônica do adulto uma síntese do imaginário e do real, que é todo o problema da psicose. Encontramos aqui uma elaboração imaginária secundária, que a Sra. Lefort colocou em relevo, que é, literalmente, a não inexistência no estado nascente.

Essa observação, há muito tempo que eu não a revia. E entretanto, da última vez em que nos reencontramos, fiz para vocês o grande esquema do vaso e das flores, em que as flores são imaginárias, virtuais, ilusórias, e o vaso real ou inversamente, porque se pode dispor o aparelho no sentido contrário.

Só posso, neste caso, fazer vocês observarem a pertinência deste modelo, construído sobre a relação entre as flores conteúdo e o vaso continente. Porque o sistema continente-conteúdo que já coloquei no primeiro plano da significação que dou ao estádio do espelho, nós o vemos agir aí plenamente, e a olho nu. Vemos a criança se conduzir com a função mais ou menos mítica do continente e, somente no fim, poder suportá-lo vazio, como notou a Sra. Lefort. Poder suportar a sua vacuidade é identificá-lo enfim como um objeto propriamente humano, quer dizer, um instrumento, capaz de ser destacado da sua função. E é essencial na medida em que no mundo humano existe não somente o útil, mas também o utensílio, quer dizer, instrumentos que existem enquanto coisas independentes.

SR. HYPPOLITE: – *Universais.*

DR. LANG: – *A passagem da posição vertical do lobo à posição horizontal é muito divertida. Parece-me justamente que o lobo do início é vivido.*

Não é nem ele nem algum outro, no início.

DR. LANG: – *É a realidade.*

Não, eu acredito que é essencialmente a palavra reduzida ao seu caroço. Não é nem ele, nem algum outro. Ele é evidentemente *O lobo!* na medida em que diz esta palavra. Mas *O lobo!* é qualquer coisa enquanto pode ser nomeada. Vocês veem aí o estado nodal da palavra. O eu é aqui completamente caótico, a palavra interrompida. Mas é a partir de *O lobo!* que ela poderá encontrar o seu lugar e se construir.

DR. BARGUES: – *Eu tinha feito a observação de que havia num dado momento uma mudança, quando a criança brincava com seus excrementos. Ela deu, mudou e pegou areia e água. Penso que é o imaginário que ela começava a construir e a manifestar. Ela já pôde tomar uma distância maior em relação ao objeto, seus excrementos, e em seguida foi cada vez mais longe. Não acredito que se possa falar de símbolo no sentido em que o senhor o entende. Entretanto, ontem, tive a impressão de que* a *Sra. Lefort falava deles como de símbolos.*

E uma questão difícil. É aquela em que nos exercemos aqui, na medida em que isso pode ser a chave do que designamos como eu. O eu, o que é que é? Não são instâncias homogêneas. Umas são realidades, outras são imagens, funções imaginárias. O próprio eu é uma delas.

É a isso que eu queria chegar antes de deixá-los. O que não se pode omitir é o que você descreveu no início, de maneira tão apaixonante – o comportamento motor dessa criança. Essa criança parece não ter nenhuma lesão dos aparelhos. Tem agora um comportamento motor de que natureza? Como são os seus gestos de preensão?

SRA. LEFORT: – *Certo, ela não é mais como no início.*

No início, como você mostrou, quando queria atingir um objeto, só podia apreendê-lo com um único gesto. Se falhasse nesse gesto, devia recomeçá-lo desde o início. Portanto, controla a adaptação visual, mas sofre perturbações da noção de distância. Essa criança selvagem pode sempre, como um animalzinho bem organizado, pegar o que deseja. Mas se há falta ou lapso do ato, só pode corrigir retomando o todo. Consequentemente, podemos dizer que não parece que haja nessa criança *déficit* nem retardo dizendo respeito ao sistema piramidal, mas nos encontramos diante de manifestações de falha nas funções de síntese do eu, no sentido em que entendemos o eu na teoria analítica.

A ausência de atenção, a agitação inarticulada que você notou no início, devem também ser reenviadas a falhas das funções do eu. É preciso observar aliás que, num certo sentido, a teoria analítica chega até a fazer da função do sono uma função do eu.

SRA. LEFORT: – *Essa criança que não dormia e não sonhava, no famoso dia em que ela me trancou, as perturbações motoras se atenuaram, e ela começou a sonhar à noite e a chamar a sua mãe em sonho.*

É aí que eu queria chegar. Não deixo de ligar diretamente a atipia do seu sono ao caráter anômalo do seu desenvolvimento, cujo retardo se situa precisamente no plano do imaginário, no plano do eu enquanto função imaginária. Essa observação nos mostra que, do atraso de tal ponto do desenvolvimento imaginário, resultam perturbações em certas funções aparentemente inferiores ao que podemos chamar o nível superestrutural.

É a relação entre a maturação estritamente sensório-motora e as funções de controle imaginário no sujeito, que constitui o grande interesse dessa observação. A questão está toda aí. Trata-se de saber em que medida é essa articulação aí que está em jogo na esquizofrenia.

Podemos, segundo a nossa tendência e a ideia que cada um de nós tem da esquizofrenia, do seu mecanismo e do seu móvel essencial, situar ou não esse caso no quadro de uma afecção esquizofrênica.

É certo que não é uma esquizofrenia no sentido de um estado, na medida em que você nos mostrou a significação e a movência dela. Mas há aí uma estrutura esquizofrênica da relação ao mundo e toda uma série de fenômenos que poderíamos aproximar a rigor da série catatônica. Certo, não há propriamente nenhum sintoma, de maneira que não poderemos situar o caso num tal quadro, como o fez Lang, a não ser para o situar aproximadamente. Mas certas deficiências, certas faltas de adaptação humana, abrem para algo que, mais tarde, analogamente, se apresentará como uma esquizofrenia.

Acredito que não se possa dizer mais, senão que é o que chamamos um caso de demonstração. Afinal, não temos nenhuma razão para pensar que os quadros nosológicos estão aí desde toda a eternidade e nos esperavam. Como dizia Péguy, os pequenos parafusos entram sempre nos pequenos buracos, mas há situações anormais em que pequenos parafusos não correspondem mais a pequenos buracos. Que se trate de fenômenos de ordem psicótica, mais exatamente de fenômenos que podem terminar em psicose, isso não me parece duvidoso. O que não quer dizer que toda psicose apresente começos análogos.

Leclaire, é muito especialmente a você que eu peço que nos faça para a próxima vez alguma coisa sobre a *Introdução ao narcisismo,* que se encontra no tomo IV dos *Collected Papers,* ou no tomo X das obras completas. Você verá que se trata de questões colocadas pelo registro do imaginário, que estamos começando a estudar aqui.

10 de março de 1954

IX

Sobre o narcisismo

Do que faz ato.
Sexualidade e libido.
Freud ou Jung.
O imaginário na neurose.
O simbólico na psicose.

Para aqueles que não estavam aqui da última vez, vou mostrar a utilidade que vejo em fazer intervir agora o artigo de Freud *Zur Einführung des Narzismus.*

1

Como poderíamos resumir o ponto a que chegamos? Eu me dei conta esta semana, e não sem satisfação, que há alguns de vocês que começam a se inquietar seriamente com o uso sistemático que lhes sugiro aqui, há certo tempo, das categorias do simbólico e do real. Vocês sabem que eu insisto na noção do simbólico, dizendo-lhes que convém sempre partir dela para compreender o que fazemos quando intervimos na análise, e especialmente quando intervimos positivamente, a saber, pela interpretação.

Fomos levados a sublinhar essa face da resistência que se situa ao nível mesmo da emissão da palavra. A palavra pode exprimir o ser do sujeito, mas, até certo ponto, não chega nunca a isso. Ei-nos agora tendo chegado a um momento em que nos colocamos a questão – como se situam, em relação à palavra, todos esses afetos, todas essas referências imaginárias que são comumente evocadas quando se quer definir a ação da transferência na experiência analítica? Vocês sentiram que isso não era evidente.

A palavra plena é a que visa, que forma a verdade tal como ela se estabelece no reconhecimento de um pelo outro. A palavra plena é palavra que faz ato. Um dos sujeitos se encontra, depois, outro que não o que era antes. É por isso que essa dimensão não pode ser eludida da experiência analítica.

Não podemos pensar na experiência analítica como um jogo, um engodo, uma manigância ilusória, uma sugestão. Ela coloca em causa a palavra plena. Desde que este ponto foi colocado, vocês puderam se aperceber, muitas coisas se orientam e se esclarecem, mas muitos paradoxos e contradições aparecem. O mérito dessa concepção é justamente o de fazer aparecer esses paradoxos e essas contradições, que nem por isso são opacidades e obscurecimentos. É frequentemente, ao contrário, o que aparece harmonioso e compreensível que encerra alguma opacidade. E é, inversamente, na antinomia, na hiância, na dificuldade, que encontramos chances de transparência. É nesse ponto de vista que repousa nosso método e, eu espero, o nosso progresso também.

A primeira das contradições que aparece é que é seguramente singular que o método analítico, se ele visa atingir a palavra plena, parta por uma via estritamente oposta, na medida em que dá como consigna ao sujeito delinear uma palavra tão desligada quanto possível de toda suposição de responsabilidade, e que o libera mesmo de toda exigência de autenticidade. Ele lhe ordena que diga tudo que lhe passa pela cabeça. Por isso mesmo, o mínimo que se pode dizer é que ele lhe facilita a volta à via daquilo que, na palavra, está acima do nível do conhecimento e que concerne ao terceiro, ao objeto.

Nós que sempre discernimos dois planos nos quais se exerce a troca da palavra humana – o plano do reconhecimento enquanto a palavra liga entre os sujeitos esse pacto que os transforma, e os estabelece como sujeitos humanos comunicando – o plano do comunicado, em que se pode distinguir todo tipo de patamares, o apelo a discussão, o conhecimento, a informação, mas que em última instância, tende a realizar o acordo sobre o objeto. O termo acordo está aí ainda, mas o acento é colocado sobre o objeto considerado como exterior à ação da palavra, e que a palavra exprime.

Claro, o objeto não deixa de ter referência à palavra. Está desde então dado parcialmente no sistema objetal, ou objetivo, onde é preciso contar a soma dos preconceitos que constituem uma comunidade cultural, até e compreendidas as hipóteses, e mesmo os preconceitos psicológicos, desde os mais elaborados pelo trabalho científico, até os mais ingênuos e os mais espontâneos, que, sem dúvida, não deixam de se comunicar largamente com as referências científicas, até impregná-las.

Eis, portanto, o sujeito convidado a se entregar completamente a esse sistema – são tanto os conhecimentos científicos que ele detém ou o que pode imaginar a partir das informações que tem do seu estado, do seu problema, da sua situação, quanto os seus preconceitos mais ingênuos, sobre os quais repousam suas ilusões, inclusive suas ilusões neuróticas, na medida em que se trata aí de uma parte importante da constituição da neurose.

Pareceria – e é aí que está o problema – que esse ato da palavra só pode progredir pela via de uma convicção intelectual que se depreendia da intervenção educadora, quer dizer, superiora, que viria do analista. A análise progrediria por doutrinação. É a essa doutrinação que se visa quando se fala da primeira fase da análise, que teria sido intelectualista. Vocês bem sabem que ela nunca existiu. Talvez tenha havido então concepções intelectualistas da análise, mas isso não quer dizer que se fazia realmente análise intelectualista – as forças que estão autenticamente em jogo, estavam lá desde a origem. Se elas não tivessem estado lá, a análise não teria tido ocasião de mostrar aquilo de que é capaz, e de se impor como um método evidente de intervenção psicoterápica.

O que se chama intelectualização, neste caso, é outra coisa que não essa conotação de que se trataria de alguma coisa de intelectual. Quanto melhor analisarmos os diversos níveis do que está em jogo, melhor chegaremos a distinguir o que deve ser distinguido e a unir o que deve ser unido, e mais eficaz será a nossa técnica. É o que tentaremos fazer.

Portanto, deve existir outra coisa além da doutrinação que explique a eficácia das intervenções do analista. É o que a experiência demonstrou ser eficaz na ação da transferência.

É aí que começa a opacidade – afinal de contas, o que é a transferência?

Na sua essência, a transferência eficaz de que se trata é simplesmente o ato da palavra. Cada vez que um homem fala a outro de maneira autêntica e plena, há, no sentido próprio, transferência, transferência simbólica – alguma coisa se passa que muda a natureza dos dois seres em presença.

Mas trata-se aí de uma transferência diversa da que se apresentou inicialmente na análise, não somente como um problema, mas como um obstáculo. Essa função, com efeito, deve ser situada no plano imaginário. É para precisá-la que foram forjadas as noções que vocês sabem, repetição das situações antigas, repetição inconsciente, acionamento de uma reintegração de história – história num sentido contrário ao que promovo, porque se trata de uma reintegração imaginária, a situação passada não sendo vivida no presente, à revelia do sujeito, a não ser na medida em que a dimensão histórica é por ele desconhecida – eu não disse *inconsciente*, vocês o observarão. Todas essas noções são introduzidas, para definir o que observamos, e elas têm o valor de uma constatação empírica assegurada. Nem por isso desvendam a razão, a função, a significação do que observamos no real.

Querer que se dê a razão do que se observa, vocês me dirão talvez que é ser muito exigente, manifestar muito apetite teórico. Certos espíritos brutais desejariam talvez nos impor aqui uma barreira.

Parece-me, entretanto, que a esse respeito a tradição analítica não se distingue por ausência de ambição – devem existir razões para isso. Aliás, justificados ou não, levados ou não pelo exemplo de Freud, não há psicanalistas que não tenham caído na teoria da evolução mental. Essa empresa metapsicológica é na verdade inteiramente impossível, por razões que se desvendarão mais tarde.

Mas não se pode praticar, nem mesmo um segundo, a Psicanálise sem pensar em termos metapsicológicos, como o Sr. Jourdain era forçado a fazer prosa, quisesse ou não, sempre que se exprimia. Esse fato é verdadeiramente estrutural da nossa atividade.

Fiz alusão, da última vez, ao artigo de Freud sobre o amor de transferência. Vocês sabem a estrita economia da obra de Freud, e quanto se pode dizer que ele nunca abordou verdadeiramente assunto que não fosse urgente, indispensável tratar – ao longo de uma carreira que estava apenas na medida da vida humana, sobretudo se pensarmos em que momento da sua vida concreta, biológica, ele começou o seu ensino.

Não podemos deixar de ver que uma das questões mais importantes da teoria analítica é saber qual é a relação que há entre os laços de transferência e as características, positiva e negativa, da relação amorosa. A experiência clínica testemunha isso, e, ao mesmo tempo, a história teórica das discussões promovidas a propósito do que se chama o motor da eficácia terapêutica. Esse assunto está em suma na ordem do dia desde os anos 1920 mais ou menos – Congresso de Berlim, inicialmente, Congresso de Salisburgo, Congresso de Marienbad. Desde essa época, nunca se fez nada a não ser se perguntar sobre a utilidade da função da transferência no manejo que fazemos da subjetividade do nosso paciente. Isolamos mesmo alguma coisa que chega a se chamar não somente neurose de transferência – rótulo nosológico que designa aquilo de que o sujeito está afetado –, mas também neurose secundária, neurose artificial, atualização da neurose na transferência, neurose que amarra nos seus fios a pessoa imaginária do analista.

Sabemos de tudo isso. Mas a questão do que é que faz o móvel do que age na análise permanece obscura. Não falo das vias pelas quais agimos às vezes, mas da fonte mesma da eficácia terapêutica.

O mínimo que se pode dizer é que na literatura analítica se ostenta a maior diversidade de opiniões sobre esse assunto. Para voltarmos às discussões antigas, basta que nos reportemos ao último capítulo do livrinho de Fenichel. Não me ocorre frequentemente recomendar-lhes a leitura de Fenichel, mas, para esses dados históricos, ele é uma testemunha muito instrutiva. Vocês verão a diversidade de opiniões – Sachs, Rado, Alexander – quando a questão foi abordada no congresso de Salisburgo. Vocês verão ali também, o dito Rado anunciar em que sentido conta impelir a teorização do móvel da eficácia analítica. Coisa singular, após ter prometido colocar preto no branco a solução desses problemas, nunca o fez.

Parece que alguma resistência misteriosa age para que a questão permaneça numa sombra relativa, que não é somente devida à sua obscuridade própria, porque luzes fulgurantes aparecem às vezes em algum dos pesquisadores, dos sujeitos meditantes. Tem-se verdadeiramente o sentimento de que a questão é frequentemente entrevista, abordada de tão perto quanto possível, mas que exerce não sei que repulsão que interdita uma conceptualização. Aí, talvez mais do que em outro lugar, é possível que o acabamento da teoria, e mesmo o seu progresso, sejam sentidos como um perigo. Isso não fica excluído. É sem dúvida a hipótese mais favorável.

As opiniões que se manifestam ao longo das discussões sobre a natureza do laço imaginário estabelecido na transferência têm a mais estreita relação com a noção de relação objetal.

Essa última noção veio agora ao primeiro plano da elaboração analítica. Mas vocês sabem como a teoria é hesitante também sobre esse ponto.

Tomem por exemplo o artigo fundamental de James Strachey, publicado no *International Journal of Psycho-Analysis,* sobre o móvel da eficácia terapêutica. É um texto dos mais bem elaborados, que coloca toda a ênfase no papel do supereu. Vocês verão a que dificuldades leva essa concepção, e o número de hipóteses suplementares que o dito Strachey é levado a introduzir para sustentá-la. Ele afirma que, em relação ao sujeito, o analista ocuparia a função do supereu. Mas a teoria, segundo a qual o analista é pura e simplesmente o suporte da função do supereu, não pode se sustentar, porque essa função é precisamente um dos móveis mais decisivos da neurose. Há, pois, um círculo. Para sair dele, o autor é forçado a introduzir a noção de supereu parasita – hipótese suplementar que nada justifica, mas que as contradições da sua elaboração motivam. Aliás, ele é forçado a ir muito longe. Para sustentar a existência desse supereu parasita na análise, ele precisa afirmar que, entre o sujeito analisado e o sujeito analista, se passa uma série de trocas, de introjeções e de projeções, que nos levam ao nível dos mecanismos de constituição dos bons e maus objetos – introduzidos por Melanie Klein na prática da escola inglesa. Isso não deixa de apresentar o perigo de fazê-los renascer sem descanso.

Pode-se situar a questão das relações entre o analisado e o analista num plano completamente diverso – no plano do eu e do não-eu, quer dizer, no plano da economia narcísica do sujeito.

Também, desde sempre, a questão do amor de transferência esteve ligada, muito estreitamente, à elaboração analítica da noção de amor. Não se trata do amor enquanto Eros – presença universal de um poder de ligação entre os sujeitos, subjacente a toda a realidade em que se desloca a análise – mas do amor-paixão, tal como é concretamente vivido pelo sujeito, como uma espécie de catástrofe psicológica. Coloca-se, como vocês o sabem, a questão de saber em que esse amor-paixão é, no seu fundamento, ligado à relação analítica.

Depois de ter-lhes falado bem do livro de Fenichel, é preciso que eu fale um pouco mal. É tão divertido quanto chocante constatar a espécie de revolta, e mesmo de insurreição, que parecem provocar no Sr. Fenichel as observações extraordinariamente pertinentes dos dois autores sobre as relações do amor e da transferência, Enfatizam o caráter narcísico da relação de amor imaginária, e mostram como e quanto o objeto amado se confunde, por toda uma face das suas qualidades, dos seus atributos, e também da sua ação na economia psíquica, com o ideal do eu do sujeito. Vemos então se conjugarem curiosamente o sincretismo geral do pensamento do Sr. Fenichel e essa via média que é a sua e que o faz provar repugnância, uma fobia verdadeira diante do paradoxo que apresenta esse amor imaginário. O amor imaginário participa, no fundo, da ilusão, e o Sr. Fenichel prova uma espécie de horror ao ver assim desvalorizada a função mesma do amor.

Trata-se precisamente disto – o que é esse amor, que intervém enquanto mola imaginária na análise? O horror de Fenichel nos ensina sobre a estrutura subjetiva do personagem em questão.

Bem, para nós, o que temos de encontrar é a estrutura que articula a relação narcísica, a função do amor em toda a sua generalidade e a transferência na sua eficácia prática.

Para permitir a vocês se orientarem através das ambiguidades que se renovam a cada passo na literatura analítica e de que, eu penso, vocês se aperceberam, há mais de um método. Acredito ensinar a vocês categorias novas que introduzem as distinções essenciais. Não são distinções exteriores, escolásticas, e em extensão – opondo tal campo a tal campo, multiplicando as bipartições ao infinito, modo de progresso que consiste em introduzir sempre hipóteses suplementares. Esse método é sem dúvida permitido mas, de minha parte, viso um progresso em compreensão.

Trata-se de valorizar o que implicam noções simples, que já existem. Não há interesse em decompor indefinidamente como se pode fazê-lo – como isso foi feito num trabalho notável sobre a noção de transferência. Prefiro deixar à noção de transferência sua totalidade empírica, marcando, entretanto, que é plurivalente e que se exerce ao mesmo tempo em vários registros, o simbólico, o imaginário e o real.

Não são três campos. Até no reino animal, vocês puderam ver que é a propósito das mesmas ações, dos mesmos comportamentos, que se podem distinguir precisamente as funções do imaginário, do simbólico e do real, pela razão de que não se situam na mesma ordem de relações.

Há várias maneiras de introduzir as noções. A minha tem seus limites, como toda exposição dogmática. Mas sua utilidade é ser crítica, isto é, sobrevir no ponto em que o esforço empírico dos pesquisadores se depara com uma dificuldade a manejar a teoria já existente. É nisso que está o interesse de proceder pela via do comentário de textos.

2

O Dr. Leclaire começa a leitura e o comentário das primeiras páginas da Introdução ao narcisismo. *Interrupção.*

O que Leclaire diz aí é inteiramente justo. Há para Freud uma relação entre uma coisa *x* que se passou no plano da libido, e o desinvestimento do mundo exterior que é característico das formas de demência precoce – entendam isso no sentido mais amplo que puderem. Ora, colocar o problema nesses termos engendra dificuldades extremas na teoria analítica, tal como ela é constituída nesse momento.

É preciso, para compreendê-lo, reportar-se aos *Três ensaios sobre a teoria da sexualidade;* aos quais reenvia a noção de autoerotismo primordial. O que é esse autoerotismo primordial, de que Freud afirma a existência? Trata-se de uma libido que constitui os objetos de interesses e que, por uma espécie de evasão, de prolongamento, de pseudópodes, se reparte. É a partir dessa emissão pelo sujeito dos seus investimentos libidinais, que se faria o seu progresso instintivo e que se elaboraria o seu mundo, segundo a sua estrutura instintiva própria. Essa concepção não coloca dificuldade enquanto Freud deixa fora do mecanismo da libido tudo que se relaciona a um outro registro que não o do desejo como tal. O registro do desejo é para ele uma extensão das manifestações concretas da sexualidade, uma relação essencial que o ser animal entretém com o *Umwelt,* seu mundo. Vocês veem, pois, que essa concepção é bipolar – de um lado o sujeito libidinal, do outro o mundo.

Ora, essa concepção falha, Freud sabia bem disso, se generalizarmos excessivamente a noção de libido, porque, ao fazer isso, a neutralizamos. Não será evidente, além disso, que ela não traz nada de essencial à elaboração dos fatos da neurose, se a libido funciona mais ou menos como aquilo a que o Sr. Janet chamava a função do real? A libido ganha seu sentido, ao contrário, por se distinguir das relações reais os realizantes, de todas as funções que nada têm a ver com a função do desejo, de tudo que toca as relações do eu e do mundo exterior. Ela nada tem a ver com outros registros instintivos que não o registro sexual, com o que toca por exemplo o domínio da nutrição, da assimilação, da fome, na medida em que serve à conservação do indivíduo. Se a libido não é isolada do conjunto das funções de conservação do indivíduo, perde todo o seu sentido.

Ora, na esquizofrenia, algo se passa que perturba completamente as relações do sujeito ao real, e embaralha o fundo e a forma. Esse fato coloca de repente a questão de saber se a libido não vai muito mais longe do que o que foi definido tomando o registro sexual como núcleo organizador, central. É aí que a teoria da libido começa a colocar problema.

Coloca tanto problema que foi efetivamente posta em causa. Eu mostrarei isso a vocês quando analisarmos o comentário de Freud ao texto escrito pelo presidente Schreber. É ao longo desse comentário que Freud se dá conta das dificuldades levantadas pelo problema do investimento libidinal nas psicoses. E ele emprega então noções bastante ambíguas para que Jung possa dizer que renunciou a definir a natureza da libido como unicamente sexual. Jung franqueia decididamente esse passo, e introduz a noção de introversão, que é para ele – é a crítica que lhe faz Freud – uma noção *ohne Unterscheidung*, sem nenhuma distinção. E chega à noção vaga de interesse psíquico, que confunde num único registro o que é da ordem da conservação do indivíduo e o que é da ordem da polarização sexual do indivíduo nos seus objetos. Não resta mais do que uma certa relação do sujeito a si mesmo que Jung diz ser de ordem libidinal. Trata-se para o sujeito de se realizar enquanto indivíduo na posse das funções genitais.

A teoria psicanalítica foi, desde então, aberta a uma neutralização da libido que consiste, por um lado, em afirmar fortemente que se trata de libido, e por outro, em dizer que se trata simplesmente de uma propriedade da alma, criadora do seu mundo. Concepção extremamente difícil de distinguir da teoria analítica, na medida em que a ideia freudiana de um autoerotismo primordial, a partir do qual se constituiriam progressivamente os objetos, é quase equivalente, na sua estrutura, à teoria de Jung.

Eis por que, no artigo sobre o narcisismo, Freud volta à necessidade de distinguir libido egoísta e libido sexual. Vocês compreendem agora uma das razões que o fizeram escrever esse artigo.

O problema é para ele extremamente árduo de resolver. Ao mesmo tempo que mantém a distinção das duas libidos, gira durante todo o artigo em torno da noção da sua equivalência. Como podem esses dois termos ser rigorosamente distinguidos se se conserva a noção da sua equivalência energética, que permite dizer que é na medida em que a libido é desinvestida do objeto que ela volta a se reportar no ego? Eis o problema que é colocado. Por isso, Freud é levado a conceber o narcisismo como um processo secundário. Uma unidade comparável ao eu não existe na origem, *nicht von Anfang,* não está presente desde o início no indivíduo, e o *ich* tem de se desenvolver, *entwickeln werden.* As pulsões autoeróticas, ao contrário, estão lá desde o início.

Os que estão um pouco habituados ao que eu trouxe verão que essa ideia confirma a utilidade da minha concepção do estádio do espelho. A *Urbild,* que é uma unidade comparável ao eu, constitui-se num momento determinado da história do sujeito, a partir do qual o eu começa a assumir suas funções. Isso equivale a dizer que o eu humano se constitui sobre o fundamento da relação imaginária. A função do eu, escreve Freud, deve ter *eine neue psychiche... Gestalt.* No desenvolvimento do psiquismo, aparece algo de novo cuja função é dar forma ao narcisismo. Não será marcar a origem imaginária da função do eu?

Nas duas ou três conferências que se seguirão, precisarei o uso simultaneamente limitado e plural que deve ser feito do estádio do espelho. Eu lhes ensinarei pela primeira vez, à luz do texto de Freud, que dois registros estão implicados nesse estádio. Enfim, se lhes indiquei, da última vez, que a função imaginária continha a pluralidade do vivido do indivíduo, vou lhes mostrar que não se pode limitá-la a isso – por causa da necessidade de distinguir as psicoses e as neuroses.

3

O que é importante reter agora do início do artigo é a dificuldade que Freud experimenta ao defender a originalidade da dinâmica psicanalítica contra a dissolução junguiana do problema.

Segundo o esquema junguiano, o interesse psíquico vai, vem, sai, volta, colore etc. Ele submerge a libido no magma universal que estaria no fundo da constituição do mundo. É reencontrar por aí um pensamento muito tradicional, cuja diferença em relação ao pensamento analítico ortodoxo se vê bem. O interesse psíquico não é ali nada mais que uma iluminação alternativa que pode ir, vir, projetar-se, retirar-se da realidade, conforme a pulsação do psiquismo do sujeito. É uma bonita metáfora, mas que não esclarece nada na prática, como frisa Freud. Não permite apreender as diferenças que podem existir entre a retração dirigida, sublimada, do interesse pelo mundo à qual pode chegar o anacoreta, e a do esquizofrênico, cujo resultado é, entretanto, estruturalmente distinto porque o sujeito se encontra perfeitamente iludido. Muitas observações clínicas foram sem dúvida trazidas pela investigação junguiana, interessante pelo seu pitoresco, pelo seu estilo, pelas aproximações que estabelece entre as produções de tal ascese mental ou religiosa com as dos esquizofrênicos. Há talvez aí uma aproximação que tem a vantagem de dar cor e vida ao interesse dos pesquisadores, mas que seguramente não elucidou nada na ordem dos mecanismos – Freud não deixa de sublinhar isso bastante cruelmente de passagem.

O de que se trata, para Freud, é apreender a diferença de estrutura que existe entre a retração da realidade que constatamos nas neuroses e a que constatamos nas psicoses. Uma das distinções maiores se estabelece de maneira surpreendente – surpreendente em todo o caso para aqueles que não se debatem com tais problemas.

No desconhecimento, a recusa, a barragem oposta à realidade pelo neurótico, constatamos um recurso à fantasia. Há aí *função,* o que no vocabulário de Freud só pode reenviar ao registro imaginário. Sabemos como as pessoas e as coisas do meio do neurótico mudam inteiramente de valor, e isso em relação a uma função que nada impede de designar – sem procurar para além do uso comum da linguagem – como imaginária. *Imaginária* reenvia aqui – primeiramente, à relação do sujeito com as suas identificações formadoras, é o sentido pleno do termo imagem em análise – em segundo lugar, à relação do sujeito ao real, cuja característica é ser ilusória, é a face da função imaginária mais frequentemente valorizada.

Ora, certo ou errado, pouco nos importa no momento, Freud sublinha que não há nada de semelhante na psicose. O sujeito psicótico, se ele perde a realização do real, não reencontra nenhuma substituição imaginária? É isso que o distingue do neurótico.

Essa concepção pode parecer à primeira vista extraordinária. Vocês sentem que aí é preciso dar um passo na conceptualização para seguir o pensamento de Freud. Uma das concepções mais correntes é que o sujeito delirante sonha, que ele está bem dentro do imaginário. É preciso, pois, que, na concepção de Freud, a função do imaginário não seja a função do irreal. Sem o que não se veria por que ele recusaria ao psicótico o acesso ao imaginário. E como Freud sabe em geral o que diz, devemos procurar elaborar o que ele quer dizer sobre esse ponto.

É o que nos introduzirá numa elaboração coerente das relações do imaginário e do simbólico, porque está aí um dos pontos nos quais Freud coloca com a maior energia essa diferença de estrutura. Quando o psicótico reconstrói o seu mundo, o que é que é inicialmente investido? Vocês vão ver em que via, inesperada, para muitos de vocês, isso nos engaja – são as palavras. Vocês não podem deixar de reconhecer aí a categoria do simbólico.

Nós deixaremos para mais adiante o que essa crítica esboça. Veremos que poderia ser num irreal simbólico, ou num simbólico marcado de irreal, que se situa a estrutura própria do psicótico. A função do imaginário está inteiramente alhures.

Vocês começam a ver, eu espero, a diferença que há na apreensão da posição das psicoses entre Jung e Freud. Para Jung, os dois domínios do simbólico e do imaginário estão aí completamente confundidos, enquanto uma das primeiras articulações que nos permite valorizar o artigo de Freud é a estrita distinção dos dois.

Hoje não passa de um esboço. Mas, para coisas tão importantes, o esboço não seria lento o bastante. Não fiz mais do que introduzir – como aliás o título mesmo do artigo o exprime – um certo número de questões, que nunca tinham se colocado. Isso lhes dará tempo de cozinhar e ele trabalhar um pouco daqui até à próxima vez.

Gostaria, da próxima vez, de ter, para comentar esse texto, uma colaboração tão eficaz quanto possível do nosso amigo Leclaire.

Não me desgostaria associar a esse trabalho Granoff, que parece ter uma propensão especial a se interessar pelo artigo de Freud sobre o amor de transferência – introduzir esse artigo poderia ser para ele a ocasião de intervir. Há um terceiro artigo que eu gostaria de confiar a alguém para uma próxima vez. Trata-se de um texto que se situa na metapsicologia da mesma época, e que concerne de perto ao nosso objeto – *Complementos metapsicológicos à doutrina dos sonhos,* que se traduz em francês por *Théorie des rêves.* Eu o dou a quem queira se encarregar – por exemplo ao nosso caro Perrier, a quem isso dará ocasião de intervir a propósito dos esquizofrênicos.

17 de março de 1954

X

Os dois narcisismos

A noção de pulsão.
O imaginário no animal e no homem.
Os comportamentos sexuais são especialmente lográveis.
O Ur-Ich.

A *Introdução ao narcisismo* data do início da guerra de 1914, e é bastante comovente pensar que é nessa época que Freud prosseguia numa tal elaboração. Tudo que classificamos sob a rubrica metapsicologia desenvolve-se entre 1914 e 1918, sucedendo-se à aparição em 1912 do trabalho de Jung traduzido em francês com o titulo *Metamorfoses e símbolos da libido.*

1

Jung abordou as doenças mentais sob um ângulo inteiramente diferente do de Freud, porque sua experiência se centrou na gama das esquizofrenias, enquanto a de Freud estava centrada nas neurose. Sua obra de 1912 apresenta uma grandiosa concepção unitária da energia psíquica, fundamentalmente diferente na sua inspiração, e mesmo na sua definição, da noção elaborada por Freud com o nome de libido.

Não obstante, a diferença teórica é ainda muito incômoda de se fazer para que Freud esteja às voltas com dificuldades que são sensíveis no conjunto desse artigo.

Trata-se para ele de manter um uso bem delimitado – diríamos hoje *operacional* – da noção de libido, o que é essencial para manter sua descoberta. No que, em suma, está fundada a descoberta freudiana? – senão nessa apreensão fundamental de que os sintomas do neurótico revelam uma forma desviada de satisfação sexual. A função sexual dos sintomas, Freud a demonstrou a propósito das neuroses, de maneira inteiramente concreta, por uma série de equivalências das quais a última é uma sanção terapêutica. Com essa base, sempre manteve que não era uma nova filosofia totalitária do mundo que trazia, mas uma teoria bem definida, fundada num campo perfeitamente limitado, mas inteiramente novo, comportando um certo número de realidades humanas, especialmente psicopatológicas – os fenômenos subnormais, quer dizer, os que a psicologia normal não estuda, os sonhos, os lapsos, as mancadas, que perturbam certas das funções ditas superiores.

O problema que, nessa data, se coloca para Freud, é o da estrutura das psicoses. Como elaborar a estrutura das psicoses no quadro da teoria geral da libido?

Jung dá a solução seguinte – a profunda transformação da realidade que se manifesta nas psicoses é devida a uma metamorfose da libido, análoga à que Freud entreviu a propósito das neuroses. Só que, no psicótico, diz Jung, a libido é introvertida no mundo interior do sujeito – noção que é deixada no maior vago ontológico. É em razão dessa introversão que a realidade se esfuma para ele num crepúsculo. O mecanismo das psicoses está, pois, em perfeita continuidade com o das neuroses.

Freud, muito preso a elaborar, a partir da experiência, mecanismos extremamente precisos, sempre preocupado com sua referência empírica, vê a teoria analítica se transformar, em Jung, num vasto panteísmo psíquico, série de esferas imaginárias que se envolvem umas nas outras, que conduz a uma classificação geral dos conteúdos, dos eventos, da *Erlebnis* da vida individual, e enfim do que Jung chama os arquétipos. Não é nessa via que uma elaboração clínica, psiquiátrica, dos objetos da sua pesquisa pode continuar. E é por isso que ele tenta agora estabelecer a relação que podem manter entre si as pulsões sexuais, às quais deu tanta importância porque estavam escondidas e porque a sua análise as revelava, e as pulsões do eu, que até então ele não tinha colocado em primeiro plano. Pode-se dizer, sim ou não, que umas são a sombra das outras? A realidade, é constituída por essa projeção libidinal universal que está no fundo da teoria junguiana? Ou será que há, ao contrário, uma relação de oposição, uma relação conflitual, entre as pulsões do eu e as pulsões libidinais?

Com a sua honestidade habitual, Freud precisa que a sua insistência em manter essa distinção está fundada na sua experiência das neuroses, e que, afinal de contas, trata-se apenas de uma experiência limitada. É por isso que ele diz, não menos nitidamente do que se pode supor, num estádio primitivo, anterior àquele ao qual nos permite aceder a investigação psicanalítica, um estado de narcisismo, em que é impossível discernir as duas tendências fundamentais, a *Sexuallibido* e as *Ich-Triebe.* Estão aí inextricavelmente misturadas, *beisammen,* confundidas, e não são distintas – *unterscheidbar* – para a nossa grosseira análise. Ele explica, não obstante, por que tenta manter a distinção.

Há inicialmente a experiência das neuroses. Em seguida, diz ele, o fato de que a distinção entre pulsões do eu e pulsões sexuais não tem atualmente clareza suficiente só é imputável, talvez, ao fato de as pulsões serem para a nossa teoria o último ponto de referência. A teoria das pulsões não está na base da nossa construção, mas em cima. É eminentemente abstrata, e Freud lhe chamará mais tarde a nossa mitologia. É por isso que, visando sempre ao concreto, colocando sempre no seu lugar as elaborações especulativas que foram as suas, sublinha o valor limitado delas. Refere a noção de pulsão às noções mais elevadas da física, matéria, força, atração, que só se elaboraram no curso da evolução histórica da ciência, e de que a primeira forma foi incerta, e mesmo confusa, antes que fossem purificadas e depois aplicadas.

Nós não seguimos Freud, o acompanhamos. Que uma noção figure em algum lugar na obra de Freud, nem por isso nos assegura de que a manejamos no espírito da pesquisa freudiana. De nossa parte, é ao espírito, à palavra de ordem, ao estilo dessa pesquisa que tentamos obedecer.

Freud apoia sua teoria da libido no que lhe indica a Biologia do seu tempo. A teoria dos instintos não pode deixar de levar em conta uma bipartição fundamental entre as finalidades da preservação do indivíduo e as da continuidade da espécie. O que está aí no pano de fundo, nada mais é do que a teoria de Weissman, de que vocês devem ter guardado alguma lembrança desde sua passagem pelo curso de Filosofia. Essa teoria, que não está definitivamente provada, coloca a existência de uma substância imortal das células sexuais. Elas constituiriam uma linhagem sexual única por reprodução contínua. O plasma germinal seria o que perpetua a espécie, e perdura de um indivíduo para outro. Ao contrário, o plasma somático seria como um parasita individual que, do ponto de vista da reprodução da espécie, teria crescido lateralmente com o único fim de veicular o plasma germinal eterno. Freud precisa imediatamente que sua construção não tem a pretensão de ser uma teoria biológica. Seja qual for o valor que ele dá a essa referência, na qual insiste em se apoiar até nova ordem, e sob benefício de inventário, não hesitaria em abandoná-la, se o exame dos fatos no domínio próprio da investigação analítica a tornasse inútil e nociva.

Também não é, diz ele, uma razão para afogar a *Sexualenergie* no campo ainda inexplorado dos fatos psíquicos. Não se trata de encontrar para a libido um parentesco universal com todas as manifestações psíquicas. Seria, diz ele, como se, numa questão de herança, alguém invocasse, para fornecer diante do notário as provas dos seus direitos, o parentesco universal que, na hipótese monogenética liga todos os homens.

Gostaria de introduzir aqui uma observação, que lhes parecerá talvez contrastar com as que fazemos habitualmente. Mas vocês vão ver que ela nos auxiliará na nossa tarefa, que é clarificar a discussão em que Freud prossegue e de que ele não nos dissimula de modo algum as obscuridades e os impasses, como vocês já veem pelo comentário das primeiras páginas desse artigo. Ele não traz uma solução, mas abre uma série de questões, nas quais devemos tentar nos inserir.

Na data em que Freud escreve, não há, como ele nos diz em algum lugar, uma teoria dos instintos *ready-made, prête à porter.* Ela ainda não está acabada nos nossos dias, mas fez alguns progressos a partir dos trabalhos de Lorenz e Tinbergen – o que justifica as observações, talvez um pouco especulativas, que sou levado a lhes trazer agora.

Se aceitarmos a noção weissmanniana da imortalidade do gérmen, o que é que resulta? Se o indivíduo que se desenvolve é radicalmente distinto da substância viva fundamental que constitui o gérmen, e que não perece, se o individual é parasitário, que função tem ele na propagação da vida? Nenhuma. Do ponto de vista da espécie, os indivíduos estão, se é que se pode dizer, já mortos. Um indivíduo não é nada, perto da substância imortal escondida no seu seio, que é a única a se perpetuar e que representa autenticamente, substancialmente, o que existe enquanto vida.

Preciso o meu pensamento. Do ponto de vista psicológico, esse indivíduo é levado pelo famoso instinto sexual para propagar o quê? – a substância imortal incluída no plasma germinal, nos órgãos genitais, representada ao nível dos vertebrados por espermatozóides e óvulos. Será só isso? – claro que não, porque o que se propaga, com efeito, é bem um indivíduo. Só que ele não se reproduz enquanto indivíduo, mas enquanto tipo. Não faz senão reproduzir o tipo já realizado pela linhagem dos seus ancestrais. A esse respeito, não somente é mortal, mas já está morto, porque não tem futuro, para falar propriamente. Ele não é tal ou qual cavalo, mas o suporte, a encarnação de algo que é o cavalo. Se o conceito de espécie é fundado, se a história natural existe, é que não há somente cavalos, mas *o* cavalo.

É a isso que nos leva a teoria dos instintos. Com efeito, o que é que suporta o instinto sexual no plano psicológico?

Qual é o móvel concreto que determina o funcionamento da enorme mecânica sexual? Qual é o seu desencadeador, como se exprime Tinbergen após Lorenz? Não é a realidade do parceiro sexual, a particularidade de um indivíduo, mas algo que tem a maior relação com o que acabo de chamar o tipo, a saber, uma imagem.

Os etologistas demonstram, no funcionamento dos mecanismos de emparelhamento, a prevalência de uma imagem, que aparece sob a forma de um fenótipo transitório por modificações do aspecto exterior, e cuja aparição serve de sinal, de sinal construído, quer dizer, de *Gestalt,* e agita os comportamentos da reprodução. A embreagem mecânica do instinto sexual é, pois, essencialmente cristalizada numa relação de imagens, numa relação – eu chego ao termo que vocês esperam – imaginária.

Aí está o quadro no qual devemos articular as *Libido-Triebe* e as *Ich-Triebe.*

A pulsão libidinal está centrada na função do imaginário.

Isso não quer dizer, contudo, tal como uma transposição idealista e moralizante da doutrina analítica quis fazer crer, que o sujeito progride no imaginário para um estado ideal da genitalidade que seria a sanção e a mola última do estabelecimento do real. Temos, pois, de precisar agora as relações da libido com o imaginário e o real, e resolver o problema da função real que o ego desempenha na economia psíquica.

O. Mannoni: – *Pode-se pedir a palavra? Estou há algum tempo atrapalhado com um problema que me parece ao mesmo tempo complicar e simplificar as coisas. É que o investimento dos objetos pela libido é no fundo uma metáfora realista, porque ela só investe a imagem dos objetos. Ao passo que o investimento do eu pode ser um fenômeno intrapsíquico, em que é a realidade ontológica do eu que é investida. Se a libido se tornou libido de objetos, ela não pode mais investir senão alguma coisa que será simétrica à imagem do eu. De sorte que teremos dois narcisismos, segundo seja uma libido que invista intrapsiquicamente o eu ontológico, ou bem uma libido objetal que invista alguma coisa que será talvez o ideal do eu, e em todo o caso uma imagem do eu. Teremos então uma distinção muito bem fundada entre o narcisismo primário e o narcisismo secundário.*

Vocês sentem que, passo a passo, eu tenho vontade de levá-los para algum lugar. Não caminhamos inteiramente sem rumo, embora eu esteja pronto a acolher as descobertas que faremos ao longo do caminho. Estou contente de ver que o nosso amigo Mannoni deu um *jump* elegante no assunto – é preciso fazê-lo de vez em quando – mas antes eu volto ao meu último passo.

O que é que eu viso? – juntar essa experiência fundamental que nos traz a elaboração atual da teoria dos instintos a propósito do ciclo do comportamento sexual, e que mostra que nele o sujeito é essencialmente logrável.

Por exemplo, é preciso que o esgana-gata macho tenha adquirido belas cores, no ventre ou no dorso, para que comece a se estabelecer a dança da copulação com a fêmea. Mas podemos muito bem fazer um recorte que, mesmo mal acabado, terá exatamente o mesmo efeito sobre a fêmea, desde que traga certas marcas – *Merkzeichen*. Os comportamentos sexuais são especialmente lográveis. Está aí um ensino que nos interessa para elaborar a estrutura das perversões e das neuroses.

2

Já que estamos nesse ponto, vou introduzir um complemento ao esquema que lhes dei neste cursinho sobre a tópica do imaginário.

Esse modelo, eu lhes indiquei que ele está na linha mesma dos votos de Freud. Este explica, em vários lugares, especialmente na *Traumdeutung* e no *Abriss*, que as instâncias psíquicas fundamentais devem ser concebidas na sua maioria como representando o que se passa num aparelho fotográfico, isto é, como as imagens, sejam virtuais, sejam reais, que seu funcionamento produz. O aparelho orgânico representa o mecanismo do aparelho, e o que nós apreendemos são imagens. Suas funções não são homogêneas, porque uma imagem real e uma imagem virtual, não são a mesma coisa. As instâncias que Freud elabora não devem ser tomadas por substanciais, por epifenomenais em relação à modificação do próprio aparelho. É, pois, por um esquema óptico que devem ser interpretadas as instâncias. Concepção que Freud indicou muitas vezes, mas que nunca materializou.

Vocês veem, à esquerda, o espelho côncavo, graças ao qual se produz o fenômeno do buquê invertido, que eu transformei aqui, porque é mais cômodo, no do vaso invertido. O vaso está na caixa, e o buquê em cima.

O vaso será reproduzido, pelo jogo da reflexão dos raios, numa imagem real, e não virtual, sobre a qual o olho pode se acomodar. Se o olho se acomoda ao nível das flores que dispusemos, verá a imagem real do vaso vir envolver o buquê, e lhe dar estilo e unidade – reflexo da unidade do corpo.

Para que a imagem tenha uma certa consistência, é preciso que seja verdadeiramente uma imagem. Qual é a definição da imagem em óptica? – a cada ponto do objeto deve corresponder um ponto da imagem, e todos os raios saídos de um ponto devem se recortar em algum lugar num ponto único. Um aparelho de óptica só se define por uma convergência unívoca ou biunívoca dos raios – como se diz em axiomática.

Se o aparelho côncavo está aqui onde estou, e a pequena montagem de prestidigitador diante da escrivaninha, a imagem não poderá ser vista com uma nitidez suficiente para produzir uma ilusão de realidade, uma ilusão real. É preciso que vocês se encontrem colocados num certo ângulo. Sem dúvida, segundo as diferentes posições do olho que olharia, poderíamos distinguir certo número de casos que nos permitiriam talvez compreender as diferentes posições do sujeito em relação à realidade.

Certo, um sujeito não é um olho, eu lhes disse. Mas esse modelo se aplica porque estamos no imaginário, onde o olho tem muita importância.

Alguém introduziu a questão dos dois narcisismos. Vocês devem sentir que é disto que se trata – da relação entre a constituição da realidade e o relacionamento com a forma do corpo, a que, de maneira mais ou menos apropriada, Mannoni chamou *ontológica.*

Retomemos inicialmente o espelho côncavo, sobre o qual, como lhes mostrei, poderíamos provavelmente projetar toda espécie de coisas cujo sentido é orgânico, e em particular o córtex. Mas não substantivemos depressa demais, porque não se trata aqui, vocês o verão melhor em seguida, de uma pura e simples elaboração da teoria do homenzinho-que-está-no-homem. Se eu estivesse refazendo o homenzinho-que-está-no-homem, não vejo por que o criticaria o tempo todo. E, se eu cedo a isso, é porque há alguma razão para que ceda.

O olho agora, esse olho hipotético de que lhes falei, coloquemo-lo em algum lugar entre o espelho côncavo e o objeto.

Para que esse olho tenha exatamente a ilusão do vaso invertido, isto é, para que ele veja nas condições ótimas, tão boas como se estivesse no fundo da sala, é necessária e suficiente uma única coisa – que haja mais ou menos no meio da sala um espelho plano.

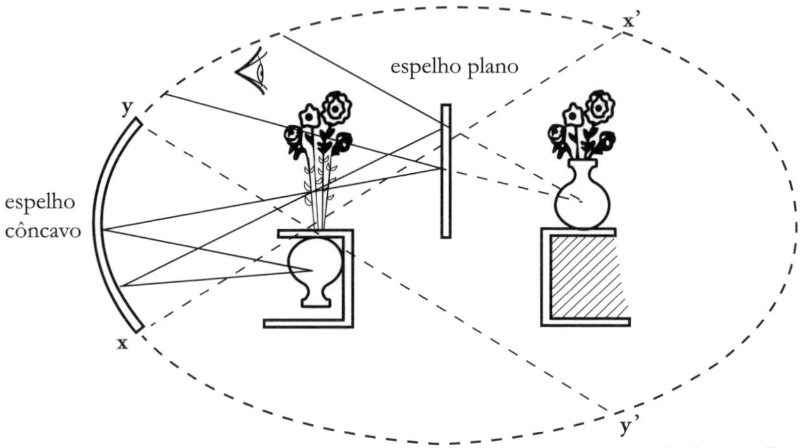

Esquema de dois espelhos

Em outros termos, se colocarmos no meio da sala um espelho, encostando-me no espelho côncavo, verei a imagem do vaso tão bem como se estivesse no fundo da sala, embora não a veja de maneira direta. O que é que vou ver no espelho? Primeiramente, a minha própria cara, lá onde não está. Em segundo lugar, num ponto simétrico ao ponto em que está a imagem real, vou ver aparecer essa imagem real como imagem virtual. Entenderam? Não é difícil compreender, voltando para casa, coloquem-se diante de um espelho, coloquem a mão diante de vocês...

Esse esqueminha não passa de uma elaboração muito simples do que tento lhes explicar há anos, com o estádio do espelho.

Há pouco, Mannoni falava dos dois narcisismos. Há inicialmente, com efeito, um narcisismo que se relaciona à imagem corporal. Essa imagem é idêntica para o conjunto dos mecanismos do sujeito e dá sua forma ao seu *Umwelt,* na medida em que é homem e não cavalo. Ela faz a unidade do sujeito, e nós a vemos se projetar de mil maneiras, até no que se pode chamar a fonte imaginária do simbolismo, que é aquilo através de quê o simbolismo se liga ao sentimento, ao *Selbstgefühl,* que o ser humano, o *Mensch,* tem do seu próprio corpo.

Esse primeiro narcisismo se situa, se vocês quiserem, ao nível da imagem real do meu esquema, na medida em que ela permite organizar o conjunto da realidade num certo número de quadros pré-formados.

Claro, esse funcionamento é inteiramente diferente no homem e no animal, que é adaptado a um *Umwelt* uniforme. Há nele certas correspondências preestabelecidas entre a sua estrutura imaginária e o que lhe interessa no seu *Umwelt,* a saber, o que importa à perpetuação dos indivíduos, eles próprios função da perpetuação típica da espécie. No homem, ao contrário, a reflexão no espelho manifesta uma possibilidade noética original, e introduz um segundo narcisismo. O seu *pattern* fundamental é imediatamente a relação ao outro.

O outro tem para o homem valor cativante, pela antecipação que representa a imagem unitária tal como é percebida, seja no espelho, seja em toda realidade do semelhante.

O outro, o alter ego, confunde-se mais ou menos, segundo as etapas da vida, com o *Ich-Ideal,* esse ideal do eu invocado o tempo todo no artigo de Freud. A identificação narcísica – a palavra identificação, indiferenciada, é inutilizável –, a do segundo narcisismo, é a identificação ao outro que, no caso normal, permite ao homem situar com precisão a sua relação imaginária e libidinal ao mundo em geral. Está aí o que lhe permite ver no seu lugar, e estruturar, em função desse lugar e do seu mundo, seu ser. Mannoni disse *ontológico* há pouco, eu aceito. Direi exatamente – seu *ser libidinal.* O sujeito vê o seu ser numa reflexão em relação ao outro, isto é, em relação ao *Ich-Ideal.*

Vocês veem aí que é preciso distinguir entre as funções do eu – por um lado, elas desempenham para o homem como para todos os outros seres vivos um papel fundamental na estruturação da realidade – por outro lado, elas devem no homem passar por esta alienação fundamental que constitui a imagem refletida de si mesmo, que é o *Ur-Ich,* a forma original do *Ich-Ideal* bem como da relação com o outro.

Isso é suficientemente claro para vocês? Eu já lhes havia dado um primeiro elemento do esquema, hoje dou-lhes outro – a relação reflexiva ao outro. Vocês verão em seguida para que serve esse esquema. Sabem que não é pelo simples prazer de fazer aqui construções divertidas que eu o trouxe para vocês. Ele será extremamente útil, permitindo-lhes situar quase todas as questões clínicas, concretas, que coloca a função do imaginário, e muito especialmente a propósito desses investimentos libidinais de que a gente acaba não compreendendo mais, quando os manejamos, o que querem dizer.

Resposta a uma intervenção do Dr. Granoff sobre a aplicação do esquema óptico à teoria do estado amoroso.

A estrita equivalência do objeto e do ideal do eu na relação amorosa, é uma das noções mais fundamentais na obra de Freud, e a reencontramos a cada passo. O objeto amado é, no investimento amoroso, pela captação que ele opera do sujeito, estritamente equivalente ao ideal do eu. É por esse motivo que há na sugestão, na hipnose, esta função econômica tão importante que é o estado de dependência, verdadeira perversão da realidade pela fascinação pelo objeto amado e sua sobre-estimação. Vocês conhecem essa Psicologia da vida amorosa já tão finamente desenvolvida por Freud. Temos aí um pedaço importante, tão grande que, como vocês veem, nós apenas o graspamos hoje. Mas existe de tudo a respeito do que ele chama a escolha do objeto.

Bem, vocês não podem deixar de ver a contradição que há entre essa noção do amor e certas concepções míticas da ascese libidinal da Psicanálise. Dá-se como acabamento da maturação afetiva não sei que fusão, comunhão, entre a genitalidade e a constituição do real. Não digo que não haja aí algo de essencial à constituição da realidade, mas resta ainda compreender como. Porque, é um ou outro – ou o amor é o que Freud descreve, função imaginária no seu fundamento, ou bem ele é o fundamento e a base do mundo. Assim como há dois narcisismos, deve haver dois amores, o Eros e o Agape.

Resposta a uma questão do Dr. Leclaire sobre os equívocos entre Ich-Ideal *e* Ideal-Ich *no texto de Freud.*

Estamos aqui num seminário, não professamos um ensino *ex-cathedra.* Procuramos nos orientar, e tirar o máximo de proveito de um texto e sobretudo de um pensamento em desenvolvimento.

Deus sabe como os outros, e entre os melhores, inclusive Abraham e Ferenczi, tentaram se virar com o desenvolvimento do ego e suas relações com o desenvolvimento da libido. Essa questão é objeto do último artigo saído da escola de Nova York, mas fiquemos ao nível de Ferenczi e Abraham.

Freud apoia-se no artigo de Ferenczi publicado em 1913 sobre o sentido da realidade. É muito pobre. Ferenczi foi quem começou a colocar na cabeça de todo o mundo os famosos estádios. Freud se refere a isso. Não estamos neste momento senão nas primeiras tentativas teóricas de articular a constituição do real, e constitui um auxílio muito grande para Freud ter ouvido uma resposta. Ferenczi veio trazer-lhe alguma coisa, e ele se serve dela.

O artigo do dito exerceu uma influência decisiva. É como as coisas recalcadas, que têm importância tanto maior na medida em que não as conhecemos. Igualmente, quando um tipo escreve uma bela besteira, não é porque ninguém a leu que seus efeitos não prosseguem. Porque, sem tê-la lido, todo o mundo a repete. Há assim besteiras veiculadas que agem sobre misturas de planos aos quais as pessoas não estão atentas. Assim, a primeira teoria analítica da constituição do real está impregnada das ideias dominantes da época, que se exprimem em termos mais ou menos míticos, sobre as etapas da evolução do espírito humano. Persevera em todo lugar, em Jung também, a ideia de que o espírito humano teria feito nos últimos tempos progressos decisivos, e de que, antes, estávamos ainda numa confusão pré-lógica – como se não estivesse claro que não há nenhuma diferença estrutural entre o pensamento do

Sr. Aristóteles e a de alguns outros. Essas ideias trazem consigo o seu poder de desordem e difundem o seu veneno. Isso se vê bem na dificuldade que o próprio Freud demonstra quando se refere ao artigo de Ferenczi.

Quando se fala dos primitivos, dos ditos primitivos, e dos doentes mentais, isso cai bem. Mas, onde o ponto de vista evolutivo se complica é nas crianças. Aí, Freud é forçado a dizer que o desenvolvimento está longe de ser tão transparente.

Talvez fosse melhor, com efeito, não se referir a noções falsamente evolucionistas. Não é sem dúvida aí que a ideia fecunda de evolução tem o seu lugar. Trata-se antes de elucidar os mecanismos estruturais, que estão em função na nossa experiência analítica, a qual está centrada nos adultos. Retroativamente, poder-se-á esclarecer o que pode se passar nas crianças, de maneira hipotética e mais ou menos controlável.

Esse ponto de vista estrutural, ao segui-lo, estamos na linha direta de Freud, porque é aí que ele chega. O último desenvolvimento da sua teoria afastou-se dos cruzeiros analógicos, evolutivos, feitos sobre um uso superficial de certas palavras de ordem. Na verdade, Freud insiste sempre exatamente no contrário, a saber, a conservação, em todos os níveis, do que se pode considerar como diferentes etapas.

Tentaremos dar um passo a mais da próxima vez. Considerem tudo isso como esboços. Vocês verão sua relação estreita com o fenômeno da transferência imaginária.

24 de março de 1954

XI

Ideal do eu e eu-ideal

Freud linha a linha.
Logros da sexualidade.
A relação simbólica define a posição do sujeito no imaginário.

Leclaire, que trabalhou para nós o texto difícil da *Introdução ao narcisismo,* vai continuar a nos trazer hoje as suas reflexões e questões. Retome a segunda parte e procure citar muito.

1

Dr. Leclaire: – *É um texto impossível de resumir. Será preciso citá-lo quase integralmente. A primeira parte coloca a distinção fundamental da libido, com argumentos sobre os quais o senhor estabeleceu suas considerações a propósito do plasma germinal. Na segunda parte, Freud nos diz que é certamente o estudo das demências precoces, o que ele chama o grupo das parafrenias, que continua a ser o melhor acesso para o estudo da Psicologia do eu. Mas não é a que ele continuará a examinar. Ele nos cita muitas outras vias que podem levar a reflexões sobre a Psicologia do eu. Parte da influência das doenças orgânicas sobre a repartição libidinal, o que pode ser considerado como uma excelente introdução à medicina psicossomática. Refere-se a uma entrevista que tinha tido com Ferenczi sobre esse assunto, e parte da constatação de que, ao longo de uma doença, de um sofrimento, o doente retira seu investimento libidinal para seu eu, para liberá-lo de novo após a cura. Acha que é uma consideração banal, mas que apesar disso requer exame. Durante a fase em que retira o seu investimento libidinal dos objetos, a libido e o interesse do eu ficam de novo confundidos, têm de novo o mesmo destino, e tornam-se impossíveis de distinguir.*

Vocês conhecem Wilhelm Busch? É um humorista de que vocês deveriam estar nutridos. Existe dele uma criação inesquecível que se chama *Balduin Bählamm,* o poeta entravado. A dor de dentes que ele sente vem suspender todos os seus devaneios idealistas e platonizantes, bem como a sua inspiração amorosa. Esquece o curso da bolsa, os impostos, a tábua de multiplicação etc. Todas as formas habituais do ser encontram-se de repente sem atração, nadificadas. E agora, no buraquinho, habita o molar. O mundo simbólico do curso da bolsa e da tábua de multiplicação é inteiro investido na dor.

DR. LECLAIRE: – *Freud passa em seguida para outro ponto, o estado de sono no qual há igualmente uma retração narcísica das posições libidinais. Volta em seguida à hipocondria, nas suas diferenças e pontos comuns com a doença orgânica. Chega a esta noção de que a diferença entre os dois, que talvez não tenha nenhuma importância, é a existência de uma lesão orgânica. O estudo da hipocondria e das doenças orgânicas lhe permite sobretudo precisar que, no hipocondríaco, sem dúvida também se produzem mudanças orgânicas da ordem das perturbações vasomotoras, das perturbações circulatórias, e desenvolve uma similitude entre a excitação de uma zona qualquer do corpo e a excitação sexual. Introduz a noção de erogeneidade, das zonas erógenas que podem, diz ele, substituir o genital e comportar-se como ele, isto é, ser a sede de manifestações e de acalmia. E ele nos diz que cada mudança desse tipo da erogeneidade num órgão poderia ser paralela a uma mudança de investimento libidinal no eu. O que recoloca o problema psicossomático. De qualquer modo, depois do estudo da erogeneidade, e das possibilidades de erogeneização de qualquer parte do corpo, chega a esta suposição de que a hipocondria poderia ser classificada nas neuroses que dependem da libido do eu, enquanto as outras neuroses atuais dependeriam da libido objetal. Tive a impressão de que essa passagem que forma, no conjunto da segunda parte, uma espécie de parágrafo, é menos importante do que o segundo parágrafo da segunda parte, no qual ele define os dois tipos de escolha objetal.*

A observação essencial de Freud é que é quase indiferente que uma elaboração da libido – vocês sabem o quanto é difícil traduzir *Verarbeitung*, e *elaboração* não é bem isso – se produza sobre objetos reais ou objetos imaginários. A diferença só aparece mais tarde, quando a orientação da libido se faz para objetos irreais. Isso conduz a um *Stauung*, a uma barragem da libido, o que nos introduz no caráter imaginário do ego, porque se trata da sua libido.

O. Mannoni: – *Essa palavra alemã deve significar construção de um dique. Parece ter um sentido dinâmico, e significa ao mesmo tempo uma elevação do nível, e consequentemente, uma energia cada vez maior da libido, o que o inglês traduz bem por* damming.

Damming up, mesmo Freud cita de passagem quatro versos de Heine nos *Schöpfungslieder*, recolhidos em geral com os *Lieder*. É um grupinho muito curioso de sete poemas, através de cuja ironia e de cujo humor aparecem muitas coisas que tocam à psicologia da *Bildung*. Freud se coloca a questão de saber por que o homem sai do narcisismo. Por que é que o homem é insatisfeito? Nesse momento verdadeiramente crucial de sua demonstração científica, Freud nos dá os versos de Heine. É Deus quem fala, e quem diz – *A doença é o último fundamento do conjunto do impulso criativo. Criando, pude curar. Criando, eu me tornei bem-disposto.*

Dr. Leclaire: – *Quer dizer que esse trabalho interior para o qual são equivalentes os objetos reais e os objetos imaginários...*

Freud não diz que é equivalente. Ele diz que no ponto em que estamos da formação do mundo exterior, é indiferente considerar se é real ou imaginário. A diferença só aparece depois, no momento em que a barragem produz seus efeitos.

Dr. Leclaire: – *Chego, pois, ao segundo subcapítulo da segunda parte, em que Freud nos diz que outro ponto importante do estudo do narcisismo reside na análise da diferença das modalidades da vida amorosa do homem e da mulher. Chega à distinção de dois tipos de escolha que se podem traduzir por anaclítica e narcísica e estuda sua gênese. Chega a esta frase:* – O homem tem dois objetos sexuais primitivos, ele próprio e a mulher que se ocupa dele. *Poder-se-á partir daí.*

Ele próprio, isto é, sua imagem. É claríssimo.

Dr. Leclaire: – *Ele esmiúça em seguida a gênese, a forma mesma dessa escolha. Constata que as primeiras satisfações sexuais autoeróticas têm uma função na conservação de si. Em seguida, constata que as pulsões sexuais se aplicam inicialmente à satisfação das pulsões do eu, e só se tornam autônomas mais tarde. Assim, a criança ama inicialmente o objeto que satisfaz suas pulsões do eu, isto é, a pessoa que se ocupa dela. Enfim, chega a definir o tipo narcísico da escolha objetal, sobretudo claro, diz ele, naqueles cujo desenvolvimento libidinal foi perturbado.*

Isto é, nos neuróticos.

Dr. Leclaire: – *Esses dois tipos fundamentais correspondem – é o que ele nos tinha anunciado – aos dois tipos fundamentais, masculino e feminino.*

Os dois tipos – narcísico e *Anlehnung.*

Dr. Leclaire: – Anlehnung *tem uma significação de apoio.*

A noção de *Anlehnung* não deixa de ter relação com a noção de dependência, desenvolvida depois. Mas é uma noção mais vasta e mais rica. Freud faz uma lista dos diferentes tipos de fixação amorosa, que exclui toda referência ao que se poderia chamar uma relação madura – o mito da Psicanálise. Há inicialmente, no campo da fixação amorosa, da *Verliebtheit,* o tipo narcísico. Ele é fixado pelo fato de que se ama – primeiramente, o que se é enquanto si mesmo, quer dizer, Freud precisa isso entre parênteses, si mesmo – em segundo lugar, o que se foi – em terceiro lugar, o que se quereria ser – em quarto, a pessoa que foi uma parte do seu próprio eu. É o *Narzissmustypus.*

O *Anlehnungstypus* não é menos imaginário, porque está fundado também numa inversão de identificação. O sujeito encontra então sua referência numa situação primitiva. O que ele ama é a mulher que alimenta e o homem que protege.

DR. LECLAIRE: – *Aí, Freud avança um certo número de considerações que valem como provas indiretas em favor da concepção do narcisismo primário da criança, e que ele encontra essencialmente – é engraçado dizer – na maneira pela qual os pais veem sua criança.*

Trata-se aí da sedução que exerce o narcisismo. Freud indica o que tem de fascinante e de satisfatório para todo ser humano a apreensão de um ser que apresenta as características desse mundo fechado, fechado sobre si mesmo, satisfeito, pleno, que representa o tipo narcísico. Ele o aproxima da sedução soberana que exerce um belo animal.

DR. LECLAIRE: – *Ele diz:* – Sua Majestade a criança. *A criança é o que fazem dela os pais na medida em que aí projetam o ideal. Freud precisa que deixará de lado as perturbações do narcisismo primário da criança, embora se trate aí de um assunto muito importante, porque a ele se liga a questão do complexo de castração. Aproveita isto para situar melhor a noção do protesto masculino de Adler, recolocando-o no seu justo lugar...*

...que não é negligenciável, entretanto.

DR. LECLAIRE: – *...sim, que é muito importante, mas que ele liga às perturbações do narcisismo primário original. Chegamos a esta questão importante – o que acontece com a libido do eu no adulto normal? Devemos admitir que ela se confundiu totalmente nos investimentos objetais? Freud rejeita essa hipótese, e lembra que o recalque existe, com, em suma, uma função normalizante.* O recalque, *diz ele, e é o essencial da sua demonstração,* emana do eu nas suas exigências éticas e culturais. As mesmas impressões, os mesmos eventos que ocorreram a um indivíduo, os mesmos impulsos, excitações, que uma pessoa deixa nascer em si, ou que pelo menos elabora de maneira consciente, serão rejeitados por outra pessoa com indignação, ou mesmo abafados, antes de se tornarem conscientes. *Há* *aí uma diferença de comportamento, de acordo com os indivíduos, as pessoas. Freud tenta formular essa diferença assim:* – Podemos dizer que uma pessoa erigiu em si um ideal com o qual mede o seu eu atual, enquanto a outra está desprovida dele. A formação de um ideal condicionaria então para o eu o recalque. É para esse eu ideal que vai agora o amor de si, de que gozava na infância o verdadeiro eu. *E ele prossegue...*

Não é o eu verdadeiro, é o eu real – *das wirklich Ich.*

O texto prossegue: – O narcisismo parece desviado para o seu novo eu ideal que se encontra em posse de todas as preciosas perfeições do eu, como o eu infantil. O homem mostrou-se incapaz, como sempre, no domínio da libido, de renunciar a uma satisfação uma vez obtida. *Freud emprega pela primeira vez o termo eu ideal na frase* – é para esse eu ideal que vai agora o amor de si, de que gozava, na criança, o verdadeiro eu. *Mas diz em seguida* – Ele não quer renunciar à perfeição narcísica da sua infância, e (...) procura reganhá-la na forma nova do seu ideal do eu. *Figuram, pois, aqui, os dois termos: eu-ideal e ideal do eu.*

Dado o rigor da escrita de Freud, um dos enigmas desse texto, que Leclaire salientou muito bem, é a coexistência, no mesmo parágrafo, dos dois termos.

DR. LECLAIRE: – *É engraçado observar que a palavra forma é substituída pela palavra eu.*

Perfeitamente. E Freud emprega aí *Ich-Ideal,* que é exatamente simétrico e oposto ao *Ideal-Ich.* É o signo de que Freud designa aqui duas funções diferentes. O que é que isso quer dizer? Vamos tentar precisá-lo daqui a pouco.

DR. LECLAIRE: – *O que eu observo é que, no momento em que ele substitui o termo* eu-ideal *por* ideal do eu, *faz preceder* o ideal do eu *de* nova forma.

Claro.

DR. LECLAIRE: – *A nova forma do seu ideal do eu é o que ele projeta diante dele como o seu ideal.*

O parágrafo seguinte esclarece essa dificuldade. Uma só vez, excepcional na sua obra, Freud coloca os pingos nos ii a propósito da diferença entre sublimação e idealização. Continue.

Dr. Leclaire: – *Freud afirmou, pois, a existência do eu ideal, a que chama em seguida o ideal do eu, ou forma do ideal do eu. Diz que, daí a procurar as relações da formação do ideal à sublimação, não há mais que um passo. A sublimação é um processo da libido objetal. A idealização, ao contrário, concerne ao objeto que é aumentado, elevado, e isso sem modificações da sua natureza. A idealização é possível tanto no domínio da libido do eu quanto no da libido objetal.*

Isso quer dizer que, uma vez mais, Freud coloca as duas libidos no mesmo plano.

Dr. Leclaire: – *A idealização do eu pode coexistir com uma sublimação mancada. A formação do ideal do eu aumenta as exigências do eu e favorece ao máximo o recalque.*

Um está no plano do imaginário, o outro no plano do simbólico – porque a exigência do *Ich-Ideal* toma seu lugar no conjunto das exigências da lei.

Dr. Leclaire: – *A sublimação oferece, pois, o viés para satisfazer essa exigência sem arrastar consigo o recalque.*

Trata-se da sublimação bem-sucedida.

Dr. Leclaire: – *É aí que ele termina esse curto parágrafo que concerne às relações do ideal do eu e da sublimação.* Não seria espantoso, *diz ele em seguida,* que encontrássemos uma instância psíquica especial que cumprisse a missão de velar pela segurança da satisfação narcísica decorrente do ideal do eu, e que, para esse fim, observasse e vigiasse de maneira ininterrupta o eu atual. *Essa hipótese de uma instância psíquica especial que preencheria, pois, uma função de vigilância e de segurança nos conduzirá em seguida ao supereu. E Freud apoia sua demonstração num exemplo tirado das psicoses em que, diz ele, essa instância é particularmente visível na síndrome de influência. Antes de falar da síndrome de influência, ele precisa que, se uma tal instância existe, não podemos descobri-*

la, mas somente supô-la como tal. Parece-me muito importante que, nessa primeira maneira de introduzir o supereu, ele diga que essa instância não existe, que não a descobriremos, que só podemos supô-la. Acrescenta que o que chamamos nossa consciência cumpre essa função, tem essa característica. A sintomatologia paranoide é esclarecida pelo reconhecimento dessa instância. Os doentes desse tipo queixam-se de ser vigiados, de ouvir vozes, de que se conhece o seu pensamento, de serem observados. Eles têm razão, *diz Freud,* essa queixa está justificada. Uma tal potência que observa, descobre e critica todas as nossas intenções existe realmente. De fato, existe em todos nós na vida normal. *Encontra-se em seguida...*

Não é bem esse o sentido. Freud diz que, se uma tal instância existe, não é possível que seja qualquer coisa que não teríamos ainda descoberto. Porque ele a identifica com a censura, os exemplos que escolhe o mostram. Reencontra essa instância no delírio de influência, em que ela se confunde com aquele que comanda os atos do sujeito. Reconhece-a em seguida no que é definido como o fenômeno funcional de Silberer. Segundo Silberer, a percepção interna pelo sujeito dos seus próprios estados, dos seus mecanismos mentais enquanto funções, no momento em que desliza no sonho, desempenharia um papel formador. O sonho daria dessa percepção uma transposição simbólica, no sentido em que *simbólico* quer dizer simplesmente *imajado.* Ver-se-ia aqui uma forma espontânea de desdobramento do sujeito. Freud sempre teve, relativamente a essa concepção de Silberer, uma atitude ambígua, dizendo ao mesmo tempo que esse fenômeno é muito importante, e que é, não obstante, secundário em relação à manifestação do desejo no sonho. Talvez seja devido ao fato, precisa ele em algum lugar, de que ele próprio é de uma natureza tal que esse fenômeno não tem nos seus próprios sonhos a importância que pode ter em outras pessoas. Essa vigilância do eu que Freud valoriza, perpetuamente presente no sonho, é o guardião do sono, situado como à margem da atividade do sonho, e muito frequentemente pronto, também ele, a comentá-la. Esta participação residual do eu é, como todas as instâncias a que Freud se refere nesse lugar sob o título de censura, uma instância que fala, quer dizer, uma instância simbólica.

Dr. Leclaire: – *Há, em seguida, uma espécie de tentativa de síntese, em que é abordada a discussão do sentimento de si, no indivíduo normal e no neurótico. O sentimento de si tem três origens que são – a satisfação narcísica primária, o critério de sucesso, quer dizer, a satisfação do desejo de onipotência, e a gratificação recebida dos objetos de amor. São as três raízes que Freud parece reter do sentimento de si. Não é necessário, acredito eu, abordar aqui a discussão no seu detalhe. Preferiria voltar à primeira das observações complementares. Isso me parece extremamente importante* – O desenvolvimento do eu consiste num afastamento do narcisismo primário e engendra um vigoroso esforço para reganhá-lo. Esse afastamento faz-se por meio de um deslocamento da libido para um ideal do eu imposto pelo exterior, e a satisfação resulta da realização desse ideal. *O eu passa então por uma espécie de afastamento, um meio-termo, que é o ideal, e volta em seguida para a posição primitiva. É um movimento que me parece ser a imagem mesma do desenvolvimento.*

O. Mannoni: – *A estruturação.*

Sim, a estruturação, é muito justo.

Dr. Leclaire: – *Esse deslocamento da libido para um ideal requereria ser precisado porque, de duas uma – ou esse deslocamento da libido faz-se uma vez mais para uma imagem, para uma imagem do eu, isto é, para uma forma do eu, que se chama ideal, porque ela não é semelhante à que está aí presentemente, ou à que aí esteve, – ou então chama-se ideal do eu alguma coisa que está para além de uma forma do eu, que é propriamente um ideal e que se aproxima mais da ideia, da forma.*

De acordo.

Dr. Leclaire: – *É nesse sentido que se percebe, parece-me, toda a riqueza da frase. Mas também uma certa ambiguidade, na medida em que, se se fala de estruturação, é que se toma então o ideal do eu como forma do ideal do eu. Mas não está precisado no texto.*

Sr. Hyppolite: – *Você poderia reler a frase de Freud?*

DR. LECLAIRE: – O desenvolvimento do eu consiste num afastamento do narcisismo primário, e engendra um vigoroso esforço para reconquistá-lo.

SR. HYPPOLITE: – *Afastamento é* Entfernung?

Sim, é *Entfernung*, exatamente.

SR. HYPPOLITE: – *Mas será que se deve compreender isso como o engendramento do ideal do eu?*

DR. LECLAIRE: – *Não, o ideal do eu, Freud fala dele antes. O afastamento faz-se por um deslocamento da libido para um ideal do eu imposto pelo exterior. E a satisfação resulta da realização desse ideal. Evidentemente, na medida em que há realização desse ideal...*

Sr. HYPPOLITE: – *...irrealizável, porque é afinal de contas a origem da transcendência, destrutiva e atraente.*

DR. LECLAIRE: *Não é explícita, entretanto. A primeira vez que ele fala do eu-ideal, é para dizer que é para o eu ideal que se dirige agora o amor de si-mesmo.*

O. MANNONI: – *Na minha opinião, frequentemente se tem a impressão de que falamos muitas línguas. Acredito que seria talvez preciso distinguir um desenvolvimento da pessoa e uma estruturação do eu. É alguma coisa desse gênero que nos permitiria compreendermo-nos, porque é um eu que estrutura, mas num ser que se desenvolve.*

Sim, estamos na estruturação. Exatamente onde se desenvolve toda a experiência analítica, na junção do imaginário e do simbólico. Há pouco, Leclaire colocou a questão de saber qual é a função da imagem e qual a função do que eu chamei a ideia. A ideia, sabemos bem que ela nunca vive sozinha. Vive com todas as outras ideias, Platão já nos ensinou isto.

Para pôr um pouco de clareza, comecemos a fazer agir o aparelhinho que lhes mostro há várias sessões.

2

Partamos do animal, um animal também ideal, quer dizer, bem-sucedido – o mal sucedido é o animal que chegamos a capturar. Esse animal ideal nos dá uma visão de completude, de realização, porque supõe o encaixe perfeito, e mesmo a identidade do *Innenwelt* e do *Umwelt*. É nisto que está a sedução dessa forma viva, desdobrando harmoniosamente sua aparência.

O que é que o desenvolvimento do funcionamento instintivo nos mostra a esse respeito? É a extrema importância da imagem. O que é que funciona no desencadeamento do comportamento complementar do esgana-gata macho e do esgana-gata fêmea? *Gestalten*.

Simplifiquemos, e não consideremos esse funcionamento senão num dado momento. O sujeito animal macho ou fêmea é como que captado por uma *Gestalt*. O sujeito identifica-se literalmente ao estímulo desencadeador. O macho é preso na dança em zigue-zague, a partir da relação que se estabelece entre ele mesmo e a imagem que comanda o desencadeamento do ciclo do seu comportamento sexual. A fêmea é presa igualmente nessa dança recíproca. Não está aí apenas a manifestação exterior de algo que tem sempre um caráter de dança, de gravitação a dois corpos. É até o presente um dos problemas mais difíceis de resolver em Física, mas é realizado harmoniosamente no mundo natural pela relação do emparelhamento. Nesse momento, o sujeito encontra-se inteiramente idêntico à imagem que comanda o desencadeamento total de certo comportamento motor, o qual produz e reenvia, num certo estilo, ao parceiro, o comando que o faz continuar a outra parte da dança.

A manifestação natural desse mundo fechado a dois, imaja para nós a conjunção da libido objetal e da libido narcísica. Com efeito, a ligação de cada objeto ao outro é feita da fixação narcísica a essa imagem, e só ela, que ele esperava. Está aí o fundamento do fato de que, na ordem dos seres vivos, só o parceiro da mesma espécie – nunca se observa isso o suficiente – pode desencadear essa forma especial que se chama comportamento sexual. Com algumas exceções, que devem ser situadas nessa margem de erro que apresentam as manifestações da natureza.

Digamos que, no mundo animal, todo o ciclo do comportamento sexual é dominado pelo imaginário. Por outro lado, é no comportamento sexual que vemos manifestar-se a maior possibilidade de deslocamento, e isso, mesmo no animal. Já o usamos a título experimental quando apresentamos ao animal um logro, uma falsa imagem, um parceiro masculino que é apenas uma sombra com as características maiores do dito cujo. Na ocasião das manifestações do fenótipo que, em numerosas espécies, se produz no momento biológico que chama o comportamento sexual, basta apresentar esse logro para desencadear a conduta sexual. A possibilidade de deslocamento, a dimensão imaginária, ilusória, é essencial a tudo que é da ordem dos comportamentos sexuais.

Será que no homem, sim ou não, é igual? Essa imagem, poderia ser isso, esse *Ideal-Ich* de que falamos há pouco. Por que não? Não obstante, não pensamos em chamar a esse engodo o *Ideal-Ich*. Onde situá-lo então? Aqui se revelam os méritos do meu aparelhinho.

Qual é o seu alcance? Já lhes expliquei o fenômeno físico da imagem real, que pode ser produzida pelo espelho esférico, ser vista no seu lugar, inserir-se no mundo dos objetos reais, ser acomodada ao mesmo tempo que os objetos reais, e mesmo trazer a esses objetos reais uma organização imaginária, a saber, incluí-los, excluí-los, situá-los, completá-los.

Não está aí outra coisa senão o fenômeno imaginário que eu lhes detalhei no animal. O animal faz coincidir um objeto real com a imagem que está nele. E, bem mais, eu diria, como já está indicado nos textos de Freud, que a coincidência da imagem com um objeto real a reforça, lhe dá corpo, encarnação. Nesse momento, desencadeiam-se comportamentos que guiarão o sujeito para o seu objeto, por intermédio da imagem.

No homem, isso se produz?

No homem, nós o sabemos, as manifestações da função sexual se caracterizam por uma desordem eminente. Não há nada que se adapte. Essa imagem em volta da qual nós, psicanalistas, nos deslocamos, apresenta, quer se trate das neuroses ou das perversões, uma espécie de fragmentação, de explosão, de despedaçamento, de inadaptação, de inadequação. Há aí como que um jogo de esconde-esconde entre a imagem e seu objeto normal – se é que adotamos o ideal de uma norma no funcionamento da sexualidade. Como poderíamos então representar o mecanismo pelo qual essa imaginação em desordem chega finalmente, não obstante, a preencher sua função?

Tento empregar termos simples para guiá-los bem no pensamento. Poder-se-iam empregar outros mais complicados. Mas vocês veem que é a questão que se colocam perdidamente os analistas, coçando vigorosamente a cabeça na frente de todo o mundo.

Tomem qualquer artigo, por exemplo, o último que li para uso de vocês, do nosso caro Michaël Balint – cuja visita e vinda proximamente à nossa sociedade lhes anuncio. Ele coloca a questão de saber o que é o fim do tratamento. Na última sessão do nosso ciclo deste trimestre, eu queria – talvez não o faça, não sei, isso dependerá da minha inspiração –, queria lhes falar do término da análise. É um salto, mas será que o nosso exame dos mecanismos de resistência e da transferência não nos permite isso?

Bem, o que é o fim do tratamento? Será análogo ao fim de um processo natural? O amor genital – esse Eldorado prometido aos analistas e que nós prometemos bem imprudentemente aos nossos pacientes –, é ele um processo natural? Não se tratará, ao contrário, apenas de uma série de aproximações culturais que só podem ser realizadas em certos casos? A análise, o seu término, será então dependente de toda espécie de contingência?

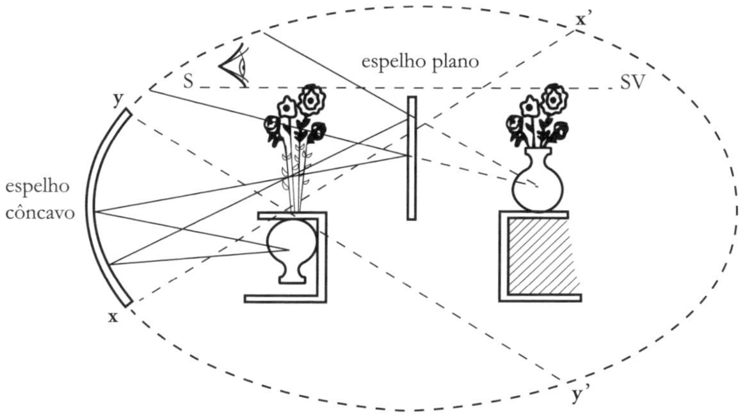

Esquema simplificado de dois espelhos

Do que é que se trata? – senão de ver qual é a função do outro, do outro humano, na adequação do imaginário e do real.

Reencontramos aí o pequeno esquema. Acrescentei a ele, na última sessão, um aperfeiçoamento que constitui uma parte essencial do que procuro demonstrar. A imagem real só pode ser vista de maneira consistente num certo campo do espaço real do aparelho, o campo diante do aparelho constituído pelo espelho esférico e o buquê invertido.

Situamos o sujeito na borda do espelho esférico. Mas sabemos que a visão de uma imagem no espelho plano é exatamente equivalente, para o sujeito, ao que seria a imagem do objeto real para um espectador que estivesse para além desse espelho, no lugar mesmo em que o sujeito vê sua imagem. Podemos, pois, substituir o sujeito por um sujeito virtual, SV, situado no interior do cone que delimita a possibilidade da ilusão – é o campo *x'y'.* O aparelho que inventei mostra pois que, se estivermos colocados num ponto muito próximo da imagem real, podemos não obstante vê-la, num espelho, no estado de imagem virtual. É o que se produz no homem.

O que é que resulta disso? Uma simetria muito particular. Com efeito, o sujeito virtual, reflexo do olho mítico, quer dizer, o outro que somos, está lá onde vimos inicialmente nosso ego – fora de nós, na forma humana. Essa forma está fora de nós, não enquanto feita para captar um comportamento sexual, mas enquanto fundamentalmente ligada à impotência primitiva do ser humano. O ser humano não vê sua forma realizada, total, a miragem de si mesmo, a não ser fora de si. Essa noção não figura ainda no artigo que estudamos, só surge mais tarde na obra de Freud.

Aquilo que o sujeito, que existe, vê no espelho, é uma imagem, nítida ou bastante fragmentada, inconsistente, descompletada. Isso depende da sua posição em relação à imagem real. Muito nas bordas, vê-se mal. Tudo depende da incidência particular do espelho. É só no cone que se pode ter uma imagem nítida.

Da inclinação do espelho depende, pois, que vocês vejam menos ou mais perfeitamente a imagem. Quanto ao espectador virtual, que vocês, pela ficção do espelho, substituem a vocês mesmos para ver a imagem real, basta que o espelho plano esteja inclinado de um certo modo para que fique no campo em que se vê muito mal. Só por esse fato, vocês também, vocês veem muito mal a imagem no espelho. Digamos que isso representa a difícil acomodação do imaginário no homem.

Podemos supor agora que a inclinação do espelho plano é comandada pela voz do outro. Isso não existe ao nível do estádio do espelho, mas é em seguida realizado pela nossa relação com outrem no seu conjunto – a relação simbólica. Vocês podem apreender então que a regulação do imaginário depende de algo que está situado de modo transcendente, como diria o Sr. Hyppolite – o transcendente no caso não sendo aqui nada mais que a ligação simbólica entre os seres humanos.

O que é a ligação simbólica? É, para colocar os pingos nos ii, que socialmente nós nos definimos por intermédio da lei. É da troca dos símbolos que nós situamos uns em relação aos outros nossos diferentes eus – você é você, Mannoni, e eu, Jacques Lacan, e estamos numa certa relação simbólica, que é complexa, segundo os diferentes planos em que nos colocamos, segundo estejamos juntos no comissariado de polícia, juntos nesta sala, juntos em viagem.

Em outros termos, é a relação simbólica que define a posição do sujeito como aquele que vê. É a palavra, a função simbólica que define o maior ou menor grau de perfeição, de completude, de aproximação, do imaginário. A distinção é feita nessa representação entre o *Ideal-Ich* e o *Ich-Ideal,* entre o eu-ideal e o ideal do eu. O ideal do eu comanda o jogo de relações de que depende toda a relação a outrem. E dessa relação a outrem depende o caráter mais ou menos satisfatório da estruturação imaginária.

Um tal esquema lhes mostra que o imaginário e o real agem no mesmo nível. Para compreendê-lo, basta fazer um pequeno aperfeiçoamento a mais nesse aparelho. Imaginem que este espelho é um vidro. Vocês se veem no vidro e veem os objetos além. Trata-se justamente disto – de uma coincidência entre certas imagens e o real. De que falamos nós, senão disso, quando evocamos uma realidade oral, anal, genital, quer dizer, uma certa relação entre nossas imagens e as imagens? Não é outra coisa se não das imagens do corpo humano, e a hominização do mundo, a sua percepção em função de imagens ligadas à estruturação do corpo. Os objetos reais, que passam por intermédio do espelho e através dele, estão no mesmo lugar que o objeto imaginário. O próprio da imagem é o investimento pela libido. Chama-se investimento libidinal aquilo através de que um objeto se torna desejável, quer dizer, aquilo através de que se confunde com essa imagem que levamos em nós, diversamente, e mais ou menos estruturada.

Esse esquema permite-lhes, pois, representarem a diferença que Freud faz sempre cuidadosamente, e que permanece frequentemente enigmática para os leitores, entre regressão tópica e regressão genética, arcaica, a regressão na história como se ensina também a designá-la.

Segundo a inclinação do espelho, a imagem no espelho esférico é mais ou menos bem-sucedida no centro ou nas bordas. Pode-se mesmo conceber que possa ser modificada. Como é que a boca original se transforma, no fim, em falo? – seria talvez fácil realizar a esse respeito um divertido modelinho de Física. Isso representa para vocês que, no homem, nenhuma regulação imaginária que seja verdadeiramente eficaz e completa pode se estabelecer senão pela intervenção de outra dimensão. O que busca, pelo menos miticamente, a análise.

Qual é o meu desejo? Qual é a minha posição na estruturação imaginária? Esta posição não é concebível a não ser que um guia se encontre para além do imaginário, ao nível do plano simbólico, da troca legal que só pode se encarnar pela troca verbal entre os seres humanos. Esse guia que comanda o sujeito é o ideal do eu.

A distinção é absolutamente essencial, e nos permite conceber o que se passa na análise no plano imaginário, e que se chama transferência.

Para apreendê-lo – está aí o mérito do texto de Freud – é preciso compreender o que é a *Verliebtheit,* o amor. O amor é um fenômeno que se passa ao nível do imaginário, e que provoca uma verdadeira subdução do simbólico, uma espécie de anulação, de perturbação da função do ideal do eu. O amor reabre a porta – como escreve Freud, que não usa meias medidas – à perfeição.

O *Ich-Ideal,* o ideal do eu, é o outro enquanto falante, o outro enquanto tem comigo uma relação simbólica, sublimada, que no nosso manejo dinâmico é, ao mesmo tempo, semelhante e diferente da libido imaginária. A troca simbólica é o que liga os seres humanos entre si, ou seja, a palavra, e que permite identificar o sujeito. Não se trata aí de metáfora – o símbolo engendra seres inteligentes, como diz Hegel.

O *Ich-Ideal,* enquanto falante, pode vir situar-se no mundo dos objetos ao nível do *Ideal-Ich,* ou seja, ao nível em que se pode produzir essa captação narcísica com que Freud nos martela os ouvidos ao longo desse texto. Pensem que, no momento em que essa confusão se produz, não há mais nenhuma espécie de regulação possível do aparelho. Ou, em outras palavras, quando se está apaixonado, se é louco, como diz a linguagem popular.

Gostaria de ilustrar aqui a psicologia do amor à primeira vista. Lembrem-se de Werther vendo pela primeira vez Lotte, que ninava maternalmente uma criança. É uma imagem perfeitamente satisfatória do *Anlehnungstypus* no plano anaclítico. Essa coincidência do objeto com a imagem fundamental para o herói de Goethe é o que desencadeia sua ligação mortal – será preciso elucidar, numa próxima vez, por que essa ligação é fundamentalmente mortal. É isso, o amor. É o seu próprio eu que se ama no amor, o seu próprio eu realizado ao nível imaginário.

A gente se mata ao se colocar este problema – como será que nos neuróticos, que são tão entravados no plano do amor, a transferência pode se produzir? A produção da transferência tem um caráter absolutamente universal, verdadeiramente automático, enquanto as exigências do amor são, ao contrário, como todos sabem, tão específicas... Não é todos os dias que se encontra o que é feito para dar a justa imagem do seu desejo. Como, então, se explica que na relação analítica, a transferência, que é da mesma natureza que o amor – Freud no-lo diz no texto que eu dei a Granoff para esmiuçar – se produza, pode-se dizer, *antes mesmo* que a análise tenha começado? Certo, não é talvez inteiramente a mesma coisa antes e durante a análise.

Vejo a hora se adiantar, e não quero prendê-los além de quinze para as duas. Retomarei as coisas neste ponto – como a função quase automaticamente desencadeada da transferência na relação analisado/analista – e isso, antes mesmo que ela tenha começado, pela presença e a função da análise – nos permite fazer agir a função imaginária do *Ideal-Ich*?

31 de março de 1954

XII

Zeitlich – Entwickelungsgeschichte

A imagem da morte.
A pessoa própria daquele que dorme.
O nome, a lei.
Do futuro ao passado.

Alain sublinhava que não se contavam as colunas na imagem mental que se tinha do Panteão. Ao que eu gostaria de lhe ter respondido – salvo o arquiteto do Panteão. Ei-nos introduzidos, por essa pequena porta, às relações do real, do imaginário e do simbólico.

1

Sr. Hyppolite: – *Podemos fazer ao senhor uma pergunta sobre a estrutura da imagem óptica? Eu queria lhe pedir precisões materiais. Se é que compreendi bem a estrutura material, há um espelho esférico, e o objeto tem sua imagem real invertida no centro do espelho. Essa imagem estaria sobre um anteparo. Ao invés de se formar sobre um anteparo, podemos observá-la a olho nu.*

Perfeitamente. Porque é uma imagem real, na medida em que o olho se acomoda num certo plano, designado pelo objeto real. No experimento divertido em que me inspiro, tratava-se de um buquê invertido que vinha situar-se no gargalo de um vaso real.

Na medida em que o olho se acomoda sobre a imagem real, ele a vê. Ela se forma nitidamente na medida em que os raios luminosos vêm todos convergir no mesmo ponto do espaço virtual, quer dizer, na medida em que, a cada ponto do objeto corresponde um ponto da imagem.

Sr. Hyppolite: – *Se o olho está colocado no cone luminoso, ele vê a imagem. Se não, não a vê.*

A experiência prova que, para que seja percebida, é necessário que o observador esteja suficientemente pouco afastado do eixo do espelho esférico, numa espécie de prolongamento da abertura desse espelho.

Sr. Hyppolite: – *Neste caso aí, se colocarmos um espelho plano, o espelho plano dá da imagem real considerada como o objeto, uma imagem virtual.*

Tudo o que se pode ver diretamente também se pode ver num espelho. É exatamente como se fosse visto formando um conjunto composto de uma parte real e de uma parte virtual simétricas, correspondendo-se duas a duas. A parte virtual corresponde à parte real oposta, e inversamente, de sorte que a imagem virtual no espelho é vista como o seria a imagem real, que, no caso, desempenha a função de objeto, por um observador imaginário, virtual, que está no espelho, no lugar simétrico.

Sr. Hyppolite: – *Recomecei as construções, como no tempo do bachô*[11] *ou do PCB. Mas, aqui, há também o olho que olha no espelho para perceber a imagem virtual da imagem real.*

Desde que possa perceber a imagem real, eu a verei também, colocando o espelho a meio caminho, aparecer lá onde estou, quer dizer, um lugar que pode variar entre a imagem real e o espelho esférico, ou mesmo atrás dele. Verei aparecer no espelho, ou desde que esteja convenientemente colocado, quer dizer, que esteja perpendicular à linha axial de há pouco, a mesma imagem real se perfilando sobre o fundo confuso dará num espelho plano a concavidade de um espelho esférico.

Sr. Hyppolite: – *Quando olho nesse espelho, percebo ao mesmo tempo o buquê de flores virtual e o meu olho virtual.*

Sim, desde que meu olho real exista, e não seja um ponto abstrato. Porque sublinhei que não somos um olho. E começo a entrar, aí, na abstração.

Sr. Hyppolite: – *Portanto, eu compreendi bem a imagem. Resta a correspondência simbólica.*

É o que vou tentar explicar um pouco a vocês.

Sr. Hyppolite: – *Qual é o jogo das correspondências entre o objeto real, as flores, a imagem real, a imagem virtual, o olho real e o olho virtual? Comecemos pelo objeto real – que representam para o senhor as flores reais?*

O interesse desse esquema é, evidentemente, que pode se prestar a usos diversos. Freud já construiu algo de semelhante, e nos indicou especialmente na *Traumdeutung* e no *Abriss,* que era a partir dos fenômenos imaginários que deviam ser concebidas as instâncias psíquicas. Fez na *Traumdeutung* o esquema das camadas em que se inscrevem percepções e lembranças, umas compondo o consciente, outras o inconsciente, vindo se projetar com a consciência e eventualmente fechar o circuito estímulo-resposta, através de que se tentava, naquela época, fazer compreender o circuito do vivente. Podemos ver aí como que a superposição de películas fotográficas. Mas é certo que esse esquema é imperfeito. Porque...

Sr. Hyppolite: – *Já me servi do seu esquema. Procuro as primeiras correspondências.*

As correspondências primitivas? Podemos, para fixar as ideias, dar à imagem real, a qual existe em função de conter e, ao mesmo tempo, de excluir um certo número de objetos reais, a significação dos limites do eu. Somente se vocês derem tal função a um elemento do modelo, tal outro assumirá necessariamente tal outra função. Tudo depende aqui do uso de relações.

SR. HYPPOLITE: – *Poder-se-ia, por exemplo, admitir que o objeto real significa a* Gegenbild, *a réplica sexual do eu? No esquema animal, o macho encontra a* Gegenbild, *quer dizer, a sua contrapartida complementar na estrutura.*

Já que é preciso uma *Gegenbild*...

SR. HYPPOLITE: – *A palavra é de Hegel.*

O próprio termo *Gegenbild* implica correspondência a uma *Innenbild*, o que dá na correspondência do *Innenwelt* e do *Unwelt*.

SR. HYPPOLITE: – *O que me leva a dizer que, se o objeto real, as flores, representa o objeto real correlativo ao sujeito animal que percebe, então a imagem real do vaso de flores representa a estrutura imaginária refletida dessa estrutura real.*

Você não poderia dizer coisa melhor. É exatamente o que se passa quando se trata apenas do animal. E é o que se passa na minha primeira construção quando há apenas o espelho esférico, quando a experiência se limita a mostrar que a imagem real vem se misturar as coisas reais. Está aí com efeito uma forma através da qual podemos representar o *Innenbild* que permite ao animal procurar o seu parceiro específico, à maneira como a chave procura uma fechadura ou como a fechadura procura a chave, dirigir sua libido para onde deve estar para a propagação da espécie. Fi-los observar que, nessa perspectiva, já podemos apreender de maneira impressionista o caráter essencialmente transitório do indivíduo em relação ao tipo.

SR. HYPPOLITE: – *O ciclo da espécie.*

Não somente o ciclo da espécie, mas o fato de que o indivíduo é tão cativo do tipo que, em relação a esse tipo, ele se anula. Está, como diria Hegel – eu não sei se ele o disse –, já morto em relação a vida eterna da espécie.

SR. HYPPOLITE: – *Atribuí essa frase a Hegel, comentando sua imagem – que de fato, o saber, quer dizer, a humanidade, é o fracasso da sexualidade.*

Aí estamos indo um pouco depressa.

Sr. Hyppolite: – *O que é importante para mim é que o objeto real pode ser tomado como a contrapartida real, que é da ordem da espécie, do indivíduo real. Mas produz-se então um desenvolvimento no imaginário, que permite que essa contrapartida no só espelho esférico se torne também uma imagem real, uma imagem que fascina, como tal, na ausência mesma do objeto real que se projetou no imaginário, imagem que fascina o indivíduo e o capta até no espelho plano.*

Vocês sabem como é delicado medir o que é e o que não é percebido pelo animal, porque nele, como no homem, a percepção parece ir muito mais longe do que o que se pode valorizar nos comportamentos experimentais, quer dizer, artificiais. Acontece-nos perceber que ele pode fazer escolhas com o auxílio de coisas de que não suspeitávamos. Não obstante, sabemos que, quando ele está preso no ciclo de um comportamento de tipo instintivo, produz-se nele um espessamento, uma condensação, uma opacificação da percepção do mundo exterior. O animal está então tão enviscado em certas condições imaginárias, que é onde lhe seria mais útil não se enganar que o logramos mais facilmente. A fixação libidinal em certos termos se apresenta ali como uma espécie de funil.

É daí que partimos. Mas, se é necessário constituir um aparelho um pouco mais complexo e astucioso para o homem, é que isso não se produz assim para ele.

Já que foram vocês que tiveram a gentileza de me acionar hoje, não vejo por que não começaria a relembrar o tema hegeliano fundamental – o desejo do homem é o desejo do outro.

É exatamente isso que está expresso no modelo pelo espelho plano. É aí também que reencontramos o estádio do espelho clássico de Jacques Lacan, esse momento de virada que aparece no desenvolvimento em que o indivíduo faz da sua própria imagem no espelho, de si mesmo, um exercício triunfante. Podemos, por certas correlações do seu comportamento, compreender que se trata aí, pela primeira vez, de uma apreensão antecipada do domínio.

Tocamos também aí com o dedo em algo diverso, que é o que chamei o *Urbild, Bild* num sentido diferente daquele que lhes servia há pouco – o primeiro modelo em que se marca o atraso, o descolamento do homem em relação à sua própria libido. Essa hiância faz com que haja uma diferença radical entre a satisfação de um desejo e a corrida em busca do acabamento do desejo – o desejo é essencialmente uma negatividade, introduzida num momento que não é especialmente original, mas que é crucial, de virada. O desejo é apreendido inicialmente no outro, e da maneira mais confusa. A relatividade do desejo humano em relação ao desejo do outro, nós a conhecemos em toda reação em que há rivalidade, concorrência, e até em todo o desenvolvimento da civilização, inclusive nesta simpática e fundamental exploração do homem pelo homem cujo fim não estamos no ponto de ver, pela razão de que é absolutamente estrutural, e que constitui, admitida uma vez por todas por Hegel, a estrutura mesma da noção de trabalho. Certo, não se trata mais aí do desejo, mas da mediação completa da atividade enquanto propriamente humana, engajada na via dos desejos humanos.

O sujeito localiza e reconhece originalmente o desejo por intermédio não só da sua própria imagem, mas também do corpo do seu semelhante. É exatamente aí, nesse momento, que se isola, no ser humano, a consciência enquanto consciência de si. É na medida em que é no corpo do outro que ele reconhece o seu desejo que a troca se faz. É na medida em que o seu desejo passou para o outro lado, que ele assimila o corpo do outro e se reconhece como corpo.

Nada permite afirmar que o animal tenha uma consciência separada do seu corpo como tal, que a sua corporeidade seja para ele um elemento objetivável...

SR. HYPPOLITE: – *Estatutário, no duplo sentido.*

Exatamente. Quando é certo que, se há para nós um dado fundamental, antes mesmo de toda emergência do registro da consciência infeliz, é a distinção da nossa consciência e do nosso corpo. Esta distinção faz do nosso corpo algo de fictício, de que nossa consciência é bem impotente para se destacar, mas de que se concebe – estes termos não são talvez os mais adequados – como distinta.

A distinção da consciência e do corpo faz-se nessa brusca inversão de papéis que ocorre na experiência do espelho quando se trata do outro.

Mannoni dizia-nos ontem à noite que, nas relações interpessoais, algo de fictício se introduz sempre, que é a projeção de outrem sobre nós mesmos. Isso se liga sem dúvida ao fato de que nos reconhecemos como corpo na medida em que esses outros, indispensáveis para reconhecer o nosso desejo, têm também um corpo, ou, mais exatamente, que o temos como eles.

Sr. Hyppolite: – *O que eu compreendo mal, mais do que a distinção de si mesmo e do corpo, é a distinção de dois corpos.*

Claro.

Sr. Hyppolite: – *Já que o si se representa como o corpo ideal, e que há o corpo que eu sinto, há dois...?*

Não, é certo que não. É aí que a descoberta freudiana toma sua dimensão essencial – o homem, nas suas primeiras fases, não chega de cara, de nenhum modo, a um desejo ultrapassado. O que ele reconhece e fixa nessa imagem do outro é um desejo despedaçado. E o aparente domínio da imagem do espelho lhe é dado, pelo menos virtualmente, como total. É um domínio ideal.

Sr. Hyppolite: – *É o que eu chamo o corpo ideal.*

É o *Ideal-Ich*. O seu desejo, ao contrário, não está constituído. O que o sujeito encontra no outro é inicialmente uma série de planos ambivalentes, de alienações do seu desejo – de um desejo ainda em pedaços. Tudo que conhecemos da evolução instintiva nos dá o esquema disso, porque a teoria da libido em Freud é feita da conservação, da composição progressiva de um certo número de pulsões parciais, que conseguem ou não conseguem chegar a um desejo amadurecido.

Sr. Hyppolite: – *Acredito que estamos bem de acordo. Sim? Entretanto, o senhor dizia não, há pouco. Estamos bem de acordo. Se digo dois corpos, isso quer dizer simplesmente que o que vejo constituído, seja no outro, seja na minha própria imagem no espelho, é o que eu não sou e de fato o que está para além de mim. É o que chamo o corpo ideal, estatutário, ou estátua. Como diz Valéry em* La Jeune Parque: – Mas a minha estátua ao mesmo tempo treme, *quer dizer, se decompõe. A sua decomposição é o que eu chamo o outro corpo.*

O corpo como desejo despedaçado se procurando, e o corpo como ideal de si, se reprojetam do lado do sujeito como corpo despedaçado, enquanto ele vê o outro como corpo perfeito. Para o sujeito, um corpo despedaçado é uma imagem essencialmente desmembrável do seu corpo.

Sr. Hyppolite: – *Os dois se reprojetam um sobre o outro no sentido de que, simultaneamente, ele se vê como estátua e se desmembra ao mesmo tempo, projeta o desmembramento sobre a estátua, e isso numa dialética inacabável. Eu me desculpo de haver repetido o que o senhor tinha dito, para estar certo de ter compreendido bem.*

Daremos, se vocês quiserem, um passo a mais daqui a pouco.

Enfim, o real, como é evidente, está aí aquém do espelho. Mas o que é que há além? Há inicialmente, como já vimos, o imaginário primitivo da dialética especular com o outro.

Essa dialética fundamental já introduz a dimensão mortal do instinto de morte, em dois sentidos. Inicialmente, a captação libidinal comporta para o indivíduo um valor irremediavelmente mortal, na medida em que está submetida ao x da vida eterna. Em segundo lugar – e é o ponto que está sublinhado pelo pensamento de Freud, mas que não é completamente distinguido em *Para além do princípio do prazer* –, o instinto de morte toma no homem uma significação outra pelo fato de que sua libido é originalmente forçada a passar por uma etapa imaginária.

Ademais, essa imagem da imagem é o que, no homem, atenta contra a maturidade da libido, a adequação da realidade ao imaginário que existiria em princípio, por hipótese – porque, afinal de contas, o que sabemos nós? –, no animal. A certeza de ser guiado é nele tão mais evidente que é daí mesmo que saiu a grande fantasia da *natura mater,* a ideia mesma da natureza, em relação à qual o homem se representa sua inadequação original, que exprime de mil maneiras. Pode-se situá-la, de maneira perfeitamente objetivável, em sua impotência toda especial na origem da vida. Essa prematuração do nascimento não são os psicanalistas que a inventaram. Histologicamente, o aparelho que desempenha no organismo o papel de aparelho nervoso, ainda sujeito a discussão, está inacabado no nascimento. O homem atingiu o acabamento da sua libido antes de encontrar o objeto dela. É por aí que se introduz essa falha especial que se perpetua nele na relação a um outro infinitamente mais mortal para ele que para qualquer outro animal. Essa imagem do mestre, que é o que ele vê sob a forma da imagem especular, confunde-se nele com a imagem da morte. O homem pode estar em presença do mestre absoluto. Está aí originalmente, quer isso lhe tenha sido ensinado ou não, na medida em que está submetido a essa imagem.

Sr. Hyppolite: – *O animal está submetido à morte quando faz amor, mas de nada sabe.*

Ao passo que o homem sabe. Ele sabe, e experimenta isso.

Sr. Hyppolite: – *Aquilo vai até isso, que é ele que se dá a morte. Quer pelo outro a sua própria morte.*

Estamos todos de acordo em que o amor é uma forma de suicídio.

Dr. Lang: – *Há um ponto sobre o qual o senhor insistiu, e eu não apreendi bem o alcance dessa insistência. É o fato de que é preciso estar num certo campo em relação à aparelhagem em questão.*

Vejo que não lhes mostrei suficientemente a ponta da orelha porque vocês viram a ponta da orelha, mas não o seu ponto de inserção.

Aquilo de que se trata pode agir, aí também, em vários planos. Podemos interpretar as coisas no nível da estruturação, ou da descrição, ou do manejo da cura. É particularmente cômodo ter um esquema tal que seja da mobilização de um plano de reflexão que dependa, num dado momento, a aparência da imagem – o sujeito ficando sempre no mesmo lugar. Não se pode ver a imagem com uma completude suficiente, a não ser a partir de certo ponto virtual de observação. Vocês podem fazer mudar o ponto virtual como quiserem. Ora, quando o espelho vira, o que é que muda?

Não será somente o fundo, a saber, o que o sujeito pode ver no fundo, por exemplo ele mesmo – ou um eco dele mesmo, como o fazia observar o Sr. Hyppolite. Com efeito, quando se faz mexer um espelho plano, há um momento em que um certo número de objetos sai do campo. São evidentemente os mais próximos que saem em último lugar, o que já pode servir para explicar certas maneiras através das quais se situa o *Ideal-Ich* em relação a alguma coisa diversa que eu deixo por ora sob forma enigmática, e que chamei o observador. Pensem bem que não se trata somente de um observador. Trata-se, no final das contas, da relação simbólica, a saber, do ponto a partir do qual se fala, ele é falado.

Mas não é só isso que muda. Se vocês inclinam o espelho, a própria imagem muda. Sem que a imagem real mexa, pelo simples fato de que o espelho muda, a imagem que o sujeito, colocado do lado do espelho esférico, verá nesse espelho, passará de uma forma de boca a uma forma de falo, ou de um desejo mais ou menos completo a esse tipo de desejo a que eu chamava há pouco despedaçado. Em outros termos, esse funcionamento permite mostrar o que sempre foi a ideia de Freud, a saber, as correlações possíveis da noção de regressão tópica com a regressão a que ele chama *zeitlich-Entwickelungsgeschichte* – o que mostra bem o quanto ele mesmo estava embaraçado com a relação temporal. Ele diz *zeitlich,* isto é, *temporal,* depois um traço, e – *da história do desenvolvimento,* enquanto vocês sabem bem que contradição interna há entre o termo *Entwickelung* e o termo *Geschichte.* Ele conjuga esses três termos, e depois, virem-se.

Mas se não tivéssemos de nos virar, não haveria necessidade de estarmos aí. E seria bem infeliz.

Em frente, Perrier, sobre os "complementos metapsicológicos à doutrina dos sonhos".

2

DR. PERRIER: – *Sim, esse texto...*

Esse texto lhe pareceu um pouco chato?

DR. PERRIER: – *Com efeito. Penso que o melhor seria sem dúvida esboçar um esquema. É um artigo que Freud introduz dizendo-nos que é instrutivo estabelecer um paralelo entre certos sintomas mórbidos, e os protótipos normais que nos permitem estudá-los, por exemplo, o luto e a melancolia, o sonho e o sono e certos estados narcisicos.*

A propósito, ele emprega o termo *Vorbild,* o que vai no sentido do termo *Bildung,* para designar os protótipos normais.

DR. PERRIER: – *Freud vai ao estudo do sonho com a finalidade que aparecerá no fim do artigo, de aprofundar o estudo de certos fenômenos tais como os que se encontram nas afecções narcísicas, na esquizofrenia, por exemplo.*

As prefigurações normais numa afecção mórbida, *Normalvorbilden Krankheitsaffektion.*

DR. PERRIER: – *Então, ele nos diz que o sono é um estado de desnudamento psíquico, que leva o dormidor a um estado análogo ao estado primitivo fetal, e o leva igualmente a se desnudar de toda uma parte da sua organização psíquica, como a gente se desfaz de uma peruca, dos falsos dentes, das roupas, antes de dormir.*

É muito engraçado que a propósito dessa imagem que ele nos dá do narcisismo do sujeito, de que faz a essência fundamental do sono, Freud acrescente esta observação, que não parece ir numa direção bem fisiológica, de que não é verdade para todos os seres humanos. Sem dúvida é habitual tirar a roupa, mas a gente coloca outra. Vejam a imagem que ele nos dá de repente, largar os seus óculos – somos um certo número com enfermidades que os tornam necessários –, mas também os falsos dentes, os falsos cabelos. Imagem horrorosa do ser que se decompõe. Acedemos assim a esse caráter parcialmente decomponível, desmontável, do eu humano, tão impreciso quanto os seus limites. Os falsos dentes certamente não fazem parte do meu eu, mas até que ponto os meus verdadeiros dentes fazem parte dele? – porque eles são tão substituíveis. A ideia do caráter ambíguo, incerto, dos limites do eu, é aí colocada no primeiro plano, enquanto pórtico da introdução ao estudo metapsicológico do sonho. A preparação do sono nos entrega a significação.

Dr. Perrier: – *No parágrafo seguinte, Freud chega a algo que parece ser o resumo de tudo que vai estudar em seguida. Lembra que, quando estudamos as psicoses, constatamos que a cada vez somos colocados em presença de regressões temporais, quer dizer, desses pontos para os quais cada caso volta nas etapas da sua própria evolução. Ele nos diz então que constatamos tais regressões, uma na evolução do eu, e outra na evolução da libido. A regressão da evolução da libido no que corresponde a tudo isso no sonho levará, diz ele, ao restabelecimento do narcisismo primitivo. A regressão da evolução do eu no sonho levará igualmente à satisfação alucinatória do desejo. Isso,* a priori, *não parece extremamente claro, pelo menos para mim.*

Talvez fosse um pouco mais claro com o nosso esquema.

Dr. Perrier: – *Pode-se já pressenti-lo, ao observar que Freud parte de regressões temporais, regressões na história do sujeito. Por isso, a regressão na evolução do eu levará a esse estado inteiramente elementar, primordial, não elaborado, que é a satisfação alucinatória do desejo. Vai inicialmente nos fazer caminhar de novo com ele no estudo do processo do sonho e, em particular, no estudo do narcisismo do sono, em função mesmo do que se passa, quer dizer, do sonho. Fala inicialmente do egoísmo do sonho, e é um termo que choca um pouco se o compararmos ao narcisismo.*

Como justifica ele o egoísmo do sonho?

Dr. Perrier: – *Ele diz que, no sonho, é sempre a pessoa do dormidor que é a personagem central.*

E quem desempenha o papel principal. Quem é que pode me dizer o que é exatamente *agnosieren?* É um termo alemão que não encontrei. Mas o seu sentido não é duvidoso – trata-se dessa pessoa que deve ser sempre reconhecida como a pessoa própria, *als die eigene Person zu agnosieren.* Será que alguém pode me dar uma indicação sobre o uso dessa palavra? Freud não emprega *anerkennen,* o que implicaria na dimensão do reconhecimento no sentido em que o entendemos incessantemente na nossa dialética. A pessoa do dormidor deve ser reconhecida no nível do quê, de nossa interpretação ou de nossa mântica? Não é inteiramente a mesma coisa. Entre *anerkennen* e *agnosieren,* toda a diferença do que compreendemos ao que sabemos, diferença que leva não obstante a marca de uma ambiguidade fundamental. Vejam como Freud nos analisa o célebre sonho da monografia botânica na *Traumdeutung.* Quanto mais avançarmos, mais veremos o que havia de genial nas primeiras aproximações em direção à significação do sonho e do seu cenário.

Sra. X, talvez a senhora possa dar uma indicação sobre esse *agnosieren?*

Sra. X: – *Às vezes Freud emprega as palavras de Viena. Essa palavra não é mais empregada em alemão, mas o sentido que o senhor deu é justo.*

Interessante, com efeito, a significação do meio vienense.

Freud nos dá a esse respeito uma apreensão muito profunda de sua relação com a personagem fraterna, com esse amigo-inimigo, de quem nos diz que é uma personagem absolutamente fundamental na sua existência, e que é preciso que haja sempre um que esteja recoberto por essa espécie de *Gegenbild.* Mas, ao mesmo tempo, é por intermédio dessa personagem, encarnada pelo seu colega de laboratório – eu evoquei a sua pessoa nos meus seminários anteriores, bem no início, quando falamos um pouco das primeiras etapas de Freud na vida científica – é a propósito e por intermédio desse colega, dos seus atos, dos seus sentimentos, que Freud projeta, faz viver no sonho o que é o desejo latente deste, a saber, as reivindicações da sua própria agressão, da sua própria ambição. De maneira que essa *eigene Person* é inteiramente ambígua. É no interior mesmo da consciência do sonho, mais exatamente no interior da miragem do sonho que devemos procurar, na pessoa que desempenha o papel principal, a própria pessoa do dormidor. Mas justamente, não é o dormidor, é o outro.

DR. PERRIER: – *Ele se pergunta então se narcisismo e egoísmo não são na verdade uma única e mesma coisa E nos diz que a palavra narcisismo só serve para sublinhar o caráter libidinal do egoísmo. Ou, em outras palavras, o narcisismo pode ser considerado como o complemento libidinal do egoísmo. Numa incidente ele fala do poder do diagnóstico do sonho, lembrando-nos que percebemos frequentemente nos sonhos, de maneira absolutamente inaparente no estado de vigília, certas modificações orgânicas que permitem colocar o diagnóstico de algo ainda inaparente no estado de vigília. Nesse momento, o problema da hipocondria aparece.*

Então, aí, algo um pouco astucioso, um pouco mais cobra. Reflitam bem no que isso quer dizer. Eu lhes falei da troca que se produz entre a imagem do sujeito e a imagem do outro enquanto libidinalizada, narcisizada na situação imaginária. Ao mesmo tempo, do mesmo modo que no animal, certas partes do mundo são opacificadas e se tornam fascinantes, ela também se torna. Somos capazes de *agnosieren* no sonho a pessoa própria do dormidor no estado puro. O poder de conhecimento do sujeito aumenta nessa medida. No estado de vigília ao contrário, pelo menos se ele não leu a *Traumdeutung*, não perceberá suficientemente as sensações do seu corpo capazes de anunciar, quando dorme, alguma coisa de interno, de cenestésico. É justamente na medida em que a opacificação libidinal no sonho está do outro lado do espelho, que o seu corpo é, não menos bem sentido, mas melhor percebido, melhor concebido pelo sujeito.

Será que vocês apreendem aí o mecanismo?

No estado de vigília, o corpo do outro é reenviado ao sujeito, assim desconhece ele muitas coisas de si mesmo. Que o ego seja um poder de desconhecimento é o fundamento mesmo de toda a técnica analítica.

Isso vai muito longe. Até a estruturação, a organização e ao mesmo tempo a escotomização – aqui, eu veria muito bem o emprego do termo – e a toda espécie de coisas que são tantas informações que podem vir de nós mesmos a nós mesmos – jogo particular que reenvia a nós essa corporeidade, também ela de origem estrangeira. E isso vai até – *Eles têm olhos para não ver.* É preciso sempre tomar as frases do Evangelho ao pé da letra, sem isso evidentemente não se compreende nada – acredita-se que é ironia.

Dr. Perrier: – *O sonho é também uma projeção, exteriorização de um processo interno. Freud lembra que a exteriorização de um processo interno é um meio de defesa contra o despertar. Na fobia histérica, há essa mesma projeção, que é, ela mesma, um meio de defesa, e que vem substituir uma função interior. Todavia, diz ele, por que é que a intenção de dormir se encontra contrariada? Ela pode sê-lo ou por uma irritação vinda do exterior, ou por uma excitação vinda do interior. O caso do obstáculo interior é o mais interessante, é o que vamos estudar.*

Temos de acompanhar bem essa passagem, porque ela permite colocar um pouco de rigor no uso, em análise, do termo projeção. Fazemos dele perpetuamente a mais confusa utilização. Em particular, deslizamos o tempo todo no uso clássico falando da projeção dos nossos sentimentos sobre o semelhante. Não é inteiramente disso que se trata quando temos, pela força das coisas, quer dizer, pela lei da coerência do sistema, de usar esse termo na análise. Se, no próximo trimestre, chegarmos a abordar o caso Schreber e a questão das psicoses, teremos de colocar as últimas precisões sobre a significação que podemos dar à projeção.

Se seguiram o que eu disse há pouco, devem ver que é sempre de fora que vem inicialmente o que se chama aqui processo interno. É inicialmente por intermédio do fora que ele é reconhecido.

Dr. Perrier: – *Eis uma dificuldade que encontrei com o Padre Beirnaert e Andrée Lehmann, que me auxiliaram ontem à noite – o desejo pré-consciente do sonho, o que é que é?*

O que Freud chama o desejo do sonho e é o elemento inconsciente.

Dr. Perrier: – *Justamente. Freud diz que há inicialmente formação do desejo pré-consciente do sonho, no estado de vigília, eu su-*

ponho, o que permite à pulsão inconsciente exprimir-se graças ao material, quer dizer, nos restos diurnos pré-conscientes. É aí que surge a questão que me confundiu. Depois de ter utilizado o termo desejo pré-consciente do sonho, Freud diz que ele não teve necessidade de existir no estado de vigília, e já pode possuir o caráter irracional próprio a tudo o que é inconsciente. Traduzimo-lo em termos de consciente.

O que é importante.

Dr. Perrier: – *É preciso evitar, diz ele, confundir o desejo do sonho com tudo o que é da ordem do pré-consciente.*

Eis aí!

Observem como se compreende isso de hábito depois de tê-lo lido. Diz-se – há o que é manifesto e o que é latente. Entra-se então num certo número de complicações. O que é manifesto é a composição. A elaboração do sonho chega a fazer – virada muito bonita do seu primeiro aspecto, a lembrança – com que o sujeito seja capaz de lhes evocar o que é manifesto. Mas o que compõe o sonho é algo que devemos procurar, e que é verdadeiramente inconsciente. Esse desejo; encontramo-lo ou não o encontramos, mas nunca o vemos senão ao se perfilar atrás. O desejo inconsciente é como a força diretora que forçou todos os *Tagesresten,* esses investimentos vagamente lúcidos, a se organizarem de uma certa maneira. Essa composição chega ao conteúdo manifesto, quer dizer, a uma miragem que não responde em nada ao que devemos reconstruir, e que é o desejo inconsciente.

3

Como é que se pode representar isso com o meu esqueminha? O Sr. Hyppolite, de maneira oportuna, me forçou a investir tudo no início desta sessão. Não resolveremos essa questão hoje. Mas temos de avançar um pouco.

É indispensável fazer intervir aqui o que se pode chamar os comandos do aparelho.

Portanto, o sujeito toma consciência do seu desejo no outro, por intermédio da imagem do outro que lhe dá a fantasia do seu próprio domínio. Assim como é muito frequente nos nossos raciocínios científicos reduzirmos o sujeito a um olho, poderíamos também reduzi-lo a uma personagem instantânea, apreendida na relação à imagem antecipada dele mesmo, independentemente de sua evolução. Mas resta o fato de que é um ser humano, de que nasceu num estado de impotência, e que, muito precocemente, as palavras, a linguagem, lhe serviram de apelo, e de apelo dos mais miseráveis, quando era dos seus gritos que dependia a sua comida. Já se colocou essa maternagem primitiva em relação com os estados de dependência. Mas, enfim, não é uma razão para dissimular que, também, muito precocemente, essa relação ao outro é, pelo sujeito, nomeada.

Que um nome, por mais confuso que seja, designe uma pessoa determinada, é exatamente nisso que consiste a passagem ao estado humano. Se se deve definir em que momento o homem se torna humano, digamos que é no momento em que, por menos que seja, entra na relação simbólica.

A relação simbólica, como já frisei, é eterna. E não simplesmente porque é preciso que haja efetivamente sempre três pessoas – ela é eterna pelo fato de que o símbolo introduz um terceiro elemento de mediação, que situa as duas personagens em presença, os faz passar a um outro plano, e os modifica.

Quero ainda uma vez retomar esse ponto, e de longe, mesmo que eu deva para isso parar hoje no meio do caminho.

Sr. Keller, que é um filósofo gestaltista, e que, enquanto tal, se acredita muito superior aos filósofos mecanicistas, faz toda espécie de ironias sobre o tema estímulo-resposta. Diz em algum lugar o seguinte – é engraçado receber do Sr. Fulano, editor em Nova York, a encomenda de um livro, porque, se estivéssemos no registro estímulo-resposta, acreditaríamos que fui estimulado por essa encomenda e que o meu livro é a resposta. Oh! lá lá!, diz Keller fazendo apelo à intuição vivida da maneira mais justificada, não é tão simples. Não me contento em responder a esse convite, estou num estado de tensão pavoroso. O meu equilíbrio – noção gestaltista – só se reencontrará quando essa tensão tiver tomado a forma da realização do texto. Esse apelo recebido produz em mim um estado dinâmico de desequilíbrio. Só será satisfeito quando tiver sido assumido, quer dizer, quando tiver sido fechado o ciclo, antecipado a partir de agora, pelo fato mesmo desse apelo a uma resposta plena.

Não é de modo algum uma descrição suficiente. Keller supõe no sujeito o modelo pré-formado da boa resposta, e introduz um elemento de *déjà-lá*. No limite, é ter resposta para tudo pela virtude dormitiva. Contentamo-nos em afirmar que o registro de relações geradoras de toda ação é que o sujeito não realizou o modelo já inteiramente inscrito nele. Só há aí a transcrição, num grau mais elaborado, da teoria mecanicista.

Não, não se deve desconhecer aqui o registro simbólico, que é aquele por onde se constitui o ser humano enquanto tal. Com efeito, a partir do momento em que o Sr. Keller recebeu a encomenda, respondeu *sim,* assinou um compromisso, o Sr. Keller não é mais o mesmo Sr. Keller. Há um outro Keller, um Keller engajado, e também uma outra editora, uma editora que tem um contrato a mais, um símbolo a mais.

Tomo esse exemplo grosseiro, tangível, porque nos coloca em cheio na dialética do trabalho. No simples fato de que me defino em relação a um senhor como seu filho, e que o defino, a ele, como meu pai, há algo que, tão imaterial quanto possa parecer, pesa tanto quanto a geração carnal que nos une. E mesmo, praticamente, na ordem humana, pesa mais. Porque, antes mesmo que eu esteja em condições de pronunciar as palavras pai e filho, e mesmo se ele está gagá e não pode mais pronunciar essas palavras, todo o sistema humano em volta já nos define, com todas as consequências que isso comporta, como pai e filho.

Portanto, a dialética do eu ao outro é transcendida, colocada num plano superior, pela relação ao outro, pela simples função do sistema da linguagem, enquanto é mais ou menos idêntico, em todo o caso fundamentalmente ligado, ao que chamaremos a regra, melhor ainda, a lei. Essa lei, em cada instante da sua intervenção, cria algo de novo. Cada situação é transformada pela sua intervenção, seja ela qual for, salvo quando falamos para não dizer nada.

Mas isso mesmo, já o expliquei em outro lugar, tem a sua significação. Essa realização da linguagem que não serve mais senão *como uma moeda apagada que se passa em silêncio* – frase citada na minha comunicação de Roma e que é de Mallarmé – mostra a função pura da linguagem, que é a de nos assegurar que somos, e nada mais. Que se possa falar para não dizer nada é tão significativo quanto o fato de que, quando se fala, em geral é para alguma coisa. O que é chocante é que há muitos casos em que se fala quando se poderia calar. Mas calar-se, então, é justamente o que há de mais cobra.

Eis-nos introduzidos a esse nível elementar em que a linguagem está imediatamente colada às primeiras experiências. Porque é uma necessidade vital que faz com que o meio do homem seja um meio simbólico.

No meu modelinho, para conceber a incidência da relação simbólica, basta supor que é a intervenção das relações de linguagem que produz as viradas do espelho, as quais apresentarão ao sujeito, no outro, no outro absoluto, figuras diferentes do seu desejo. Há conexão entre a dimensão imaginária e o sistema simbólico, na medida em que aí se inscreve a história do sujeito, não a *Entwickelung,* o desenvolvimento, mas a *Geschichte,* ou seja, aquilo em que o sujeito se reconhece correlativamente no passado e no futuro.

Sei que digo essas palavras rapidamente, mas vou retomá-las com mais vagar.

O passado e o futuro precisamente se correspondem. E não é em qualquer sentido – não no sentido que vocês poderiam acreditar que a análise indica, a saber, do passado ao futuro. Ao contrário, na análise, justamente porque a técnica é eficaz, isso caminha na boa ordem – do futuro ao passado. Vocês poderiam acreditar que estão começando a procurar o passado do doente num lixo, quando, ao contrário, é em função do fato de que o doente tem um futuro que vocês podem ir no sentido regressivo.

Não posso lhes dizer imediatamente por quê. Continuo.

Todos os seres humanos participam do universo dos símbolos. Estão incluídos aí e o suportam, muito mais do que o constituem. São muito mais os suportes do que os agentes. É em função dos símbolos, da constituição simbólica da sua história que se produzem essas variações em que o sujeito é suscetível de tomar imagens variáveis, quebradas, despedaçadas, e mesmo, no caso, inconstituídas, regressivas dele mesmo. É o que vemos nos *Vorbilden* normais da vida cotidiana do sujeito, bem como na análise, de uma maneira mais dirigida.

O que é que é então, aí dentro, o inconsciente e o pré-consciente? Será preciso que eu os deixe hoje com a sua fome. Mas saibam, não obstante, que a primeira aproximação que podemos dar disso, na nossa perspectiva de hoje, é que se trata aí de certas diferenças ou, mais exatamente, de certas impossibilidades ligadas à história do sujeito, enquanto, precisamente, ele aí inscreve o seu desenvolvimento.

Revalorizamos agora a fórmula ambígua de Freud, *zeitlich-Entwickelungsgeschichte.* Mas limitemo-nos à história, e digamos que é em razão de certas particularidades da história do sujeito que há certas partes da imagem real ou certas fases bruscas. Também se trata de uma relação móvel.

No jogo intra-analítico, certas fases ou certas faces – não hesitemos em fazer trocadilhos – da imagem real nunca poderão ser dadas na imagem virtual. Ao contrário, tudo que é acessível por simples mobilidade do espelho na imagem virtual, o que vocês podem ver da imagem real na imagem virtual, é antes a situar no pré-consciente. Ao passo que as partes da imagem real que nunca serão vistas, os lugares em que o aparelho emperra, em que se bloqueia – não temos mais nenhuma razão para não empurrar um pouco mais adiante a metáfora –, isso, é o inconsciente.

Se acreditam ter compreendido, certamente estão errados. Verão as dificuldades que apresenta essa noção de inconsciente, e não tenho outra ambição que não a de mostrá-las. Por um lado, o inconsciente é, como acabo de defini-lo, alguma coisa de negativo, de idealmente inacessível. Por outro lado, é algo de quase real. Enfim, é algo que será realizado no simbólico ou, mais exatamente, que, graças ao progresso simbólico na análise, *terá sido.* Eu lhes mostrarei, segundo os textos de Freud, que a noção de inconsciente deve satisfazer esses três termos.

Mas vou logo ilustrar para vocês o terceiro deles, cuja irrupção pode lhes parecer surpreendente.

Não se esqueçam disto – Freud explica inicialmente o recalque como uma fixação. Mas, no momento da fixação, não há nada que seja o recalque – o do homem dos lobos se produz bem depois da fixação. A *Verdrängung* é sempre uma *Nachdrängung*. E então, como explicar a volta do recalcado? Por mais paradoxal que seja, só há uma maneira de fazê-lo – isso não vem do passado, mas do futuro.

Para lhes dar uma ideia justa do que é a volta do recalcado num sintoma, é preciso retomar a metáfora que apanhei dos cibernéticos – isso me evita inventá-la eu mesmo, porque não se deve inventar muita coisa.

Wiener supõe duas personagens cuja dimensão temporal iria no sentido inverso uma da outra. Claro, isso não quer dizer nada, e é assim que as coisas que não querem dizer nada significam subitamente algo, mas num domínio inteiramente diverso. Se um envia uma mensagem ao outro, por exemplo um quadrado, a personagem que caminha em sentido contrário verá inicialmente o quadrado se apagando, antes de ver o quadrado. É o que nós também vemos. O sintoma se nos apresenta inicialmente como um traço, que nunca será mais do que um traço, e que ficará sempre incompreendido até que a análise tenha ido suficientemente longe, e que tenhamos compreendido o seu sentido. Também se pode dizer que, assim como a *Verdrängung*, não é nunca senão uma *Nachdrängung*, o que vemos sob a volta do recalcado é o sinal apagado de algo que só terá o seu valor no futuro, pela sua realização simbólica, a sua integração na história do sujeito. Literalmente, nunca será mais do que uma coisa que, num dado momento de realização, *terá sido*.

Vocês o verão melhor graças ao meu aparelhinho. Vou lhes fazer uma confidência – acrescento a ele um pedacinho todos os dias. Não o trago para vocês inteiramente pronto, tal como Minerva saindo do cérebro de um Júpiter que eu não sou. Nós o seguiremos ao longo do tempo até o dia em que começar a nos parecer fatigante, e então o deixaremos. Até lá, servirá para nos mostrar a construção dessas três faces necessárias à noção de inconsciente, para que a compreendamos, eliminando todas essas contradições que Perrier encontra no texto que nos apresenta.

Ficaremos aí por hoje. Ainda não lhes mostrei por que o analista se encontra no lugar da imagem virtual. No dia em que tiverem compreendido por que o analista se encontra ali, terão compreendido quase tudo do que se passa na análise.

7 de abril de 1954

Para Além da Psicologia

XIII

A BÁSCULA DO DESEJO

A confusão das línguas em análise.
Nascimento do eu.
Desconhecimento não é ignorância.
Mística da introjeção.
Sobre o masoquismo primordial.

Comecemos um terceiro trimestre que vai ser curto, graças a Deus.

Tinha pensado em abordar o caso Schreber antes de que nos separássemos este ano. Isso teria me agradado muito, na medida em que faço traduzir para todos os fins úteis a obra original do presidente Schreber, sobre a qual Freud trabalhou e à qual pede que nos reportemos. Recomendação bem vã até o presente, porque é uma obra que não se encontra – só conheço dois exemplares na Europa. Pude obter um de que mandei fazer dois microfilmes, um para meu uso, e o outro que enviei à biblioteca da Sociedade Francesa de Psicanálise.

Ler Schreber é apaixonante. Há como fazer sobre isso um tratado completo da paranoia e dar um rico comentário sobre o mecanismo das psicoses. O Sr. Hyppolite dizia que o meu conhecimento era parte do conhecimento paranoico – se é parte, espero que não tenha ficado nisso.

Há aí um buraco. Mas não vamos cair logo nele, porque poderíamos ficar prisioneiros.

Até o presente, avançamos nos *Escritos técnicos* de Freud. Acredito que agora é impossível não levar mais longe a aproximação que fiz implicitamente, sem cessar, com a técnica atual da análise, o que se pode chamar, com aspas, *seus progressos mais recentes.* Eu me referi implicitamente ao ensino que lhes é dado nos controles, segundo o qual a análise é a análise das resistências, dos sistemas de defesa do eu. Essa concepção permanece mal centrada, e só podemos nos referir a ensinos concretos mas não sistematizados, e, algumas vezes mesmo, não formulados.

Apesar dessa raridade, que todo o mundo aponta, da literatura analítica em matéria de técnica, um certo número de autores se exprimiu sobre esse assunto. Quando não chegaram propriamente a escrever um livro, escreveram artigos – alguns, muito curiosamente, ficaram no meio do caminho, que se acham entre os mais interessantes. Há aí, de fato, um *corpus* bastante longo a percorrer. Espero poder contar aqui com a colaboração de alguns de vocês, a quem eu emprestarei alguns desses textos.

Há inicialmente os três artigos de Sachs, Alexander e Rado, retomados do simpósio de Berlim. Vocês devem conhecê-los se já espiaram o livro de Fenichel.

No congresso de Marienbad em seguida, vocês encontram o simpósio sobre os resultados – que eles dizem – da análise. Na realidade, trata-se menos do resultado do que do procedimento que leva a estes resultados. Vocês já podem ver esboçar-se ali, e mesmo desabrochar, o que eu chamo a confusão das línguas em análise, a saber, a extrema variedade, sejam quais forem as concepções que tivermos sobre as vias ativas no processo analítico.

O terceiro momento é o momento atual. É oportuno colocar no primeiro plano as elaborações recentes da teoria do ego pela troica americana, Hartmann, Loewenstein e Kris. Esses escritos são às vezes bastante desconcertantes pela desaceleração dos conceitos. Falam sem parar de libido *dessexualizada* – e por pouco não se diz *deslibidinizada* – ou da agressividade *desagressivisada.* A função do eu desempenha aí cada vez mais esse papel problemático que já tem nos escritos do terceiro período de Freud – que eu deixei fora do nosso campo, limitado por mim ao período mediano de 1910-1920 ao longo do qual começa a se elaborar, com a noção do narcisismo, o que será a última teoria do eu. Leiam o volume que se chama na edição francesa *Essais de psychanalyse* e que reúne *Au-délà du principe du plaisir, Psychologie collective et analyse du moi,* e *Le Moi et le Soi*[12]. Não podemos analisá-lo este ano, mas seria indispensável para quem quisesse compreender os desenvolvimentos que os autores de que lhes falo deram à teoria do tratamento. É em torno das últimas formulações de Freud que se centraram sempre as teorias do tratamento que foram dadas a partir de 1920. A maior parte do tempo, com uma extrema inabilidade, que sobressai na enorme dificuldade em compreender o que diz Freud nesses três artigos verdadeiramente monumentais, se não se aprofundou a gênese mesma da noção de narcisismo. O que tentei lhes indicar a propósito da análise das resistências e da transferência nos *Escritos técnicos.*

1

Fundamentalmente, minha via é discursiva. Tento lhes apresentar aqui uma problemática a partir dos textos freudianos. Mas, de tempos em tempos, é preciso concentrar uma fórmula didática e ligar as diversas formulações desses problemas na história da análise.

É um meio-termo que adoto, ao lhes apresentar um modelo, que não tem a pretensão de ser um sistema, mas somente uma imagem de referência. Eis por que os levei pouco a pouco ao esquema óptico que começamos a formar aqui.

Esse dispositivo começa agora a se tornar familiar para vocês. Mostrei-lhes como se podia conceber que a imagem real que se forma graças ao espelho côncavo se produz no interior do sujeito, num ponto a que chamaremos O. O sujeito vê essa imagem real como uma imagem virtual no espelho plano, em O', na medida em que se encontra colocado numa posição virtual simétrica em relação ao espelho plano.

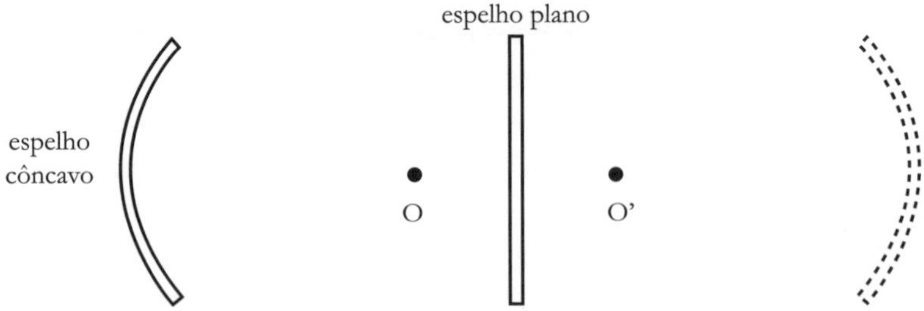

Esquema simplificado dos dois espelhos

Temos aqui dois pontos O e O'. Por que O e O'? É que uma menininha – uma mulher virtual, portanto um ser muito mais engajado no real do que os machos – disse um dia esta frase muito bonita: – *Ah! não se deve crer que toda a minha vida se passará em O e O'.* Pobre anjinho! Ela se passará, tua vida, em O e O', como para todo o mundo. Mas, enfim, ela nos diz ali aquilo a que aspira. É em sua homenagem que chamarei a esses pontos O e O'.

Com isso, a gente já deve se virar.

É preciso partir, aconteça o que acontecer, de O e O'. Vocês já sabem que se trata do que se relaciona à constituição do *Ideal-Ich,* e não do *Ich-Ideal* – em outras palavras da origem fundamentalmente imaginária, especular, do eu. É o que tentei lhes fazer compreender num certo número de textos dos quais o principal é *Zur Einführung des Narzissmus.*

Espero que vocês tenham apreendido a relação estreita que há, nesse texto, entre a formação do objeto e a do eu. É por serem estritamente correlativos e porque a sua aparição é verdadeiramente contemporânea, que nasce o problema do narcisismo. Nesse momento do pensamento de Freud, a libido aparece submetida a outra dialética que não a sua, e que, direi eu, é a do objeto.

O narcisismo não é a relação do indivíduo biológico com seu objeto natural, que seria enriquecida e diversamente complicada. Há um investimento especial narcísico. É um investimento libidinal no que pode ser concebido de outra forma que não uma imagem do ego.

Eu digo aí as coisas muito grosseiramente. Poderia dizê-las numa linguagem mais elaborada, filosófica, mas eu quero lhes fazer vê-las bem. É inteiramente certo que, a partir de certo momento do desenvolvimento da experiência freudiana, a atenção está centrada em torno da função imaginária do eu. Depois de Freud, toda a história da Psicanálise se confunde com uma volta à concepção, não tradicional, mas acadêmica, do eu como função psicológica de síntese. Ora, se o eu tem o que dizer na Psicologia humana, ele só pode ser concebido num plano transpsicológico, ou, como diz Freud literalmente – porque Freud, apesar das dificuldades que teve com a formulação do eu, nunca perdeu o fio –, *metapsicológico.*

O que é que isso quer dizer, senão que está para além da Psicologia?

2

O que é dizer *Eu?*[13] Será a mesma coisa que o *ego,* conceito analítico? É preciso partir daí.

Quando vocês se servem dele, não podem desconhecer que o *eu* é antes de tudo uma referência psicológica, no sentido em que há Psicologia quando se trata da observação do que se passa no homem. Como aprende ele a dizê-lo, esse *eu?*

Eu é um termo verbal, cujo uso é aprendido numa certa referência ao outro, que é uma referência falada. O *eu* nasce em referência ao *tu.* Todo o mundo sabe como os psicólogos construíram em cima disso coisas famosas, a relação de reciprocidade, por exemplo, que se estabelece ou não se estabelece e que determina não sei que etapa no desenvolvimento íntimo da criança. Como se se pudesse assim estar certo disso, e deduzi-lo dessa primeira falta de habilidade da criança para se virar com os pronomes pessoais. A criança repete a frase que se lhe diz com o tu ao invés de fazer a inversão com o *eu.* Trata-se de uma hesitação na apreensão da linguagem. Não temos o direito de ir além. Mas isso basta para nos advertir que o *eu* se constitui inicialmente numa experiência de linguagem, em referência ao *tu,* e isso, numa relação em que o outro lhe manifesta o quê? – ordens, desejos, que ela deve reconhecer, do seu pai, da sua mãe, dos seus educadores, ou dos seus pares e camaradas.

É claro que, no início, as chances são extremamente mínimas de que faça reconhecer seus desejos, se não da maneira mais imediata. Não sabemos nada, ao menos na origem, do ponto preciso de ressonância em que se situa, na ideia do pequeno sujeito, o indivíduo. É mesmo isso que o torna tão infeliz.

Como, aliás, faria ele reconhecer os seus desejos? Não sabe nada sobre eles. Digamos que temos todas as razões para pensar que não sabe nada. É o que nos mostra, a nós, analistas, a nossa experiência do adulto. O adulto, com efeito, tem de procurar seus desejos. Sem o que não teria necessidade de análise. O que nos indica suficientemente que está separado do que se relaciona ao seu eu, a saber, do que pode fazer reconhecer de si mesmo.

Eu digo – *não sabe nada.* Fórmula vaga, mas a análise nos ensina as coisas por etapas –, é aliás o que faz o interesse de seguir o progresso da obra de Freud. Esclareçamos agora essa fórmula.

O que é a ignorância? É uma noção certamente dialética, porque é somente na perspectiva da verdade que ela se constitui como tal. Se o sujeito não se coloca em referência com a verdade, não há ignorância. Se o sujeito não começa a se colocar a questão de saber o que é e o que não é, não há razão para que haja um verdadeiro e um falso, nem mesmo, para além, a realidade e a aparência.

Atenção. Começamos a estar em plena filosofia. Digamos que a ignorância se constitui de maneira polar em relação à posição virtual de uma verdade a atingir. É, pois, um estado do sujeito enquanto fala.

Na análise, a partir do momento em que engajamos o sujeito, implicitamente, numa pesquisa da verdade, começamos a constituir sua ignorância. Somos nós que criamos essa situação, e portanto essa ignorância. Quando dizemos que o eu nada sabe dos desejos do sujeito, é porque a elaboração da experiência no pensamento de Freud no-lo ensina. Essa ignorância não é, pois, uma pura e simples ignorância. É o que é expresso concretamente no processo da *Verneinung,* e que, no conjunto estático do sujeito, se chama desconhecimento.

Desconhecimento não é ignorância. O desconhecimento representa uma certa organização de afirmações e de negações, a que o sujeito está ligado. Não se conceberia, pois, sem um conhecimento correlativo. Se o sujeito pode desconhecer alguma coisa, é preciso que saiba em torno de que operou essa função. É preciso que haja atrás do seu desconhecimento um certo conhecimento do que há a desconhecer.

Consideremos um delirante, que vive no desconhecimento da morte de um dos seus próximos. Seria errado supor que ele o confunde com um vivente. Desconhece ou se recusa a reconhecer que está morto. Mas toda a atividade que desenvolve no seu comportamento indica que conhece que há alguma coisa que não quer reconhecer.

O que é, pois, esse desconhecimento implicado atrás da função do eu, que é essencialmente de conhecimento? Está aí o ponto por onde abordaremos a questão do eu. Está aí, talvez, a origem efetiva, concreta, de nossa experiência – somos levados a nos entregar, em presença do que é analisável, a uma operação de mântica, em outras palavras, de tradução, que visa a destrinchar, para além da linguagem do sujeito, ambígua no plano do conhecimento, uma verdade. Para avançarmos nesse registro, é preciso que nos perguntemos o que é o conhecimento que orienta e dirige o desconhecimento.

No animal, conhecimento é coaptação, coaptação imaginária. A estruturação do mundo em forma de *Umwelt* faz-se pela projeção de um certo número de relações, de *Gestalten,* que o organizam, e o especificam para cada animal.

Com efeito, os psicólogos do comportamento animal, os etologistas, definem como inatos no animal certos mecanismos de estruturação, certas vias de descarga. Seu mundo é o meio onde evolui, que tramam e separam no indistinto da realidade essas vias inicialmente preferenciais nas quais se engajam suas atividades comportamentais.

No homem, nada de semelhante. A anarquia das suas pulsões elementares nos é demonstrada pela experiência analítica. Seus comportamentos parciais, sua relação ao objeto – ao objeto libidinal –, estão submetidos a contingências diversas. A síntese fracassa.

O que é que corresponde, pois, no homem a esse conhecimento inato que é para o animal guia da vida?

É preciso isolar aqui a função que desempenha no homem a imagem do seu próprio corpo – sem deixar de notar que também no animal ela reveste uma extrema importância.

Faço aqui um pequeno salto porque suponho que já efetuamos juntos o encaminhamento.

Vocês sabem que a atitude da criança entre seis e 18 meses na presença de um espelho nos ensina sobre a relação fundamental à imagem do indivíduo humano. A jubilação da criança diante do espelho, durante todo esse período, pude mostrá-la a vocês o ano passado num filme do Sr. Gesell, que entretanto nunca tinha ouvido falar do meu estádio do espelho, e que nunca se colocou nenhuma questão de natureza analítica, peço-lhes que acreditem nisso. Isso só dá mais valor ao fato de que tenha isolado tão bem o momento significativo. Certo, não sublinha verdadeiramente o traço fundamental dele, que é o seu caráter exaltante. Porque o mais importante não é a aparição desse comportamento com seis meses, mas o seu declínio com 18 meses. Bruscamente, o comportamento muda por inteiro, como mostrei o ano passado, para não ser mais do que uma aparência, *Erscheinung,* uma experiência entre as outras, sobre as quais exercer uma atividade de controle e de jogo instrumental. Todos os signos tão manifestamente acentuados do período precedente desaparecem.

Para explicar o que se passa, referir-me-ei a um termo que certas leituras devem pelo menos ter tornado familiar a vocês, um desses termos que empregamos confusamente, mas que respondem, não obstante, em nós, a um esquema mental. Vocês sabem que, no momento do declínio do complexo de Édipo, produz-se o que chamamos *introjeção.*

Peço-lhes que não se precipitem em dar a esse termo uma significação muito definida. Digamos que se emprega quando se produz uma como que inversão – o que era fora se torna dentro, o que era o pai se torna o supereu. Algo se passa ao nível desse sujeito invisível, impensável, a que não se chama nunca como tal. Será ao nível do eu, do isso? É entre os dois. É por isso que o chamamos de superego.

Lançamo-nos então nessa quase-mitologia do especialista que é aquela em que o nosso espírito se gasta habitualmente. Afinal, são esquemas aceitáveis, vivemos sempre no meio de esquemas que são aceitáveis. Mas se perguntássemos a um psicanalista – *O Sr. acredita verdadeiramente que a criança come então o seu pai, que isso lhe entra no estômago e se torna o supereu?*

Operamos como se tudo isso fosse óbvio. Há maneiras inocentes de usar o termo introjeção, que vão longe. Suponhamos um etnólogo que nunca tivesse ouvido falar dessa merda de análise, e chegasse de repente aqui para ouvir o que se passa. Ele diria: – *Primitivos muito curiosos, esses analisados, que comem o seu analista pedacinho por pedacinho.*

Vejam, pois, o tratado de Baltasar Gracián, que considero um autor fundamental – os Srs. Nietzsche e La Rochefoucauld são pequenos ao lado de *Homme de cour* e do *Criticón.* No momento em que se acredita na comunhão, não há nenhuma razão para não pensar que se come o Cristo, e portanto o lobo delicado da sua orelha. Por que não fazer da comunhão uma comunhão *à la carte?* Isso, isso vai bem para aqueles que acreditam na transubstanciação. Mas para nós, analistas, preocupados com a ciência, e razoáveis? O que encontramos na pena do Sr. Stekel e de outros autores não é, afinal de contas, senão uma introjeção dosada do analista, e um observador de fora só poderia transpô-la para o plano místico da comunhão.

Está, ainda assim, muito longe do nosso pensamento real – desde que pensemos. Graças a Deus, não pensamos, é o que nos desculpa. Eis aí o grande erro de sempre – imaginar que os seres pensam o que dizem.

Não pensamos, mas não é uma razão para não tentar compreender por que se proferiram palavras tão manifestamente insensatas.

Retomemos. No momento em que desaparece, o estádio do espelho apresenta uma analogia com esse momento de báscula que se produz em certos momentos do desenvolvimento psíquico. Podemos constatá-lo nesses fenômenos de transitivismo em que se vê equivalerem-se, para a criança, sua ação e a do outro. Ela diz – *Francisco me bateu,* quando é ela que bateu em Francisco. Há aí um espelho instável entre a criança e o seu semelhante. Como explicar esses fenômenos?

Há um momento em que é pela mediação da imagem do outro que se produz na criança a assunção jubilatória de um domínio que ela não obteve ainda. Ora, esse domínio, o sujeito se mostra inteiramente capaz de assumi-lo no interior. Báscula.

Claro, só pode fazê-lo no estado de forma vazia. Essa forma, esse invólucro de domínio, é uma coisa tão certa que Freud, que aí chegou por vias muito diferentes das minhas, pelas vias da dinâmica do investimento libidinal, não pode se exprimir de outra forma – leiam *O Eu e o Isso*. Quando Freud fala do ego, não se trata de forma alguma de não sei o que de incisivo, de determinante, de imperativo, por onde ele se confundiria com o que se chamam, na Psicologia acadêmica, *instâncias superiores*. Freud sublinha que isso deve ter a maior relação com a superfície do corpo. Não se trata da superfície sensível, sensorial, impressionada, mas dessa superfície enquanto está refletida numa forma. Não há forma que não tenha superfície, uma forma é definida pela superfície – pela diferença no idêntico, quer dizer, a superfície.

A imagem da forma do outro é assumida pelo sujeito. Está situada no seu interior, essa superfície graças à qual se introduz na Psicologia humana a relação com o fora do dentro através de que o sujeito se sabe, se conhece como corpo.

É, aliás, a única diferença verdadeiramente fundamental entre a Psicologia humana e a Psicologia animal. O homem se sabe como corpo, quando não há afinal de contas nenhuma razão para que se saiba, porque ele está dentro. O animal também está dentro, mas não temos nenhuma razão para pensar que o representa para si.

É num movimento de báscula, de troca com o outro que o homem se apreende como corpo, forma vazia do corpo. Da mesma forma, tudo o que está então nele no estado de puro desejo, desejo originário, inconstituído e confuso, o que se exprime no vagido da criança – é invertido no outro que ele aprenderá a reconhecê-lo. Aprenderá, porque não aprendeu ainda, enquanto não colocamos em jogo a comunicação.

Essa anterioridade não é cronológica, mas lógica, e só fazemos aí uma dedução. Ela não é menos fundamental, porque nos permite distinguir os planos do simbólico, do imaginário e do real, sem os quais não se pode avançar na experiência analítica senão usando expressões que confinam à mística.

Antes que o desejo aprenda a se reconhecer – digamos agora a palavra – pelo símbolo, ele só é visto no outro.

Na origem, antes da linguagem, o desejo só existe no plano da relação imaginária do estado especular, projetado, alienado no outro. A tensão que ele provoca é então desprovida de saída. Quer dizer, não tem outra saída – Hegel no-lo ensina – senão a destruição do outro.

O desejo do sujeito só pode, nessa relação, se confirmar através de uma concorrência, de uma rivalidade absoluta com o outro, quanto ao objeto para o qual tende. E cada vez que nos aproximamos, num sujeito, dessa alienação primordial, se engendra a mais radical agressividade – o desejo do desaparecimento do outro enquanto suporte do desejo do sujeito.

Reencontramos aí o que o simples psicólogo pode observar do comportamento dos sujeitos. Santo Agostinho, por exemplo, assinala, numa frase que frequentemente repeti, esse ciúme devastador, desenfreado, que a criancinha experimenta em relação ao semelhante, e, principalmente, quando está apenas ao seio da sua mãe, quer dizer, ao objeto do desejo que é para ela essencial.

Está aí uma função central. A relação que existe entre o sujeito e o seu *Urbild,* o seu *Ideal-Ich,* por onde entra na função imaginária e aprende a se conhecer como forma, sempre pode bascular. Cada vez que o sujeito se apreende como forma e como eu, cada vez que se constitui no seu estatuto, na sua estatura, na sua estática, o seu desejo se projeta para fora. Donde se segue a impossibilidade de toda coexistência humana.

Mas, graças a Deus, o sujeito está no mundo do símbolo, quer dizer, num mundo de outros que falam. É por isso que seu desejo é suscetível da mediação do reconhecimento. Sem o que toda função humana só poderia esgotar-se na aspiração indefinida da destruição do outro como tal.

Inversamente, cada vez que, no fenômeno do outro, algo aparece que permite de novo ao sujeito re-projetar, re-completar, *nutrir,* como diz Freud em algum lugar, a imagem do *Ideal-Ich,* cada vez que se refaz de maneira analógica a assunção jubilatória do estádio do espelho, cada vez que o sujeito é cativado por um dos seus semelhantes, bem, o desejo volta no sujeito. Mas volta verbalizado.

Em outras palavras, cada vez que se produzem as identificações objetais do *Ideal-Ich,* aparece esse fenômeno para o qual eu lhes chamei a atenção desde o início, a *Verliebtheit.* A diferença entre a *Verliebtheit* e a transferência é que a *Verliebtheit* não se produz automaticamente – é preciso certas condições determinadas pela evolução do sujeito.

No artigo sobre *O Eu e o Isso* – que se lê mal, porque não se pensa senão no famoso esquema besta, com os estádios, a lentezinha, os lados, o negócio que entra e que ele chama o superego, que ideia fazer isso quando seguramente tinha outros esquemas – Freud escreve que o eu é feito da sucessão das suas identificações com os objetos amados que lhe permitiram tomar a sua forma. O eu é um objeto feito como uma cebola, poder-se-ia descascá-la, e se encontrariam as identificações sucessivas que o constituíram. Está escrito igualmente nos artigos de que falava há pouco.

A reversão perpétua do desejo à forma e da forma ao desejo, ou, em outras palavras, da consciência e do corpo, do desejo enquanto parcial ao objeto amado, em que o sujeito literalmente se perde, e ao qual se identifica, é o mecanismo fundamental em torno do qual gira tudo que se relaciona ao ego.

Devemos compreender bem que esse jogo, como tal, pega fogo, e chega à exterminação imediata, a partir do momento em que o sujeito é capaz de fazer algo. E, acreditem, ele é capaz muito depressa.

Essa menininha, de que lhes falei há pouco, e que não tem nada de especialmente feroz, num jardim de interior onde estava refugiada, se ligava muito tranquilamente, numa idade em que ainda apenas andava sobre os seus pés, em jogar uma pedra de bom tamanho no crânio de um camaradinha vizinho, que era aquele em torno do qual fazia suas primeiras identificações. O gesto de Caim não tem necessidade de uma completude motora muito grande para se realizar da maneira mais espontânea, devo mesmo dizer, mais triunfante. Não experimentava nenhum sentimento de culpabilidade – *Eu quebrar cabeça Francis.* Ela o formulava com segurança e tranquilidade. Nem por isso lhe prometo um futuro de criminosa. Manifestava somente a estrutura mais fundamental do ser humano no plano imaginário – destruir aquele que é a sede da alienação.

O que é que você queria dizer, Granoff?

3

DR. GRANOFF: – *Como compreender naquele momento a saída masoquista no estádio do espelho?*

Me dê tempo. Estou aqui para lhes explicar isso. Quando se começa a chamar a isso a saída masoquista, não se consegue encontrar mais nada.

A saída masoquista – não recuso nunca os relances, mesmo se devem interromper um pouco o meu desenvolvimento – não podemos compreendê-la sem a dimensão do simbólico. Ela se situa no ponto de junção entre o imaginário e o simbólico. É nesse ponto de junção que se situa, na sua forma estruturante, o que geralmente se chama o masoquismo primordial. É aí que é preciso situar também o que se chama instinto de morte, que é constituinte da posição fundamental do sujeito humano.

Não esqueçam que, quando Freud isolou o masoquismo primordial, ele o encarnou precisamente num jogo da infância. Ela tem 18 meses, precisamente, essa criança. Ela substitui, nos diz Freud, a tensão dolorosa engendrada pela experiência inevitável da presença e da ausência do objeto amado, por um jogo através do qual ela própria maneja a ausência e a presença enquanto tais e se compraz em comandá-las. Ela o faz por intermédio de um carretel na extremidade de um fio, que joga e traz de volta.

Dado que aqui não lanço, eu mesmo, uma dialética, mas que tento responder a Freud, elucidar os fundamentos do seu pensamento, acentuarei o que Freud não sublinha, mas que aí está patente – como sempre, sua observação permite completar a teorização. Esse jogo da bobina se acompanha de uma vocalização que é característica do que é o fundamento mesmo da linguagem do ponto de vista dos linguistas, e que, por si só, permite apreender o problema da língua, a saber, uma oposição simples.

O importante não é que a criança diga as palavras *Fort/Da*, o que, na sua língua materna, é *Longe/Aqui* – ela as pronuncia aliás de maneira aproximativa. É que há aí, desde a origem, uma primeira manifestação da linguagem. Nessa oposição fonemática, a criança transcende, introduz num plano simbólico o fenômeno da presença e da ausência. Torna-se mestre da coisa, na medida em que, justamente, a destrói.

Posto que lemos de tempos em tempos um pedaço de texto de Freud, pela primeira vez iremos a um texto de Jacques Lacan. Eu o reli recentemente, e achei que era compreensível. Mas é verdade que estava numa posição privilegiada.

Escrevi: – *São esses jogos de ocultação que Freud, numa intuição genial, produziu para o nosso olhar, para que neles reconhecêssemos que o momento em que o desejo se humaniza é também aquele em que a criança nasce para a linguagem. Podemos agora apreender que então o sujeito não domina somente a sua privação assumindo-a* – é o que diz Freud –, *mas que eleva seu desejo a uma potência segunda. Porque sua ação destrói o objeto que ela faz aparecer e desaparecer na provocação* – no sentido próprio da palavra, pela voz –, *na provocação antecipadora de sua ausência e de sua presença. Negativiza assim o campo de forças do desejo, para se tornar, a si mesma, seu próprio objeto. E esse objeto, tomando logo corpo no par simbólico de duas jaculações elementares, anuncia no sujeito a integração diacrônica da dicotomia dos fonemas* – isso quer dizer simplesmente que é a porta de entrada no que já existe, os fonemas compondo uma língua – *cuja linguagem existente oferece a estrutura sincrônica à sua assimilação; também já se engaja ele no sistema do discurso concreto do ambiente, reproduzindo mais ou menos aproximadamente no seu* Fort *e no seu* Da *os vocábulos que recebe desse ambiente* – assim, é de fora que recebe o Fort/Da – *é já na sua solidão que o desejo do homenzinho se tornou o desejo de um outro, de um alter ego, que o domina e cujo objeto do desejo é, daí por diante, a sua própria pena.*

Que a criança se enderece agora a um parceiro imaginário ou real, ela o verá obedecer igualmente à negatividade do seu discurso e seu apelo – porque não esqueçam que, quando diz *Fort,* é que o objeto está lá, e que quando diz *Da* o objeto está ausente – *e o seu apelo tendo por efeito fazê-lo se furtar, ela procurará numa afirmação banidora* – aprenderá muito cedo a força da recusa – *a provocação da volta que leva de novo seu objeto a esse desejo.*

Vocês veem aí que – desde antes da introdução do não, da recusa do outro, em que o sujeito aprende a constituir o que o Sr. Hyppolite nos mostrou outro dia – a negativização do simples apelo, a manifestação de um simples par de símbolos em face do fenômeno contrastado da presença e da ausência, quer dizer, a introdução do símbolo, inverte as posições. A ausência é evocada na presença, e a presença na ausência.

Isso parece uma banalidade, e parece ser óbvio. Mas ainda é preciso dizer e refletir sobre isso. Porque é na medida em que o símbolo permite essa inversão, quer dizer, anula a coisa existente, que ele abre o mundo da negatividade, o qual constitui, ao mesmo tempo, o discurso do sujeito humano e a realidade do seu mundo enquanto humano.

O masoquismo primordial deve ser situado em torno dessa primeira negativização, desse assassínio originário da coisa.

4

Uma palavrinha de conclusão.

Não fomos tão longe quanto eu teria esperado. Não obstante, pude fazê-los apreender que o desejo, alienado, é perpetuamente reintegrado de novo, reprojetando no exterior o *Ideal-Ich.* É assim que o desejo se verbaliza. Há aí um jogo de báscula entre duas relações invertidas. A relação especular do ego, que o sujeito assume e realiza, e a projeção, sempre pronta a ser renovada no *Ideal-Ich.*

A relação imaginária primordial dá o quadro fundamental de todo erotismo possível. É uma condição à qual deverá ser submetido o objeto de Eros enquanto tal. A relação objetal deve se submeter sempre ao quadro narcísico e se inscrever nele. Ela o transcende certamente, mas de maneira impossível de realizar no plano imaginário. É o que faz para o sujeito a necessidade do que chamarei amor.

É preciso a uma criatura alguma referência ao além da linguagem, a um pacto, a um engajamento que a constitui, para falar propriamente, como um outro, incluído num sistema geral, ou mais exatamente universal, dos símbolos inter-humanos. Não há amor funcionalmente realizável na comunidade humana, se não é por intermédio de um certo pacto, que, seja qual for a forma que toma, tende sempre a se isolar numa certa função, ao mesmo tempo no interior da linguagem e no exterior. É o que se chama função do sagrado, que está para além da relação imaginária. Voltaremos a isso.

Talvez eu vá um pouco depressa. Retenham isso, que o desejo nunca é reintegrado senão numa forma verbal, por nominação simbólica – está aí o que Freud chamou o *núcleo verbal* do ego.

Compreende-se por aí a técnica analítica. Soltam-se nela, com efeito, todas as amarras da relação falada, rompe-se a relação de cortesia, de respeito, de obediência ao outro. *Associação livre,* este termo define muito mal o de que se trata – são as amarras da conversa com o outro que procuramos cortar. A partir de então, o sujeito encontra-se numa certa mobilidade em relação a esse universo da linguagem no qual o engajamos. Enquanto acomoda seu desejo em presença do outro, produz-se no plano imaginário essa oscilação do espelho que permite a coisas imaginárias e reais que não têm o hábito de coexistir para o sujeito, reencontrarem-se numa certa simultaneidade, ou em certos contrastes.

Há aí uma relação essencialmente ambígua. O que é que tentamos mostrar, na análise, ao sujeito? Onde tentamos guiá-lo na palavra autêntica? Todas as nossas tentativas e diretivas têm por finalidade, no momento em que liberamos o discurso do sujeito, tirar-lhe toda função verdadeira da palavra – por que paradoxo chegaremos nós então a reencontrá-la? Essa via paradoxal consiste em extrair da linguagem a palavra. Qual será, por esse fato mesmo, o alcance dos fenômenos que se passarão no intervalo? Tal é o horizonte da questão que tento desenvolver diante de vocês.

Mostrar-lhes-ei, da próxima vez, o resultado dessa experiência de discurso desamarrado, a oscilação do espelho que permite o jogo de báscula entre O e O', no fim das análises conduzidas corretamente. Balint nos dá uma definição sensacional do que se obtém, de hábito, *no fim das raras análises que se podem considerar como terminadas* – é ele mesmo que se exprime assim. Balint é um dos raros que sabem o que dizem, e o que ele descreve do que acontece é bastante consternador, vocês verão. Ora, aí se trata da análise corretamente conduzida...

Por outro lado, há a análise tal como é geralmente praticada e a propósito da qual lhes mostrei que é incorreta. *Análise das resistências* é um título legítimo, mas não é uma prática, eu mostrarei a vocês, implicada nas premissas da análise.

5 de maio de 1954

XIV

As flutuações da libido

Agressividade ≠ agressão.
A palavra elefante.
As amarras da palavra.
Transferência e sugestão.
Freud e Dora.

Retomemos as coisas no ponto em que estávamos. Alguém poderia iniciar por uma questão?

Dr. Pujols: – O *senhor diz* o desejo do outro. *É o desejo que está no outro? Ou o desejo que eu tenho pelo outro? Para mim, não é a mesma coisa. No que o senhor disse da última vez, no fim, era o desejo que está no outro, e que o ego pode retomar destruindo o outro. Mas é ao mesmo tempo um desejo que tem pelo outro.*

1

Não é o fundamento, original, especular, da relação ao outro, enquanto se enraíza no imaginário?

A primeira alienação do desejo está ligada a esse fenômeno concreto. Se o jogo é valorizado para a criança, é porque constitui o plano de reflexão sobre o qual ela vê manifestar-se no outro uma atividade que antecipa a sua, pelo fato de que é, ainda que pouco, mais perfeita, mais bem dominada que a dela, a sua forma ideal. Esse primeiro objeto é, a partir de então, valorizado.

O pré-desenvolvimento da criança já mostra que o objeto humano difere fundamentalmente do objeto do animal. O objeto humano é originariamente mediatizado pela via da rivalidade, pela exacerbação da relação ao rival, pela relação de prestígio e de prestância. Já é uma relação da ordem da alienação porque é primeiro no rival que o sujeito se apreende como eu. A primeira noção da totalidade do corpo como inefável, vivido, o primeiro arroubo do apetite e do desejo passa no sujeito humano pela mediação de uma forma que primeiro ele vê projetada, exterior a ele, e isso, primeiro, no seu próprio reflexo.

Segunda coisa. O homem sabe que ele é um corpo – ainda que não o perceba nunca de maneira completa, porque está dentro, mas ele o sabe. Essa imagem é o anel, o gargalo, pelo qual o feixe confuso do desejo e das necessidades deverá passar para ser ele, quer dizer, para aceder à sua estrutura imaginária.

A fórmula *o desejo do homem é o desejo do outro* deve ser, como todas as fórmulas, manejada no seu lugar. Não é válida num único sentido. Vale no plano de que partimos, o da captação imaginária. Mas, como lhes disse no fim da última sessão, não se limita a isso. Se não, como o indiquei de maneira mítica, não haveria outra relação inter-humana possível que não essa mútua e radical intolerância à coexistência das consciências, como se exprime o Sr. Hegel – todo *outro* permanecendo essencialmente aquele que frustra o ser humano, não somente do seu objeto, mas da forma mesma do seu desejo.

Há aí entre os seres humanos uma relação destrutiva e mortal. Está aliás sempre aí, subjacente. O mito político do *struggle for life* pôde servir para inserir muitas coisas. Se o Sr. Darwin o forjou, é que ele fazia parte de uma nação de corsários, para quem o racismo era a indústria fundamental.

Na verdade, essa tese de sobrevivência das espécies mais fortes, tudo vai contra ela. É um mito que vai ao contrário das coisas. Tudo prova que há pontos de constância e de equilíbrio próprios a cada espécie, e que as espécies vivem numa forma de coordenação, mesmo de comedores a comidos. Isso não vai nunca a um radicalismo destrutor, o qual acabaria muito simplesmente na destruição da espécie comedora, que não teria mais nada a comer. A estreita intercoaptação que existe no plano da vida não se faz na luta até à morte.

É preciso aprofundar a noção de agressividade, de que fazemos um uso brutal. Acredita-se que a agressividade é a agressão. Isso nada tem a ver. É no limite, virtualmente, que a agressividade se resolve em agressão. Mas a agressão nada tem a ver com a realidade vital, é um ato existencial ligado a uma relação imaginária. Está aí uma chave que permite repensar muitos problemas, e não somente os nossos, num registro completamente diferente.

Tinha pedido a vocês que colocassem uma questão. Fizeram bem em colocá-la. Estão por isso satisfeitos? Parece-me que fomos mais longe da última vez.

O desejo é, no sujeito humano, realizado no outro, pelo outro – *no* outro, como vocês dizem. Está aí o segundo tempo, o tempo especular, o momento em que o sujeito integrou a forma do eu. Mas só pôde integrá-la após um primeiro jogo de báscula em que trocou justamente o seu eu por esse desejo que vê no outro. Desde então, o desejo do outro, que é o desejo do homem, entra na mediatização da linguagem. É no outro, pelo outro, que o desejo é nomeado. Entra na relação simbólica do *eu* e do *tu,* numa relação de reconhecimento recíproco e de transcendência, na ordem de uma lei já inteiramente pronta para incluir a história de cada indivíduo.

Eu lhes falei do *Fort* e do *Da.* É um exemplo da maneira pela qual a criança entra naturalmente nesse jogo. Começa a brincar com o objeto, mais exatamente, com o simples fato da sua presença e da sua ausência. É, pois, um objeto transformado, um objeto de função simbólica, um objeto desvitalizado, que já é um signo. É quando o objeto está lá que ela o manda embora, e quando não está lá que o chama. Por esses primeiros jogos, o objeto passa como que naturalmente para o plano da linguagem. O símbolo emerge, e torna-se mais importante que o objeto.

Já o repeti tantas vezes. Se vocês não põem isso na cabeça...

A palavra ou o conceito não é outra coisa para o ser humano do que a palavra na sua materialidade. É a coisa mesma. Isso não é simplesmente uma sombra, um sopro, uma ilusão virtual da coisa, é a coisa mesma.

Reflitam um instantinho sobre o real. É porque a palavra *elefante* existe na sua língua, e porque o elefante entra assim nas suas deliberações, que os homens puderam tomar em relação aos elefantes, antes mesmo de tocá-las, resoluções muito mais decisivas para esses paquidermes do que o que quer que lhes tenha acontecido na sua história – a travessia de um rio ou a esterilização natural de uma floresta. Só com a palavra *elefante* e a maneira pela qual os homens a usam, acontecem, aos elefantes, coisas, favoráveis ou desfavoráveis, fastas ou nefastas – de qualquer maneira, catastróficas – antes mesmo que se tenha começado a levantar em direção a eles um arco ou um fuzil.

Aliás, é claro, basta que eu fale deles, não há necessidade de que estejam aqui, para que estejam aqui, graças à palavra *elefante,* e mais reais do que os indivíduos – elefantes contingentes.

SR. HYPPOLITE: – *É lógica hegeliana.*

E será que por isso ela é atacável?

SR. HYPPOLITE: – *Não, ela não é atacável. Mannoni dizia há pouco que era política.*

O. MANNONI: – *É o lado pelo qual a política humana se insere. No sentido amplo. Se os homens não agem como os animais, é porque trocam o seu conhecimento pela linguagem. Em consequência, é política. A política relativamente aos elefantes é possível graças à palavra.*

SR. HYPPOLITE: – *Mas não somente. O próprio elefante é atingido. É isso, a lógica hegeliana.*

Tudo isso é pré-político. Quero simplesmente fazê-los tocar com o dedo a importância do nome.

Nós nos colocamos aí simplesmente no plano da nominação. Não há nem mesmo ainda sintaxe. Mas, enfim, essa sintaxe, é claro que nasce ao mesmo tempo. O elefante, já lhes assinalei, articula elementos taxiemas antes dos fonemas. O *se às vezes* aparece algumas vezes sozinho. Certo, isso não nos permite afirmar uma anterioridade lógica, porque só se trata, para falar propriamente, de uma emergência fenomenal.

Eu me resumo. À projeção da imagem, sucede constantemente a do desejo. Correlativamente, há re-introjeção da imagem e re-introjeção do desejo. Jogo de báscula, jogo em espelho. Evidentemente, essa articulação não se produz uma única vez. Ela se repete. E, ao longo desse ciclo, seus desejos são reintegrados, reassumidos pela criança.

Enfatizarei agora a maneira pela qual o plano simbólico se liga ao plano imaginário. Com efeito, como vocês veem, os desejos da criança passam inicialmente pelo outro especular. É aí que são aprovados ou reprovados, aceitos ou recusados. E é por aí que a criança faz o aprendizado da ordem simbólica e acede ao seu fundamento, que é a lei.

Isso também tem respondentes experimentais. Suzan Isaacs assinala num dos seus textos – e na escola de Koehler, também, se colocou isto em evidência – que muito precocemente, numa idade ainda *infans,* entre oito e 12 meses, a criança não reage absolutamente da mesma forma a uma batida acidental, a uma queda, a uma brutalidade mecânica ligada a uma falta de jeito e, por outro lado, a um tapa com intenção punitiva. Podemos distinguir aí, numa criancinha muito pequena, duas reações completamente diferentes desde antes do aparecimento exteriorizado da linguagem. É, pois, que a criança já tem uma primeira apreensão do simbolismo da linguagem. Do simbolismo da linguagem e da sua função de pacto.

Vamos agora tratar de apreender qual é, na análise, a função da palavra.

2

A palavra é essa roda de moinho por onde incessantemente o desejo humano se mediatiza, entrando no sistema da linguagem.

Coloco o registro da ordem simbólica em valor porque não deveríamos nunca perder a referência, quando ela é a mais esquecida e nos afastamos dela na análise. Porque, em suma, do que falamos nós de hábito? Aquilo de que falamos sem cessar, de maneira frequentemente confusa, apenas articulada, são relações imaginárias do sujeito à construção do seu eu. Falamos sem cessar dos perigos, dos choques, das crises que o sujeito experimenta ao nível da construção do seu eu. É por isso que comecei por lhes explicar a relação O-O', a relação imaginária ao outro.

A primeira emergência do objeto genital não é menos prematura do que tudo que se possa observar no desenvolvimento da criança, e ela fracassa. Só que a libido que se relaciona ao objeto genital não é do mesmo nível que a libido primitiva, cujo objeto é a própria imagem do sujeito. Está aí um fenômeno maior.

É na medida em que a criança aparece no mundo em estado prematuro, estruturalmente, de alto a baixo e de cabo a rabo, que tem uma relação libidinal primitiva à sua imagem. A libido que está aqui em causa é aquela cujas ressonâncias vocês conhecem, e que é da ordem da *Liebe,* do amor. É o grande *X* de toda a teoria analítica.

Vocês acreditam que é ir um pouco longe chamá-la o grande *X*? Não terei nenhuma dificuldade em lhes mostrar textos, e dos melhores analistas – porque não é indo procurar referências em gente que não sabe o que diz que se pode fazer uma demonstração. Encarregarei alguém de ler Balint. O que vem a ser esse amor genital pretensamente acabado? Isso permanece inteiramente problemático. A questão de saber se se trata de um processo natural ou de uma realização cultural não foi ainda, nos diz Balint textualmente, decidida pelos analistas. É uma ambiguidade bastante extraordinária, deixada no coração mesmo do que parece o mais abertamente recebido entre nós.

Seja como for, se a libido primitiva é relativa à prematuração, a libido segunda é de outra natureza. Vai além, responde a uma primeira maturação do desejo, senão do desenvolvimento vital. É pelo menos o que devemos supor para que a teoria se sustente e a experiência possa ser explicada. Há aí uma mudança total de nível na relação do ser humano à imagem, ao outro. É o ponto pivô do que se chama maturação, em torno do qual gira todo o drama edipiano. É o correlato instintivo do que no Édipo se passa no plano situacional.

O que é que se passa então? É na medida em que a libido primitiva chega à maturidade que, para empregar o último vocabulário freudiano, a relação à imagem narcísica passa para o plano da *Verliebtheit.* A imagem narcísica, cativante, alienante no plano imaginário, encontra-se investida da *Verliebtheit,* que se destaca fenomenologicamente do registro do amor.

Explicar as coisas assim, quer dizer que é de uma maturação interna ligada à evolução vital do sujeito que depende o preenchimento, e mesmo o transbordamento, da hiância primitiva da libido do sujeito imaturo. A libido pré-genital é o ponto sensível, o ponto de miragem entre Eros e Thánatos, entre o amor e o ódio. É a maneira mais simples de fazer compreender o papel crucial que desempenha a libido dita de-sexualizada do eu na possibilidade de reversão, de viragem instantânea do ódio em amor, do amor em ódio. É o problema que pareceu colocar a Freud o maior número de dificuldades a resolver – reportem-se ao seu escrito *Le Moi et le Soi.* No texto de que lhes falo, parece mesmo fazer dele uma objeção à teoria que coloca como distintos os instintos de morte e os instintos de vida. Acredito ao contrário que isso se ajusta perfeitamente – desde que tenhamos uma teoria correta da função imaginária do eu.

Se isso lhes pareceu muito difícil, posso dar-lhes imediatamente uma ilustração.

A reação agressiva à rivalidade edipiana está ligada a uma dessas mudanças de nível. O pai constitui inicialmente uma das figuras imaginárias mais manifestas do *Ideal-Ich,* como tal investido de uma *Vertiebtheil,* perfeitamente isolada, nomeada e descrita por Freud. É na medida em que há regressão da posição libidinal, que o sujeito atinge a fase edipiana, entre três e cinco anos. Aparece então o sentimento de agressão, de rivalidade e de ódio contra o pai. Uma pequena mudança do nível libidinal em relação a um certo limite, transforma o amor em ódio – isso oscila aliás durante certo tempo.

Retomemos agora as coisas no ponto em que as deixei da última vez.

Indiquei-lhes que a relação imaginária dá definitivamente os quadros nos quais se farão as flutuações libidinais. E deixei aberta a questão das funções simbólicas no tratamento. Que uso fazemos da linguagem e da palavra no tratamento? Há na relação analítica dois sujeitos ligados por um pacto. Esse pacto se estabelece em níveis muito diversos, e mesmo muito confusos na origem. Não é menos, essencialmente, um pacto. E fazemos tudo, por regras prévias, para estabelecer bem esse caráter no início.

No interior dessa relação, trata-se inicialmente de desfazer as amarras da palavra. No seu modo de falar, seu estilo, sua maneira de se endereçar ao seu alocutor, o sujeito é liberado dos laços, não somente da polidez, da cortesia, mas mesmo da coerência. Desfaz-se um certo número de amarras da palavra. Se considerarmos que há um laço estreito, permanente, entre a maneira pela qual um sujeito se exprime, se faz reconhecer, e a dinâmica efetiva, vivida, das suas relações de desejo, devemos ver que só isso introduz na relação de espelho ao outro uma certa desinserção, uma flutuação, uma possibilidade de oscilações.

Eis por que o meu modelinho existe.

Para o sujeito, a desinserção da sua relação ao outro faz variar, espelhar, oscilar, completa e descompleta a imagem do seu eu. Trata-se de que ele o perceba na sua completude, à qual nunca teve acesso, a fim de que possa reconhecer todas as etapas do seu desejo, todos os objetos que vieram trazer a essa imagem sua consistência, sua alimentação, sua encarnação. Trata-se de que o sujeito constitua, por retomadas e identificações sucessivas, a história do seu eu.

A relação falada, flutuante, com o analista tende a produzir na imagem de si variações bastante repetidas, bastante amplas, mesmo que sejam infinitesimais e limitadas, para que o sujeito perceba as imagens captadoras que estão no fundamento da constituição do seu eu.

Falei de pequenas oscilações. Não preciso por ora me estender sobre o que constitui sua pequenez. Há evidentemente freagem, paradas, que a técnica nos ensina a ultrapassar, a preencher, e mesmo, às vezes, a reconstruir, Freud deu indicações nesse sentido.

Uma semelhante técnica produz no sujeito uma relação de miragem imaginária consigo mesmo, para além do que o vivido cotidiano lhe permite obter. Tende a criar artificialmente, em miragem, a condição fundamental de toda *Verliebtheit*.

É a ruptura das amarras da palavra que permite ao sujeito ver, pelo menos sucessivamente, as diversas partes da sua imagem, e obter o que podemos chamar uma projeção narcísica máxima. A análise, a esse respeito, é bastante rudimentar ainda, porque consiste no início, é preciso dizê-lo, em soltar tudo, vendo o que isso vai produzir. As coisas teriam podido, poderiam ser levadas de outra forma – não é inconcebível. Seja como for, isso só pode tender a produzir ao máximo a revelação narcísica no plano imaginário. E é bem a condição fundamental da *Verliebtheit*.

O estado amoroso, quando se produz, é de maneira completamente diferente. É preciso aí uma coincidência surpreendente, porque não intervém para qualquer parceiro ou para qualquer imagem. Já fiz alusão às condições máximas do amor à primeira vista de Werther.

Na análise, o ponto em que se focaliza a identificação do sujeito ao nível da imagem narcísica, é o que se chama a transferência. A transferência, não no sentido dialético em que eu a explicava a vocês no caso de Dora, por exemplo, mas a transferência tal como a entendemos comumente enquanto fenômeno imaginário.

Vou lhes mostrar a que ponto agudo vai o manejo da transferência imaginária. Vai ao ponto de separação das águas na técnica.

Balint é um analista dos mais conscientes. A exposição do que faz é das mais lúcidas. É, ao mesmo tempo, um dos melhores exemplos da tendência na qual se engajou pouco a pouco toda a técnica analítica. Diz simplesmente de maneira mais coerente e mais aberta o que nos outros está entravado numa escolástica em que não se encontra mais nada. Bem, Balint diz exatamente isto – todo o progresso da análise consiste na tendência do sujeito a reencontrar o que chama o amor primário, *primary love.* O sujeito experimenta a necessidade de ser objeto do amor, dos cuidados, da afeição, do interesse de outro objeto, sem ter nenhuma consideração em relação às necessidades ou mesmo à existência desse objeto. É o que articula expressamente Balint, eu lhe sou grato por articulá-lo – isso não quer dizer que o aprove.

Colocar todo o jogo da análise num tal plano, sem nenhum corretivo, sem outro elemento, já parecerá surpreendente. Concepção entretanto bem na linha dessa evolução da análise que enfatiza, cada vez mais, as relações de dependência, as satisfações instintivas, e mesmo a frustração – o que é a mesma coisa.

Nessas condições, como descreve Balint, o que se observa no fim da análise, no fim de uma análise acabada, verdadeiramente terminada, como não há, segundo a sua própria confissão, mais do que um quarto? Produz-se no sujeito, diz ele literalmente, um estado de narcisismo que vai a uma exaltação sem freio dos desejos. O sujeito se embriaga com uma sensação de domínio absoluto da realidade, inteiramente ilusória, mas de que tem necessidade no período pós-terminal. Deve liberar-se dela recolocando progressivamente no lugar a natureza das coisas. Quanto à última sessão, não se passa sem, num e noutro parceiro, a maior vontade de chorar. É o que Balint escreve, e isso tem o valor de um testemunho extremamente precioso do que é a dianteira de toda uma tendência na análise.

Vocês não têm a impressão de que está aí um jogo extraordinariamente pouco satisfatório, um ideal utópico? – que seguramente nos decepciona em alguma coisa.

Uma certa maneira de compreender a análise, ou mais exatamente de não compreender certas molas essenciais dela, deve seguramente levar a semelhante concepção e a semelhantes resultados.

Deixo essa questão em suspenso por ora. Comentaremos mais tarde os textos de Balint.

3

Vou tomar agora um exemplo que já lhes é familiar porque voltei 20 vezes a ele – o caso de Dora.

O que se negligencia na análise é evidentemente a palavra como função de reconhecimento. A palavra é essa dimensão por onde o desejo do sujeito é autenticamente integrado no plano simbólico. É somente quando ele se formula, se nomeia diante do outro, que o desejo, seja ele qual for, é reconhecido no sentido pleno do termo. Não se trata da satisfação do desejo, nem de não sei que *primary love,* mas, exatamente, do reconhecimento do desejo.

Lembrem-se do que Freud faz com Dora. Dora é uma histérica, Freud naquele momento não conhece suficientemente – ele o escreveu, re-escreveu, repetiu em todo lugar em nota, e mesmo no texto – o que ele chama o *componente homossexual* – o que não quer dizer nada, mas enfim, é uma etiqueta. Disso resulta – ele não se apercebeu da posição de Dora, quer dizer, do que era o objeto de Dora. Não se apercebeu, para dizer logo tudo, de que em O', há para ela a Sra. K.

Como dirige Freud sua intervenção? Aborda Dora no plano do que ele próprio chama resistência. O que quer dizer isso? Eu já o expliquei a vocês. Freud faz intervir, é absolutamente manifesto, seu ego, a concepção que ele tem daquilo para que é feita uma menina – uma menina é feita para amar os meninos. Se há algo que não vai, que a atormenta, que está recalcado, só pode ser, aos olhos de Freud, isto – ela ama o Sr. K. E ela ama talvez um pouco Freud na mesma ocasião. Quando se entra nessa linha, é inteiramente evidente.

Freud, por certas razões que são igualmente ligadas ao seu ponto de partida errôneo, não interpreta nem mesmo a Dora as manifestações da sua pretensa transferência a seu respeito – o que pelo menos lhe evita de se enganar aqui. Simplesmente, fala a ela do Sr. K. O que quer dizer? – senão que lhe fala no nível da experiência dos outros. É a esse nível que o sujeito tem de reconhecer e fazer reconhecer os seus desejos. E se não são reconhecidos, eles são como tais interditos, e é ai que começa com efeito o recalque.

Bem, enquanto Dora ainda está nesse estado, em que, se é que posso dizer, aprendeu a não compreender nada, Freud intervém ao nível do reconhecimento do desejo, a um nível em todos os pontos homogêneo à experiência do reconhecimento caótico, e mesmo abortado, que já fez a sua vida.

Freud está aí, dizendo a Dora – *A senhora ama o Sr. K.* Acontece que, além disso, o diz de forma bastante desajeitada para que Dora cesse imediatamente. Se naquele momento tivesse sido iniciado no que se chama análise das resistências, teria feito com que ela o degustasse por bocadinhos, teria começado a lhe ensinar que tal e tal coisa eram nela uma defesa, e, à força, ter-lhe-ia retirado, com efeito, toda uma série de pequenas defesas. Teria assim exercido, para falar propriamente, uma ação sugestiva, quer dizer, teria introduzido no seu ego um elemento, uma motivação suplementar.

Freud escreveu em algum lugar que a transferência é isso. E de certa maneira, tem razão, é isso. Somente, é preciso saber em que nível. Porque ele teria podido progressivamente mudar suficientemente o ego de Dora para que ela fizesse um casamento – tão infeliz quanto qualquer outro – com o Sr. K.

Se a análise, ao contrário, tivesse sido conduzida corretamente, o que é que deveria ter acontecido? O que é que teria acontecido se, ao invés de fazer intervir sua palavra em O', quer dizer, colocar em jogo seu próprio ego com a finalidade de enformar, de modelar o de Dora, Freud lhe tivesse mostrado que era a Sra. K que ela amava?

Com efeito, Freud intervém no momento em que, no jogo de báscula, o desejo de Dora está em O', em que ela deseja a Sra. K. Toda a história de Dora está nessa oscilação em que ela não sabe se não ama senão a si mesma, sua imagem exaltada na Sra. K, ou se deseja a Sra. K. É muito precisamente porque essa oscilação se produz sem cessar, porque essa báscula é perpétua, que Dora não sai disso.

É no momento em que o desejo está em O' que Freud deve nomeá-lo, porque, naquele momento, ele pode se realizar. Se a intervenção é suficientemente repetida e completa, a *Verliebtheit,* que é desconhecida, quebrada, continuamente refratada como uma imagem na água que não se consegue pegar, pode realizar-se. Nesse ponto, Dora poderia reconhecer seu desejo, o objeto do seu amor, como sendo efetivamente a Sra. K.

Está aí uma ilustração do que lhes dizia há pouco – se Freud tivesse revelado a Dora que ela se enamorara da Sra. K, ela ter-seia enamorado efetivamente. É essa a finalidade da análise? Não, é somente a sua primeira etapa. E, se vocês a deixaram escapar, ou vocês quebram a análise, como Freud, ou então fazem outra coisa, uma ortopedia do ego. Mas não fazem uma análise.

A análise, concebida como um processo de descascar, de pelagem dos sistemas de defesa, não tem nenhuma razão de não funcionar. É o que os analistas chamam *encontrar na parte sã do ego um aliado.* Chegam com efeito a puxar para o seu lado a metade do ego do sujeito, depois a metade da metade etc. E por que isso não funcionaria com o analista, já que é assim que se constitui o ego na existência? Todavia, trata-se de saber se é isso que Freud nos ensinou.

Freud nos mostrou que a palavra deve ser encarnada na própria história do sujeito. Se o sujeito não a encarnou, se essa palavra é amordaçada e se encontra latente nos sintomas do sujeito, devemos nós entregá-la, como a Bela Adormecida no bosque, ou não?

Se não devemos entregá-la, façamos então uma análise do tipo análise das resistências. Mas não é isso que Freud quis dizer quando falou, na origem, de analisar as resistências. Veremos qual é o sentido legítimo que é preciso dar a essa expressão.

Se Freud tivesse intervindo, permitindo ao sujeito nomear seu desejo – porque não era necessário que ele próprio o nomeasse para ele – ter-se produzido, em O', o estado de *Verliebtheit.* Mas não se deve omitir que o sujeito teria sabido muito bem que era Freud que tinha lhe dado esse objeto de *Verliebtheit.* Não é aí que termina o processo.

Quando essa báscula se fez, pela qual o sujeito, ao mesmo tempo que a sua palavra, reintegra a palavra do analista, um reconhecimento lhe é permitido do seu desejo. Isso não se produz numa única vez. É porque o sujeito vê essa completude tão preciosa, que se aproxima, que ele segue em frente nessas nuvens como numa miragem. E é na medida em que ele reconquista o seu *Ideal-Ich* que Freud pode então tomar o seu lugar ao nível do *Ich-Ideal*.

Vamos ficar aí por hoje.

A relação do analista e do *Ich-Ideal* coloca a questão do supereu. Vocês sabem aliás que o *Ich-Ideal* é tomado às vezes como sinônimo do supereu.

Eu escolhi galgar a montanha. Teria podido tomar o atalho que desce e colocar imediatamente a questão – o que é que é o supereu? Só chegamos aí agora. Porque a resposta parece evidente, mas não é. Até o presente, todas as analogias que foram feitas, as referências ao imperativo categórico, à consciência moral, são extremamente confusas. Mas deixemos as coisas por aí.

A primeira fase da análise é feita da passagem de O para O' – daquilo que, do eu, é desconhecido para o sujeito a essa imagem em que reconhece os seus investimentos imaginários. Cada vez, essa imagem que se projeta, desperta para o sujeito o sentimento da exaltação sem freio, do controle de todas as saídas, que já está dado na origem na experiência do espelho. Mas aqui, pode nomeá-la, porque desde então aprendeu a falar. Senão, não estaria em análise.

Está aí uma primeira etapa. Apresenta uma analogia muito forte com o ponto em que nos deixa o Sr. Balint. O que é esse narcisismo sem freio, essa exaltação dos desejos? – senão o ponto que teria podido atingir Dora. Vamos deixá-la aí, nessa contemplação? Em algum lugar na observação, vemo-la arruinada em contemplação diante desse quadro – a imagem da Madona diante da qual um homem e uma mulher estão em adoração.

Como devemos conceber a sequência do processo? Para dar o passo seguinte, será preciso aprofundar a função do *Ideal-Ich* de que vocês veem que o analista ocupa o lugar um tempo, na medida em que faz a sua intervenção no ponto certo, no bom momento, no bom lugar.

O próximo capítulo dirá, pois, respeito ao manejo da transferência. Eu o deixo aberto.

12 de maio de 1954

XV

O núcleo do recalque

Nomear o desejo.
A Prägung *do trauma.*
O esquecimento do esquecimento.
O sujeito na ciência.
O supereu, enunciado discordante.

À medida que avançamos neste ano, que começa a tomar forma de ano ao se engajar na rampa do seu declínio, é uma satisfação para mim ter tido o testemunho, pelas questões que me foram colocadas, de que alguns de vocês começam a compreender que, no que estou lhes ensinando, trata-se do todo da Psicanálise, do sentido mesmo da ação de vocês. Aqueles de que falo, são os que compreenderam que é unicamente a partir do sentido da análise que se pode enunciar uma regra técnica.

No que soletro pouco a pouco diante de vocês, tudo não aparece ainda absolutamente claro. Mas vocês não duvidam que não se trata aqui de nada menos do que de uma tomada de posição fundamental sobre a natureza da Psicanálise, que animará a ação de vocês em seguida, porque transforma sua compreensão do lugar existencial da experiência analítica e dos seus fins.

1

Da última vez, tentei imajar para vocês esse processo que se faz sempre intervir de maneira enigmática na análise e que se chama em inglês *working-through.* Traduz-se em francês, com dificuldade, por *élaboration,* ou *travail.* É essa dimensão, na primeira abordagem misteriosa, que faz com que nos seja preciso, com o paciente, *recolocar cem vezes nosso trabalho no tear,*[14] para que certos progressos, franqueamentos subjetivos, sejam realizados.

O que se encarna no movimento de moinho que exprimem essa duas flechas, de O a O', e de O' a O, nesse jogo de vaivém, é o espelhamento do aquém ao além do espelho por onde passa a imagem do sujeito. Trata-se, no curso da análise, da sua compleição. Ao mesmo tempo, o sujeito reintegra o seu desejo. E cada vez que um novo passo é dado na compleição dessa imagem, é na forma de uma tensão particularmente aguda que o sujeito vê o seu desejo surgir em si mesmo. Esse movimento não para numa única revolução. Há tantas revoluções quantas necessárias para que as diferentes fases da identificação imaginária, narcísica, especular – essas três palavras são equivalentes na maneira de representar as coisas em teoria – deem uma imagem no ponto.

Isso não esgota o fenômeno, porque também nada é concebível, sem a intervenção desse terceiro elemento, que introduzi da última vez – a palavra do sujeito.

Naquele momento, o desejo é, pelo sujeito, sentido – não pode sê-lo sem a conjunção da palavra. E é um momento de pura angústia, e nada mais. O desejo emerge numa confrontação com a imagem. Quando essa imagem, que tinha sido descompletada, se completa, quando a face imaginária que estava não integrada, reprimida, recalcada, surge, então a angústia aparece. É o ponto fecundo.

Certos autores quiseram precisá-lo. Strachey tentou cercar o que chama a interpretação da transferência, e mais precisamente, a interpretação mutatista. Vejam o tomo XV do *International Journal of Psychoanalysis,* ano 1934, números 2 e 3. Ele sublinha com efeito que é somente num momento preciso da análise que a interpretação pode ter valor de progresso. As ocasiões não são frequentes, e não se podem apreender de maneira apenas aproximada. Não é em torno, nem ao redor, nem antes, nem depois, mas no momento preciso em que o que está pronto para eclodir no imaginário está ao mesmo tempo ali na relação verbal com o analista, que a interpretação deve ser dada para que o seu valor decisivo, a sua função mutatista possa se exercer.

O que quer dizer? – senão que é o momento em que o imaginário e o real da situação analítica se confundem. É o que estou lhes explicando. O desejo do sujeito está ali, na situação, ao mesmo tempo presente e inexprimível. Nomeá-lo, no dizer de Strachey, é ao que deve se limitar a intervenção do analista. É o único ponto em que a sua palavra tenha de se acrescentar à que fomenta o paciente durante o seu longo monólogo, moinho de palavras, cujo movimento das flechas sobre o esquema justificaria suficientemente bem a metáfora.

Para ilustrá-lo a vocês, lembrei-lhes, da última vez, a função das interpretações de Freud no caso Dora, o seu caráter inadequado e o bloqueio que resultava disso, o muro mental. Ali tratava-se somente de um primeiro tempo da descoberta freudiana. É preciso segui-la mais adiante. Alguns entre vocês assistiram, há dois anos, ao meu comentário do *Homem dos Lobos*?... não muitos. Gostaria que um daqueles – o Padre Beirnaert? – se divertisse relendo esse texto de Freud. Verão o quanto o esquema que lhes dou é explicativo.

O homem dos lobos apresenta o que se chamaria hoje uma neurose de caráter, ou ainda, uma neurose narcísica. Como tal, essa neurose oferece uma grande resistência ao tratamento. Freud escolheu, deliberadamente, nos apresentar uma parte dele. Com efeito, a neurose infantil – é o título do *Homem dos Lobos* na edição alemã – era-lhe então de grande utilidade para colocar certas questões da sua teoria quanto à função do traumatismo.

Estamos então em 1913, portanto no coração do período dos anos 1910 a 1920, que constituem o objeto do nosso comentário este ano.

O *Homem dos Lobos* é indispensável à compreensão do que Freud elabora naquele momento, seja a teoria do traumatismo, então abalada pelas observações obstinadas de Jung. Há nessa observação muitas coisas que Freud não nos dá em nenhum outro lugar, e certamente não nos seus escritos puramente teóricos, há ali complementos essenciais à sua teoria do recalque.

Lembrarei a vocês, de início, que o recalque está, no caso do homem dos lobos, ligado a uma experiência traumática que é a do espetáculo de uma copulação entre os pais numa posição *a tergo.* Essa cena nunca pôde ser diretamente evocada, rememorada pelo paciente, e ela é reconstruída por Freud. A posição copulatória só pôde ser restituída a partir das consequências traumáticas sobre o comportamento atual do sujeito.

Há aí, certamente, reconstruções históricas pacientes, inteiramente surpreendentes. Freud procede aqui como com monumentos, documentos de arquivos, pela via da crítica e da exegese de textos. Se um elemento aparece em algum lugar de maneira elaborada, é certo que o ponto em que aparece menos elaborado é anterior. Freud chega assim a situar a data da copulação em questão. Ele a situa sem equívoco, com um rigor absoluto, numa data definida por *n + 1/2 ano.* Ora, o *n* não pode ser superior a 1, porque a coisa não pode ser produzida com 2 anos e meio por certas razões que somos forçados a admitir, que dizem respeito às consequências sobre o jovem sujeito dessa revelação espetacular. Não está excluído que tenha acontecido aos seis meses, mas Freud afasta essa data porque isso lhe parece, no ponto em que está então, um pouco violento. Gostaria de observar, de passagem, que ele não exclui que tenha acontecido aos 6 meses. E, na verdade, eu também não excluo. Devo dizer que estaria antes propenso a acreditar que é a boa data, mais que a de um ano e meio. Eu lhes direi talvez por que, daqui a pouco.

Voltemos ao essencial. O valor traumático da efração imaginária produzida por esse espetáculo, não deve, de modo algum, ser situado logo após o evento. A cena adquire valor traumático para o sujeito entre a idade de 3 anos e 3 meses e 4 anos. Temos a data precisa porque o sujeito nasceu, coincidência decisiva aliás na sua história, no dia de Natal. É na espera dos eventos de Natal, sempre acompanhados para ele, como para todas as crianças, da entrega de presentes que devem vir de um ser que desce, que ele tem, pela primeira vez, o sonho de angústia que é o pivô dessa observação. Este sonho de angústia é a primeira manifestação do valor traumático do que chamei há pouco a efração imaginária. É, para tomar emprestado um termo à teoria dos instintos tal como foi elaborada nos nossos dias, de uma forma certamente mais desenvolvida do que na época de Freud, especialmente para os pássaros, a *Prägung* – este termo traz consigo ressonâncias de *cunhagem,* cunhagem de uma moeda – a *Prägung* do evento traumático originativo.

Essa *Prägung* – Freud no-lo explica da maneira mais clara – situa-se inicialmente num inconsciente não recalcado – precisaremos mais tarde essa expressão aproximativa. Digamos que a *Prägung* não foi integrada ao sistema verbalizado do sujeito, que ela nem mesmo atingiu a verbalização, e nem mesmo, pode-se dizer, a significação. Essa *Prägung,* estritamente limitada ao domínio do imaginário, ressurge ao longo do progresso do sujeito num mundo simbólico cada vez mais organizado. É isso que Freud nos explica ao nos contar toda a história do sujeito, tal como ela se depreende então das suas declarações, entre o momento original *x* e esta idade de 4 anos, em que ele situa o recalque.

O recalque só ocorreu na medida em que os eventos dos anos precoces do sujeito são historicamente muito movimentados. Não posso lhes contar toda a história – sua sedução pela irmã mais velha, mais viril do que ele, objeto também de rivalidade e de identificação –, seu recuo e sua recusa diante dessa sedução, de que, nessa idade precoce, não tem nem os móveis, nem os elementos – depois, sua tentativa de aproximação e de sedução ativa da governanta, a famosa Nania, sedução normativamente dirigida no sentido de uma evolução genital primária edipiana, mas entrada falsificada pela primeira sedução cativante da irmã. Do terreno em que ele se engaja, o sujeito é, pois, empurrado para posições sadomasoquistas, de que Freud nos dá o registro e todos os elementos.

Indico-lhes agora dois pontos de referência.

Inicialmente, é da introdução do sujeito na dialética simbólica que todas as saídas, as saídas mais favoráveis, podem ser esperadas. O mundo simbólico não cessará, aliás, de exercer sua atração diretiva em toda a sequência do desenvolvimento desse sujeito porque, como vocês sabem, haverá mais tarde momentos de solução feliz, na medida em que intervirão em sua vida elementos que ensinam, para falar propriamente. Toda a dialética da rivalidade, passivante para ele, com o pai, será, em certo momento, inteiramente distendida pela intervenção de personagens carregadas de prestígio, tal ou tal professor, ou, anteriormente, pela introdução do registro religioso. O que Freud nos mostra, pois, é isto – é na medida em que o drama subjetivo é integrado num mito que tem um valor humano extenso, e mesmo universal, que o sujeito se realiza.

Por outro lado, o que é que se passa durante esse período, entre três anos, um mês e quatro anos? – senão que o sujeito aprende a integrar os eventos de sua vida numa lei, num campo de significações simbólicas, num campo humano universalizante de significações. É por isso que, pelo menos nessa data, essa *neurose infantil* é exatamente a mesma coisa que uma Psicanálise. Desempenha o mesmo papel que uma Psicanálise, a saber, realiza a reintegração do passado, e coloca em função no jogo dos símbolos a própria *Prägung,* que ali só é atingida no limite, por um jogo retroativo, *nachträglich,* escreve Freud.

Na medida em que, pelo jogo dos eventos, ela se encontra integrada, em forma de símbolo, em história, a cunhagem vem a estar muito próxima de surgir. Depois, quando surge, com efeito, exatamente dois anos e meio após ter intervindo na vida do sujeito – e talvez, segundo o que lhes disse, três anos e meio após – toma no plano imaginário o seu valor de trauma, por causa da forma particularmente perturbadora para o sujeito da primeira integração simbólica.

O trauma, enquanto tem ação recalcante, intervém *só depois, nachträglich.* Naquele momento, algo se destaca do sujeito no próprio mundo simbólico que ele começa a integrar. Daí por diante, aquilo não será mais algo do sujeito. O sujeito não o falará mais, não o integrará mais. Não obstante, ficará lá, em alguma parte, falado, se é que se pode dizer, por algo de que o sujeito não tem o controle. Será o primeiro núcleo do que chamaremos, em seguida, os seu sintomas.

Em outros termos, entre esse momento da análise que lhes descrevi, e o momento intermediário, entre a cunhagem e o recalque simbólico, não há nenhuma diferença essencial.

Há apenas uma diferença: é que, naquele momento, ninguém está lá para lhe dar a palavra. O recalque começa, depois de ter constituído o seu primeiro núcleo. Há agora um ponto central em torno do qual poderão se organizar, em seguida, os sintomas, os recalques sucessivos, e ao mesmo tempo – porque o recalque e a volta do recalcado, são a mesma coisa – a volta do recalcado.

2

Não os surpreende que a volta do recalcado e o recalque sejam a mesma coisa?

Dr. X – *Oh, nada mais me surpreende.*

Há pessoas a quem isso surpreende. Embora X nos diga que a ele nada mais surpreende.

O. Mannoni: – *Isso elimina a noção que se encontra, às vezes, do recalque bem-sucedido.*

Não, isso não a elimina. Para explicar a você, seria preciso entrar em toda a dialética do esquecimento. Toda integração simbólica bem-sucedida comporta uma espécie de esquecimento normal. Mas isso nos levaria bem longe da dialética freudiana.

O. Mannoni: – *Um esquecimento sem volta do recalcado, então?*

Sim, sem volta do recalcado. A integração na história comporta evidentemente o esquecimento de um mundo inteiro de sombras que não são levadas à existência simbólica. E se essa existência simbólica é bem-sucedida e plenamente assumida pelo sujeito, não deixa nenhum peso atrás dela. Seria preciso fazer intervir então noções heideggerianas. Há em toda entrada do ser na sua habitação de palavras uma margem de esquecimento, uma λήθη complementar de toda ἀλήθεια.

SR. HYPPOLITE: – *É o termo* bem-sucedido *que não compreendo na fórmula de Mannoni.*

É uma expressão de terapeuta. O recalque bem-sucedido é essencial.

SR. HYPPOLITE: – Bem-sucedido *poderia querer dizer o esquecimento mais fundamental.*

É disso que eu falo.

SR. HYPPOLITE: – *Este* bem-sucedido *quer dizer então, em certos sentidos, o que há de mais fracassado. Para chegar a que o ser seja integrado, é preciso que o homem esqueça o essencial. Este* bem-sucedido *é um* fracassado. *Heidegger não aceitaria a palavra* bem-sucedido. Bem-sucedido *só se pode dizer de um ponto de vista de terapeuta.*

É um ponto de vista de terapeuta. Não obstante, essa margem de erro que há em toda realização do ser é sempre, parece, reservada por Heidegger a uma espécie de λήθη fundamental de sombra da verdade.

SR. HYPPOLITE: – *O sucesso do terapeuta é, para Heidegger, o que há de pior. É o esquecimento do esquecimento. A autenticidade heideggeriana é não soçobrar no esquecimento do esquecimento.*

Sim, porque Heidegger fez uma espécie de lei filosófica dessa volta às fontes do ser.

Retomemos a questão. Em que medida um esquecimento do esquecimento pode ser bem-sucedido? Em que medida toda análise deve desembocar na volta ao ser? Ou em certo recuo no ser, tomado pelo sujeito em relação ao seu próprio destino? Já que pego sempre a bola no pulo, vou avançar um pouco as questões que poderiam ser colocadas. Se o sujeito parte do ponto O, ponto de confusão e de inocência, aonde irá a dialética da reintegração simbólica do desejo? Basta simplesmente que o sujeito nomeie seus desejos, que tenha permissão de nomeá-los, para que a análise esteja terminada? Eis aí a questão que vou talvez me colocar no fim desta sessão. Vocês verão também que não fico por aí.

No fim, bem no fim da análise, após ter realizado um certo número de circuitos e efetuado a completa reintegração da sua história, estará o sujeito sempre em O? Ou então, um pouco mais por ali, perto de A? Em outros termos, sobra algo do sujeito ao nível desse ponto de enviscamento que se chama o seu ego? Será que a análise só tem a ver com o que se considera como um dado, isto é, o ego do sujeito, estrutura interna que se poderia aperfeiçoar pelo exercício?

É por aí que um Balint e toda uma tendência na análise chegam a pensar que, ou bem o ego é forte, ou bem é fraco. E, se é fraco, são levados, pela lógica interna da sua posição, a pensar que é preciso reforçá-lo. A partir do momento em que se toma o ego pelo simples exercício pelo sujeito do domínio de si mesmo, no momento da hierarquia das funções nervosas, se está diretamente engajado na via em que se trata de lhe ensinar a ser forte. Donde a noção de uma educação pelo exercício, de um *learning*, e mesmo, como escreve um espírito tão lúcido quanto Balint, do desempenho.

A propósito do reforço do ego ao longo da análise, Balint não chega a nada menos do que observar o quanto o eu é aperfeiçoável. Há somente alguns anos, diz ele, o que em tal exercício ou esporte era considerado como o recorde do mundo é agora apenas bom para qualificar um atleta médio. É, pois, que o eu humano, quando se coloca em concorrência consigo mesmo, chega a desempenhos cada vez mais extraordinários. Pelo que se é levado a deduzir – não temos nenhuma prova, e não sem razão – que um exercício como o da análise poderia estruturar o eu, introduzir nas suas funções um aprendizado que o reforçaria e o tornaria capaz de tolerar uma soma maior de excitação.

Mas, no que a análise – um jogo verbal – poderia servir ao que quer que seja no gênero dessa aprendizagem?

O fato fundamental que nos traz a análise, e que estou lhes ensinando, é que o ego é uma função imaginária. Se nos cegamos para esse fato, caímos nessa via em que, nos dias de hoje, toda análise ou quase, se engaja no mesmo passo.

Se o ego é uma função imaginária, não se confunde com o sujeito. O que é que chamamos um sujeito? Muito precisamente o que, no desenvolvimento da objetivação, está fora do objeto.

Pode-se dizer que o ideal da ciência é reduzir o objeto ao que se pode fechar e atar num sistema de interação de forças. O objeto, no final das contas, nunca é tal senão para a ciência. E não há nunca senão um único sujeito – o cientista que olha o conjunto e espera um dia reduzir tudo a um jogo determinado de símbolos que envolvem todas as interações entre objetos. Somente quando se trata de seres organizados, o cientista é sempre forçado a supor que há ação. Um ser organizado, pode-se certamente considerá-lo como um objeto, mas, enquanto se lhe supõe um valor de organismo, conserva-se, ainda que implicitamente, a noção de que é um sujeito.

Durante a análise, por exemplo, de um comportamento instintivo, pode-se negligenciar por certo tempo a posição subjetiva. Mas essa posição não pode absolutamente ser negligenciada quando se trata do sujeito que fala. O sujeito que fala, devemos admiti-lo forçosamente como sujeito. E por quê? Por uma simples razão, porque ele é capaz de mentir. Quer dizer que ele é distinto do que diz.

Bem, a dimensão do sujeito que fala, do sujeito que fala enquanto enganador, é o que Freud descobre para nós no inconsciente.

Na ciência, o sujeito não é finalmente mantido a não ser no plano da consciência, porque o sujeito na ciência é no fundo o cientista. É aquele que possui o sistema da ciência que mantém a dimensão do sujeito. É o sujeito, na medida em que é o reflexo, o espelho, o suporte do mundo objetal. Freud, pelo contrário, mostra-nos que há no sujeito humano algo que fala, que fala no pleno sentido da palavra, quer dizer, algo que mente, em conhecimento de causa, e independentemente do que traz a consciência. É – no sentido evidente, imposto, experimental, do termo – reintegrar a dimensão do sujeito.

Ao mesmo tempo, essa dimensão não se confunde mais com o ego. O eu é destituído da sua posição absoluta no sujeito. O eu assume estatuto de miragem, como o resto, não é mais do que um elemento das relações objetais do sujeito.

Percebem?

Eis por que notei de passagem o que introduzia Mannoni. Coloca-se, com efeito, a questão de saber se, na análise, se trata apenas de alargar as objetivações correlativas do ego, considerado como um centro inteiro dado, porém mais ou menos encolhido – é assim que se exprime a Sra. Anna Freud. Quando Freud escreve: – *Lá onde o isso estava, o ego deve estar* – será preciso, pois, compreender que se trata de alargar o campo da consciência? Ou se trata de um deslocamento? *Lá onde o isso estava* – não acreditem que ele está lá. Está em muitos lugares. Por exemplo, no meu esquema, o sujeito olha o jogo do espelho em A. Por um instante, identifiquemos o isso ao sujeito. Será preciso compreender que lá onde o isso estava, em A, o ego deve estar? Que o ego deve se deslocar em A e, no fim dos fins de uma análise ideal, não estar mais de modo algum lá?

É bem concebível, porque tudo o que é do ego deve ser realizado no que o sujeito reconhece de si mesmo. É em todo o caso a questão à qual eu os introduzo. Espero que isso lhes indique suficientemente bem a direção que sigo. Não está esgotado.

Seja como for, no ponto a que cheguei com a observação sobre o *Homem dos Lobos,* penso que vocês veem a utilidade do esquema. Ele unifica, conforme a melhor tradição analítica, a formação original do sintoma, a significação do próprio recalque, com o que acontece no movimento analítico, considerado como processo dialético, pelo menos no seu início.

Com essa simples amostra, deixarei ao Reverendo Padre Beirnaert o cuidado de tomar seu tempo para reler a observação do *Homem dos Lobos,* fazer um dia um resuminho, e mesmo colocar em valor certas questões quando tiver juntado os elementos que lhes trago sobre esse texto.

3

Já que ficaremos por aqui a propósito do *Homem dos Lobos,* quero avançar um pouquinho na compreensão do que é, na análise, o procedimento terapêutico, a mola da ação terapêutica. Precisamente, o que significa a nominação, o reconhecimento do desejo, no ponto a que chegou, em O? Será que tudo deve parar por aí? Ou será que um passo adiante é exigível?

Vou tentar fazer vocês entenderem o sentido dessa questão. Há uma função absolutamente essencial no processo de integração simbólica da sua história pelo sujeito, uma função em relação à qual, todo o mundo o observou há muito tempo, o analista ocupa uma posição significativa. A essa função chamamos o supereu. É impossível compreender alguma coisa disto se não nos reportarmos às suas origens. O supereu apareceu inicialmente na história da teoria freudiana sob a forma da censura. Teria podido também há pouco ilustrar logo a observação que lhes fiz, dizendo-lhes que, desde a origem, estamos, com o sintoma e também com todas as funções inconscientes da vida cotidiana, na dimensão da palavra. A censura tem a missão de enganar por meio da mentira. E não é por acaso que Freud escolheu o termo censura. Trata-se aí de uma instância que cinde o mundo simbólico do sujeito, corta-o em dois, numa parte acessível, reconhecida, e numa parte inacessível, interditada. É essa noção que reencontramos, apenas transformada, com quase o mesmo acento, no registro do supereu.

Vou logo acentuar o que opõe a noção de supereu, tal como lembro a vocês uma das suas faces, à que se usa comumente.

Comumente, o supereu é sempre pensado no registro de uma tensão, e é por pouco que essa tensão não é levada a referências puramente instintivas, como o masoquismo primordial por exemplo. Essa concepção não é estranha a Freud. Freud vai mesmo mais longe. No artigo *Das Ich und das Es,* afirma que, quanto mais o sujeito reprime os seus instintos, isto é, se quisermos, quanto mais a sua conduta é moral, mais o supereu exagera a sua pressão, mais se torna severo, exigente, imperioso. É uma observação clínica que não é universalmente verdadeira. Mas Freud se deixa então levar pelo seu objeto, que é a neurose. Chega até a considerar o supereu como um desses produtos tóxicos que, pela sua atividade vital, desprenderiam outras substâncias tóxicas que colocariam fim, nas condições dadas, ao ciclo da sua reprodução. É levar as coisas muito longe. Mas reencontramos essa ideia, implícita, em toda uma concepção que reina na análise a respeito do supereu.

Em oposição a essa concepção, convém formular isso. De maneira geral, o inconsciente é, no sujeito, uma cisão do sistema simbólico, uma imitação, uma alienação induzida pelo sistema simbólico. O supereu é uma cisão análoga, que se produz no sistema simbólico integrado pelo sujeito. Esse mundo simbólico não é limitado ao sujeito, porque se realiza numa língua que é a língua comum, o sistema simbólico universal, na medida em que estabelece o seu império sobre uma certa comunidade à qual pertence o sujeito. O supereu é essa cisão enquanto se produz para o sujeito – mas não somente para ele – nas suas relações com o que chamaremos a lei.

Vou ilustrar isso com um exemplo, porque vocês estão tão pouco habituados a esse registro pelo que lhes é ensinado em análise, que vão acreditar que ultrapasso seus limites. Não é nada disso.

É um dos meus pacientes. Já tinha feito uma análise com alguma outra pessoa antes de recorrer a mim. Tinha sintomas bem singulares no domínio das atividades da mão, órgão significativo para atividades divertidas sobre as quais a análise lançou vivas luzes. Uma análise, conduzida segundo a linha clássica, tinha-se empenhado, sem sucesso, em organizar a todo o custo seus diferentes sintomas em torno da, é claro, masturbação infantil, e das interdições e repressões que ela teria provocado no seu meio. Essas interdições existiram, porque existem sempre. Infelizmente, isso não havia explicado nada, nem resolvido nada.

Esse sujeito era – não se pode dissimular esse elemento da sua história, embora seja sempre delicado trazer casos particulares num ensino – da religião islâmica. Mas um dos elementos mais chocantes da história do seu desenvolvimento subjetivo era o seu afastamento, a sua aversão em relação à lei do Alcorão. Ora, essa lei é algo infinitamente mais total do que podemos supor na nossa área cultural, que foi definida pelo *Dê a César o que é de César, e a Deus o que é de Deus.* Na área islâmica, ao contrário, a lei tem um caráter totalitário que não permite absolutamente isolar o plano jurídico do plano religioso.

Havia, pois, nesse sujeito um desconhecimento da lei do Alcorão. Num sujeito pertencente pelos seus ascendentes, suas funções, seu futuro, a essa área cultural, era algo que me tocou de passagem, em função da ideia que acredito bastante sã, de que não se poderia desconhecer a filiação simbólica de um sujeito. Isso nos levou diretamente àquilo de que se tratava.

Com efeito; a lei do Alcorão traz isso, a respeito da pessoa que se tornou culpada de roubo – *Cortar-se-á a mão.*

Ora, o sujeito tinha, durante sua infância, caído no meio de um turbilhão, privado e público, que consiste mais ou menos nisso, que tinha ouvido dizer – e era todo um drama, o seu pai sendo um funcionário e tendo perdido seu lugar – que seu pai era um ladrão e que devia então ter a mão cortada.

Claro, há muito tempo que a prescrição não é mais executada – não mais do que a das leis de Manu, *o que cometeu incesto com a mãe arrancará os genitais e, levando-os na sua mão, ir-se-á em direção ao Oeste.* Mas nem por isso fica menos inscrita na ordem simbólica que funda as relações inter-humanas, e que se chama lei.

Esse enunciado foi, pois, para este sujeito, isolado do resto da lei de maneira privilegiada. E passou aos seus sintomas. O resto das referências simbólicas do meu paciente, desses arcanos primitivos em torno dos quais se organizam para tal sujeito suas relações mais fundamentais ao universo do símbolo, foi afetado de decadência em razão da prevalência particular que tomou para ele essa prescrição. Ela está, nele, no centro de toda uma série de expressões inconscientes sintomáticas, inadmissíveis, conflituais, ligadas a essa experiência fundamental da sua infância.

No progresso da análise, como lhes mostrei, é na aproximação dos elementos traumáticos – fundados numa imagem que nunca foi integrada – que se produzem os buracos, os pontos de fratura, na unificação, na síntese, da história do sujeito. Indiquei-lhes que é a partir desses buracos que o sujeito pode se reagrupar nas diferentes determinações simbólicas que fazem dele um sujeito que tem uma história. Bem, igualmente para todo ser humano, é na relação à lei à qual ele se liga que se situa tudo o que lhe pode acontecer de pessoal. Sua história é unificada pela lei, pelo seu universo simbólico, que não é o mesmo para todos.

A tradição e a linguagem diversificam a referência do sujeito. Um enunciado discordante, ignorado na lei, um enunciado promovido ao primeiro plano por um evento traumático, que reduz a lei a uma ponta cujo caráter é inadmissível, inintegrável – eis o que é essa instância cega, repetitiva, que definimos habitualmente pelo termo supereu.

Espero que essa pequena observação tenha sido suficientemente chocante, para dar a vocês a ideia de uma dimensão em direção à qual a reflexão dos analistas não vai com frequência, mas que não chegam a ignorar completamente. Todos os analistas, com efeito, testemunham que não há nenhuma resolução possível de uma análise, seja qual for a diversidade, a cintilação dos eventos arcaicos que põe em jogo, que não venha se ligar no fim em torno dessa coordenada legal, legalizante, que se chama o complexo de Édipo.

O complexo de Édipo é tão essencial à dimensão mesma da experiência analítica, que a sua preeminência aparece desde o início da obra de Freud e foi mantida até o fim. É que o complexo de Édipo ocupa uma posição privilegiada, na etapa atual da nossa cultura, na civilização ocidental.

Aludi há pouco à divisão em vários planos do registro da lei na nossa área cultural. Deus sabe que a multiplicidade dos planos não é o que torna a vida fácil ao indivíduo, porque incessantemente conflitos os opõem. À medida que as diferentes linguagens de uma civilização se complexicam, sua ligação com as formas mais primitivas da lei se reduz a este ponto essencial – é a teoria freudiana estrita – que é o complexo de Édipo. É o que ressoa, na vida individual, do registro da lei, como se vê nas neuroses. É o mais constante ponto de intersecção, o que é o mínimo exigível.

Não é dizer que é o único e que seria sair do campo da Psicanálise referir-se ao conjunto do mundo simbólico do sujeito, que pode ser extraordinariamente complexo, e mesmo antinômico, e à sua posição pessoal, que é função do seu nível social, do seu futuro, dos seus projetos, no sentido existencial do termo, da sua educação, da sua tradição.

Não estamos de modo algum livres dos problemas que colocam as relações do desejo do sujeito – que se produz ali, no ponto O –

com o conjunto do sistema simbólico no qual o sujeito é chamado, no sentido pleno do termo, a ocupar o seu lugar. O fato de que a estrutura do complexo de Édipo seja sempre exigível, nem por isso nos dispensa de nos apercebermos de que outras estruturas do mesmo nível, do plano da lei, podem desempenhar, num caso determinado, um papel igualmente decisivo. É o que encontramos neste último caso clínico.

Uma vez realizado o número de voltas necessárias para que os objetos do sujeito apareçam, e sua história imaginária seja completada, uma vez que os desejos sucessivos, tensionários, suspensos, angustiantes do sujeito estejam nomeados e reintegrados, nem por isso tudo está acabado. O que esteve inicialmente lá, em O, depois aqui, em O', depois de novo em O, deve ir se reportar no sistema completado dos símbolos. A saída mesma da análise o exige.

Onde deve parar esse reenvio? Será que deveríamos levar a intervenção analítica até diálogos fundamentais sobre a justiça e a coragem, na grande tradição dialética?

É uma questão. Não é fácil de resolver, porque, na verdade, o homem contemporâneo se tornou singularmente inábil para abordar esses grandes temas. Prefere resolver as coisas em termos de conduta, de adaptação, de moral de grupo e outras banalidades. Donde a gravidade do problema que coloca a formação humana do analista.

Deixarei vocês aí por hoje.

19 de maio de 1954

Os Impasses de Michaël Balint

XVI

Primeiras intervenções sobre Balint

Teoria do amor.
Definição do caráter.
A objetivação.

É muito bonito dizer que teoria e técnica são a mesma coisa. Então, aproveitemo-nos disso. Procuremos compreender a técnica de cada um, quando suas ideias teóricas são suficientemente articuladas para nos permitir presumir alguma coisa sobre ela.

Somente as ideias teóricas levadas adiante por certo número de espíritos, mesmo belos espíritos, nem por isso são utilizáveis. Os que manejam os conceitos nem sempre sabem muito bem o que dizem. Em certos casos, ao contrário, tem-se o vivo sentimento de que os conceitos exprimem algo da experiência. E este é o caso do nosso amigo Balint.

Quis escolher o suporte de alguém que, por muitos lados, nos é próximo e mesmo simpático, e que manifesta incontestavelmente orientações que convergem com certas exigências que formulamos aqui sobre o que deve ser a relação intersubjetiva na análise. Ao mesmo tempo, a maneira pela qual se exprime nos dá o sentimento de que ele sofre a influência do pensamento dominante.

Para tornar-lhes sensível o que chamarei certo desvio atual em relação à experiência analítica fundamental à qual não cesso de me referir, seria muito fácil escolher pessoas grosseiras, e mesmo delirantes. É lá onde são sutis, e onde testemunham menos uma aberração radical do que uma certa maneira de mancar o fim, que é preciso pegá-las.

Quis fazer sobre isso a prova do que deve ser o alcance de um ensino, a saber, que seja seguido. É nisso que confiei em Granoff, de quem tenho o testemunho de que é um dos que estão mais interessados na via em que tento conduzi-los, para nos comunicar hoje o que terá podido recolher na leitura do livro de Balint que se chama *Primary Love and Psycho-analytic Technics.*

Segundo o seu próprio testemunho, Balint começou sua carreira por volta de 1920. Esse livro recolhe os artigos escritos entre 1930 e 1950. É um livro muito interessante, extraordinariamente agradável de ler, claro, lúcido, frequentemente audacioso, cheio de humor. Será do interesse de vocês manejá-lo – quando tiverem tempo, porque é um livro de férias, como um prêmio de fim de ano. Deem-no a vocês mesmos, porque a nossa *Sociedade* não está suficientemente rica este ano para distribuí-lo.

1

Interrupções ao longo da exposição do Dr. Granoff.

A oposição se faz entre dois modos de amor. Há inicialmente o modo pré-genital. Todo um artigo, intitulado *Pregenital love,* está centrado na noção de que se trata de um amor para o qual o objeto não tem absolutamente nenhum interesse em si mesmo. *Absolute unselfishness* – o sujeito não lhe reconhece nenhuma exigência, nenhuma necessidade própria. Tudo o que é bom para mim é *right* para você – tal é a fórmula implícita que exprime a conduta do sujeito. O *primary love,* estado posterior, é sempre caracterizado como a rejeição de toda realidade, a recusa em reconhecer as exigências do parceiro. É o que o opõe ao *genital love.* Vocês verão que eu trarei a essa concepção objeções maciças, que lhes mostrarão que ela dissipa literalmente tudo que a análise trouxe.

Você tem razão, Granoff, em indicar que a concepção de Balint se centra numa teoria do amor mais do que normativa, moralizante. Com justeza, você coloca em relevo que ele desemboca nessa questão – o que consideramos como normal será um estado natural ou um resultado cultural, artificial, e mesmo o que ele chama *a happy chance,* um acaso feliz? E, mais adiante, ele pergunta – o que é que podemos chamar saúde, quando do término da análise? A cura analítica é um processo natural ou artificial? Existem no espírito processos que, se não são parados, perturbados, conduzirão o desenvolvimento para um equilíbrio? A saúde será, ao contrário, um acaso feliz, um evento improvável? A propósito disso, nota Balint, a ambiguidade no coração analítico é total. O que pode fazer pensar que a questão não está bem colocada.

....

Você não coloca suficientemente em relevo a definição balintiana do caráter, entretanto, bastante interessante.

O caráter controla as relações do homem aos seus objetos. O caráter significa sempre uma limitação mais ou menos extensiva das possibilidades de amor e de ódio. Portanto, o caráter significa limitação da capacidade *for love and enjoyment,* para o amor e para a alegria. A dimensão da alegria, que vai muito longe, ultrapassa a categoria do gozo de um modo que seria preciso destacar. A alegria comporta uma plenitude subjetiva que mereceria desenvolvimento.

Se o artigo não fosse de 1932, eu diria que lhe devemos a difusão de certo ideal moral puritano. Há na Hungria tradições históricas protestantes, que têm ramificações históricas precisas com a história do protestantismo na Inglaterra. Assim, vê-se uma convergência singular do pensamento desse aluno de Ferenczi, conduzido por seu mestre nas pegadas que os faço seguir hoje, com o seu destino, que finalmente o integrou tão bem à comunidade inglesa.

O caráter é para ele preferível na sua forma forte, a que implica todas essas limitações. O *weak character* é alguém que se deixa ultrapassar. Inútil acrescentar que resulta disso uma ambiguidade total entre o que ele chama análise de caráter, e o que não hesita em aventurar no mesmo contexto, o caráter lógico. Não parece ver que se trata aí de caracteres inteiramente diferentes – de um lado, o caráter é a reação ao desenvolvimento libidinal do sujeito, a trama na qual esse desenvolvimento é tomado e limitado, e, do outro, trata-se de elementos inatos que, para os caracterologistas, dividem os indivíduos em classes, que são constitucionais.

Balint pensa que a experiência analítica nos dará mais sobre isso. Sou bastante levado, quanto a mim, a pensá-lo, mas desde que se perceba que a análise pode modificar profundamente o caráter.

....

Você coloca muito justamente em relevo essa observação de Balint, de que, a partir de 1938-1940, todo um vocabulário desaparece dos artigos analíticos, enquanto se afirma a orientação que centra a psicanálise nas relações de objeto. Esse vocabulário é aquele cuja conotação, diz Balint, é *muito libidinal* – o termo *sádico,* por exemplo, desaparece.

Essa confissão é muito significativa. É exatamente disso que se trata, do puritanismo crescente da atmosfera analítica.

....

Balint se dá bem conta de que deve haver algo que existe entre dois sujeitos. Como lhe falta completamente o aparelho conceptual para introduzir a relação intersubjetiva, é levado a falar de *two bodies' psychology.* Acredita sair assim da *one body's psychlogy.* Mas é evidente que a *two bodies' psychology* é ainda uma relação de objeto a objeto.

Teoricamente, não seria grave, se isso não tivesse consequências técnicas na troca concreta, terapêutica, com o sujeito. É que, de fato, não é uma relação de objeto a objeto. Balint está, como você disse muito bem há pouco, *petrificado numa relação dual, e negando-a.* Não se poderia encontrar fórmula mais feliz, e eu o felicito por isso, para dizer de que forma nos exprimimos de hábito para explicar a situação analítica.

Todo conhecimento, para avançar, deve objetivar as partes que são objetiváveis. Como progride uma análise? – senão pelas intervenções que impedem o sujeito a se objetivar, a se tomar, ele mesmo, por objeto.

Balint objetiva o sujeito, mas em outro sentido. Propõe o que chamarei um recurso em apelo ao real, que não é senão um apagamento, por desconhecimento, como você o disse há pouco, do registro simbólico. Esse registro, com efeito, desaparece completamente na relação de objeto, e ao mesmo tempo o registro imaginário também. É por isso que os objetos tomam um valor absoluto.

Balint nos diz como operar – *criar uma atmosfera, a sua própria atmosfera, uma atmosfera conveniente.* É tudo que tem a dizer. É extraordinariamente incerto, isso hesita no bordo do indizível, e ele faz então intervir a realidade, o que chama o evento. Evidentemente, a análise justamente não é feita para que nos joguemos no colo do nosso paciente, e ele no nosso. A limitação dos meios do analista coloca o problema de saber em que plano se passa a sua ação. Balint é levado a recorrer ao despertar de todos os registros do real.

O real, não é por nada que ele está sempre no plano de fundo e que eu nunca o designo para vocês diretamente no que comentamos aqui. Está justamente, para falar com propriedade, excluído. E Balint, não mais que qualquer outro, não o fará voltar. Mas é aí que ele apela. Fracasso teórico que corresponde a esse desvio na técnica.

2

É tarde, agora. Não quero ultrapassar quinze para as duas. Acredito que se possa dar a Granoff uma boa nota. Realizou inteiramente o que eu esperava dele, e lhes apresentou muito bem o conjunto dos problemas colocados por esse livro de Balint, o seu livro único, e que resulta das suas meditações ao mesmo tempo que da sua carreira.

Um certo número de questões pode depreender-se daí para vocês. Eu as retomarei da próxima vez. O que quero colocar em relevo aqui é o artigo de que você não falou, *Transference of Emotions*, de 1933. São as emoções que são transferidas? Um título como esse não parece escandalizar ninguém.

Não era um artigo especialmente destinado aos analistas, ele se endereça também, em parte, àqueles que não o são, para fazer apreender o fenômeno da transferência que, diz ele, implica muito desconhecimento, e que o conjunto do mundo científico naquele momento reconhece menos bem do que o fenômeno da resistência. Ele dá alguns exemplos. Vocês verão, é muito divertido.

Partirei desse buraco deixado no centro da exposição de Granoff para esclarecer de novo o resto. Pelo fato de que em Balint falta uma justa definição do símbolo, este está forçosamente em todo lugar.

Nesse mesmo artigo, diz-nos que a interpretação, pelos analistas, de sua experiência, é naturalmente uma psicologia, ou uma caracterologia do próprio psicanalista. Não sou eu, pois, que o digo, é ele quem o faz observar. O próprio autor nos dá o testemunho de que é preciso fazer a psicanálise do analista teórico para situar certas tendências atuais da teoria como da técnica.

Até quarta-feira próxima.

26 de maio de 1954

XVII

Relação de objeto e relação intersubjetiva

Balint e Ferenczi.
A satisfação da necessidade.
O mapa do Terno[15].
A intersubjetividade nas perversões.
A análise sartriana.

Vejamos, pois, essa concepção que chamamos de Balint, que se relaciona de fato a uma tradição muito particular, a que se pode dizer húngara na medida em que foi dominada incidentalmente pela personalidade de Ferenczi. Teremos seguramente de tocar por mil pequenas facetas anedóticas nas relações de Ferenczi e de Freud. É muito divertido.

Ferenczi foi um pouco considerado antes de 1930 como o menino levado da Psicanálise. Em relação ao conjunto dos analistas, ele preservava uma grande liberdade de ação. A sua maneira de colocar as questões não participava da preocupação de se exprimir pelo que era, já nessa época, *ortodoxo.* Introduziu assim, muitas vezes seguidas, questões que podem se agrupar em torno da expressão *psicanálise ativa* – e quando se diz isso, que é chave, acredita-se que se compreendeu alguma coisa.

Ferenczi começou a se interrogar sobre o papel que deveriam desempenhar, em tal momento da análise, inicialmente a iniciativa do analista, o seu ser em seguida. É preciso ver em que termos, e não qualificar de ativa toda espécie de intervenção. Por exemplo, vocês ouviram colocar ontem à noite a questão das interdições a propósito do caso que nos foi trazido pelo Dr. Morgan. Está aí uma questão, como lembrei ontem à noite, que já é evocada nos *Escritos técnicos* de Freud. Freud sempre admitiu como perfeitamente evidente que, em certos casos, é preciso saber intervir ativamente colocando interdições – *A sua análise não pode continuar se você se entregar a tal atividade que, saturando em alguma medida a situação, esteriliza no sentido próprio do termo o que pode se passar na análise.*

Partindo de onde estamos, voltando na história a partir de Balint, trataremos de ver o que quer dizer em Ferenczi a noção de psicanálise ativa, cuja introdução é levada a seu crédito.

Assinalo de passagem que Ferenczi, no curso de sua vida, mudou muitas vezes de posição. Voltou atrás sobre certas tentativas suas, declarando que a experiência as tinha mostrado excessivas, pouco frutíferas, e mesmo nocivas.

Balint pertence, pois, a essa tradição húngara que desabrocha em torno das questões colocadas pela relação entre o paciente e o analista, concebida como uma situação inter-humana que implica pessoas e que, por esse motivo comporta certa reciprocidade. Essas questões se enunciam hoje em termos de transferência e contratransferência.

Poderíamos considerar terminada em torno de 1930 a influência pessoal de Ferenczi. Em seguida, é a dos seus alunos que se manifesta.

Balint situa-se nesse período que se estende de 1930 aos nossos dias e que é caracterizado por um aumento progressivo na análise da noção de relação de objeto. Acredito que está aí o ponto central da concepção de Balint, da sua mulher, e dos seus colaboradores que se interessaram pela psicologia dos animais. É o que se manifesta num livro que, embora seja apenas uma compilação de artigos bastante borboleteantes, disparatados, estendendo-se por um período de 20 anos, se caracteriza entretanto por uma notável unidade, que se pode depreender.

1

Suponho dada a volta na questão, porque a exposição de Granoff permitiu que vocês situassem, na sua massa, os problemas que Balint coloca. Partamos, pois, da relação de objeto. Ela está no coração de todos os problemas, vocês verão.

Vamos imediatamente ao nó. O centro perspectivo de Balint na elaboração da noção de relação de objeto é isto – a relação de objeto é a que conjuga a uma necessidade um objeto que a satisfaz.

Na sua concepção, um objeto é antes de tudo um objeto de satisfação. Isso não nos pode surpreender, porque a experiência analítica se desloca na ordem das relações libidinais, na ordem do desejo. Quer isso dizer que definir o objeto, na experiência humana, como o que satura uma necessidade é um ponto de partida válido, a partir do qual poderemos desenvolver, agrupar e explicar o que a experiência nos ensina encontrar-se na análise?

A relação de objeto fundamental satisfaz para Balint o que se pode chamar a forma plena, a forma típica. Ela lhe é dada de maneira típica no que chama *primary love, amor primário,* a saber, as relações da criança com a mãe. O artigo essencial sobre esse ponto é "Mother's Love and Love for the Mother", de Alice Balint. Segundo esta, o próprio da relação da criança à mãe é que a mãe enquanto tal satisfaz todas as necessidades da criança. Isso não quer dizer, é claro, que sempre se realiza. Mas é estrutural à situação da criança humana.

Todo o pano de fundo animal está implicado aqui. O homenzinho é, como o animalzinho durante um certo tempo, coaptado a esse companheirismo materno que satura qualquer necessidade primitiva, por ocasião dos primeiros passos que dá no mundo da vida. Mas ele o é muito mais do que qualquer outro, em razão do atraso do seu desenvolvimento. Vocês sabem que se pode dizer que o ser humano nasce com traços fetalizados, quer dizer, que resultam de um nascimento prematuro. Balint apenas toca nesse ponto, e à margem. Mas o nota, tem boas razões para isso.

Seja como for, a relação criança-mãe é para ele tão fundamental que chega a dizer que, se ela se realiza de maneira feliz, só por acidente pode haver perturbação nela. Esse acidente pode ser a regra, isso não muda nada, é um acidente relativo à relação considerada no seu caráter essencial. Se há satisfação, o que é o desejo dessa relação primária, o *primary love,* não tem nem mesmo de aparecer. Nada aparece. Tudo que disso se manifesta é, pois, simplesmente um obstáculo à situação fundamental, relação a dois, fechada.

Não posso me atrasar, mas devo dizer que o artigo de Alice Balint desenvolve essa concepção até suas consequências heroicas. Sigamos seu raciocínio.

Para a criança, tudo que é bom para ela, vindo da mãe, é natural. Nada implica a autonomia desse parceiro, nada implica que seja um outro sujeito. A necessidade exige. E tudo, na relação de objeto, se orienta de si para a satisfação da necessidade. Se há assim harmonia preestabelecida, fechamento da primeira relação de objeto do ser humano, tendência a uma satisfação perfeita, a rigor deve ser estritamente a mesma coisa do outro lado, do lado da mãe. Seu amor pelo seu rebento tem exatamente o mesmo caráter de harmonia preestabelecida no plano primitivo da necessidade. Nela também, os cuidados, o contato, o aleitamento, tudo que a liga animalmente ao seu rebento satisfaz uma necessidade, complementar da primeira.

Alice Balint se obriga, pois, a provar – e está aí a extremidade heroica de sua demonstração – que a necessidade materna comporta exatamente os mesmos limites que toda necessidade vital, a saber, que *quando não se tem mais nada a dar, então toma-se.* Um elemento dos mais demonstrativos que ela traz é que, em tal sociedade dita primitiva – este termo faz menos alusão à estrutura social ou comunitária dessas sociedades do que ao fato de elas serem muito mais abertas a crises terríveis no plano vital da necessidade, quer se trate de esquimós ou de tribos errantes num estado miserável através dos desertos australianos –, quando não há mais nada a se colocar na boca, come-se o filho. Isso faz parte do mesmo sistema, está no registro da satisfação vital, não há nenhuma hiância entre nutrir e comer – pertencemos inteiramente a ele, mas, no mesmo ato, ele nos pertence inteiramente. Por isso, quando não há mais meio de encontrar outra saída, ele pode muito bem ser ingurgitado. A absorção faz parte das relações interanimais, das relações de objeto. Em tempo normal, a criança se nutre de sua mãe, absorve-a na medida em que pode. A recíproca é verdadeira. Quando a mãe não pode fazer outra coisa, ela a enfia no bucho.

Balint vai muito longe nos detalhes etnográficos extraordinariamente sugestivos. Não sei se são exatos – é preciso desconfiar sempre dos relatos que vêm de longe. Não obstante, os etnógrafos contam que, em períodos de miséria, quando das fomes atrozes que fazem parte do ritmo de populações isoladas, deixadas em estados muito primitivos, em certas tribos da Austrália, por exemplo, as mulheres em estado de gestação são capazes, com a notável destreza que caracteriza certos comportamentos primitivos, de abortar para se alimentar do objeto da gestação, assim prematuramente posto no mundo.

Em resumo, a relação mãe-criança é aí apresentada como o ponto de partida de uma complementaridade do desejo. Há coaptação direta dos desejos, que se encaixam, se envolvem um no outro. As discordâncias, as hiâncias, nunca são senão acidentes.

Essa definição, ponto de partida e pivô da concepção balintiana, está em contradição num ponto essencial com a tradição analítica, sobre o desenvolvimento dos instintos. Com efeito, a definição da relação criança-mãe opõe-se a que se admita um estado primitivo, dito de autoerotismo, que admitem entretanto, em toda uma parte, os textos de Freud, ainda que não sem nuanças – nuanças muito importantes, que deixam sempre a coisa numa certa ambiguidade.

Na concepção vienense, clássica, do desenvolvimento libidinal, há uma etapa em que o sujeito infantil só conhece sua própria necessidade, no sentido de que não tem relação com o objeto que o satisfaz. Só conhece suas sensações, e reage no plano estímulo-resposta. Não há para ele relação primária predeterminada, só há o sentimento do seu prazer ou do seu não prazer. O mundo é mundo de sensações. E essas sensações dominam, governam o seu desenvolvimento. Não temos de levar em conta sua relação a um objeto, porque nenhum objeto existe ainda para ele.

É essa tese clássica – que Bergler expõe no seu artigo "Earliest Stages", publicado no *International Journal* de 1937, p.416 – que tornava o meio vienense particularmente impermeável ao que começava a surgir no meio inglês. Ela valorizava o que se desenvolveu em seguida na teoria kleiniana, a saber, a ideia dos elementos traumáticos primeiros, ligados à noção de bom e de mau objeto, de projeções e de introjeções primitivas.

Quais são as consequências da concepção balintiana da relação de objeto? Inicialmente, coloquemos isso – é claro que Balint e aqueles que o seguem vão no sentido de uma verdade. Quem pode negar seriamente, se observou uma criança de peito de 15 a 20 dias, que ela tem interesse por objetos eletivos? Portanto, a ideia tradicional de que o autoerotismo é o destino primitivo da libido deve ser interpretada. Ela tem seguramente seu valor, mas se a situarmos no plano behaviorista da relação do vivente com o seu *Umwelt,* ela é falsa, porque a observação nos testemunha que há relação de objeto. Tais desenvolvimentos teóricos, que se ligam na teoria da análise, representam, em relação à inspiração fundamental da concepção da libido, um desvio. Por ora, uma parte considerável, majoritária, do movimento analítico se engaja nisso.

Balint define, pois, a relação de objeto pela satisfação de uma necessidade à qual o objeto corresponde de maneira fechada, acabada, na forma do amor primário, cujo primeiro modelo é dado pela relação mãe-criança. Teria podido fazer vocês entrarem no pensamento de Balint por outro caminho. Mas, por qualquer entrada que vocês acedam a esse pensamento, reencontrarão sempre os mesmos impasses e os mesmos problemas, porque é um pensamento coerente. Se partirmos de tal relação de objeto, não há nenhum meio de escapar disso. A relação libidinal, sejam quais forem seus progressos, suas etapas, seus franqueamentos, seus estados, suas fases, suas metamorfoses, será sempre definida da mesma forma.

2

Uma vez colocada uma tal definição do objeto, seja qual for a maneira pela qual vocês variem as qualidades do desejo passando do oral ao anal, depois ao genital, é preciso que haja um objeto para satisfazê-lo e saturá-lo.

Assim, a relação genital, no que ela tem de acabado, na sua realização no plano instintivo, é teorizada do mesmo modo que a relação mãe-criança. Na satisfação genital acabada, a satisfação de um, não digo que se preocupa com a satisfação do outro, mas se satura nessa satisfação. E é evidente que o outro é satisfeito nessa relação essencial. Eis o eixo da concepção balintiana do *genital love*. É o mesmo do *primary love*.

Balint não pode pensar as coisas de outra forma, a partir do momento em que o objeto é definido como um objeto de satisfação. Como é claro que isso se torna muito mais complicado no momento em que o sujeito humano, adulto, tem de colocar efetivamente em exercício suas capacidades de posse genital, ele precisa acrescentar um prolongamento. Mas não passa nunca de um prolongamento, a saber, que não se compreende de onde pôde surgir a iniciativa do sujeito, sua apercepção da existência, ou como se diz, da *realidade* do parceiro.

O que faz a diferença do *genital love* em relação ao *primary love* é o acesso à realidade do outro como sujeito. O sujeito leva em conta a existência do outro sujeito como tal. Ocupa-se não somente da fruição do seu parceiro, mas de outras exigências que existem em volta. Tudo isso não é evidente. Para Balint, isso é próprio ao dado. É assim porque um adulto é muito mais complicado do que uma criança. Fundamentalmente, o registro da satisfação é o mesmo. Há uma satisfação fechada, a dois, em que o ideal é que cada um encontre no outro o objeto que satisfaça o seu desejo.

Mas essas faculdades de apreciação das necessidades e das exigências do outro, que são requeridas no estado genital, de onde fazê-las sair? O que é que pode introduzir, no sistema fechado da relação de objeto, o reconhecimento de outrem? Nada pode introduzi-la aí, e é isso que é chocante.

É preciso entretanto que venham de alguma parte, esses elementos a que ele chama ternura, idealização, e que são essas miragens do amor que envolvem o ato genital – o mapa do Terno. Balint não pode negar essa dimensão, porque a clínica a demonstra.

Então, diz ele – e é aí que a sua teoria se dilacera, de alto a baixo – a origem de tudo isso é pré-genital.

É demais. Isso quer dizer que ele é forçado a fundar no *primary love* uma dimensão original do estado genital que comporta essa relação tão complexa a outrem pela qual a copulação se torna amor. Ora, ele passou o tempo até então a definir o *primary love* como uma relação objetal fechada sobre si mesma, sem intersubjetividade. Eis que, chegado ao genital, ele gostaria de fazer surgir desse mesmo *primary love* algo de que compor a relação intersubjetiva. É isso, a contradição da sua doutrina.

Balint concebe o pré-genital como formado por uma relação de objeto, digamos animal, na qual o objeto não é *selfish,* não é sujeito. O termo não é empregado, mas as fórmulas mesmas que ele emprega mostram bem do que se trata. No pré-genital, não há absolutamente *self,* senão aquele que vive. O objeto está lá para saturar suas necessidades. Quando se chega ao nível da relação genital, não se pode sair da relação de objeto definida assim, nenhum meio de fazê-la progredir, porque o desejo pode mudar, o objeto será sempre complementar a ele. Balint é entretanto levado a dizer – sem poder preencher a hiância que resulta disso – que a intersubjetividade, quer dizer, a experiência da *selfishness* do outro, vem desse estado pré-genital de que ele a excluiu precedentemente. É verdade. Está aí um fato perfeitamente sensível, que vemos trair-se na experiência analítica. Mas isso contradiz toda a teoria do *primary love.* E é aí, no plano mesmo do enunciado teórico, que se vê em que impasse se é engajado, quando se toma a relação de objeto sob o registro da satisfação.

Dr. Lang: – *Parece-me que há uma outra contradição, que se vê também na exposição que o senhor fez. Com efeito, no mundo fechado do* primary love, *há uma confusão completa entre a necessidade e o desejo. E aliás, o senhor mesmo empregou ora um termo, ora o outro. Talvez dirigindo a atenção para este ponto é que se veria onde está a falha.*

Balint emprega alternativamente os dois. O fundamento do seu pensamento é o *need,* a necessidade, e é acidentalmente, nas faltas, que o *need* se manifesta em *wish*. E é disso mesmo que se trata – será o *wish* humano simplesmente a falta infligida ao *need*? Será que o desejo só sai da frustração? Os analistas se comprometeram muito nessa via, e de maneira quão menos coerente que Balint, até fazer da frustração o pivô da teoria analítica – a frustração primária, secundária, primitiva, complicada etc. É preciso se separar desse fascínio para cair em si de novo. É o que vou tentar lembrar a vocês agora.

3

Se a análise fez uma descoberta positiva sobre o desenvolvimento libidinal, é que a criança é um perverso, e mesmo um perverso polimorfo.

Antes da etapa da normalização genital cujo primeiro esboço gira em torno do complexo de Édipo, a criança está entregue a toda uma série de fases que se conotam com o termo pulsões parciais. São as suas primeiras relações libidinais no mundo. Sobre esse esboço, a análise começa hoje a aplicar a noção de relação de objeto, a qual é tomada – a noção de Lang a esse respeito é extremamente fecunda – na da frustração.

O que é essa perversão primária? É preciso se reportar a isso, que a experiência analítica é parte de certo número de manifestações clínicas, entre as quais as perversões. Se introduzirmos as perversões no pré-genital, é preciso lembrar o que elas são, lá onde as vemos de maneira clara e distinta.

Na fenomenologia da perversão, em que a fase pré-genital está implicada, e na fenomenologia do amor, a noção balintiana de relação de objeto se aplica?

É exatamente o contrário. Não há uma única forma de manifestação perversa cuja estrutura mesma, a cada instante do seu vivido, não se sustente na relação intersubjetiva.

Deixemos de lado as relações voyeurista e exibicionista – é muito fácil de demonstrar. Tomemos como exemplo a relação sádica, seja como forma imaginária ou como forma clínica paradoxal.

Uma coisa é certa – a relação sádica só se sustenta na medida em que o outro está no justo limite em que continua ainda sendo um sujeito. Se não é mais nada além de uma carne que reage, forma de molusco cujos bordos a gente titila e que palpita, não há mais relação sádica. O sujeito sádico parará aí, reencontrando de repente, vazio, hiância, oco. A relação sádica implica, com efeito, que o consentimento do parceiro seja aprisionado – sua liberdade, sua confissão, sua humilhação. A prova é manifesta nas formas a que se pode chamar benignas. Não será verdade que a maior parte das manifestações sádicas, em vez de serem levadas até o extremo, permanecem antes na porta da execução? – jogando com a espera, o medo do outro, a pressão, a ameaça, observando as formas mais ou menos secretas da participação do parceiro.

Vocês sabem o quanto a maior parte da soma clinica que conhecemos como perversões fica no plano de uma execução somente lúdica. Não estamos lidando aqui com sujeitos submetidos a uma necessidade. Na miragem do jogo, cada um se identifica ao outro. A intersubjetividade é a dimensão essencial.

Não posso aqui deixar de me referir ao autor que descreveu esse jogo da maneira mais magistral – aludo a Jean-Paul Sartre, e à fenomenologia da apreensão de outrem na segunda parte de *O Ser e o Nada.* Está aí uma obra que se pode, do ponto de vista filosófico, submeter a muitas críticas, mas que, seguramente, nessa descrição, atinge, ainda que seja por seu talento e por seu brilho, algo de especialmente convincente.

O autor faz girar toda a sua demonstração em torno do fenômeno fundamental a que ele chama o olhar. O objeto humano distingue-se originalmente, *ab initio,* no campo da minha experiência, ele não é assimilável a nenhum outro objeto perceptível, na medida em que é um objeto que me olha. Sartre coloca nisso acentos extremamente finos. O olhar de que se trata não se confunde absolutamente com o fato, por exemplo, de que eu vejo os seus olhos. Posso me sentir olhado por alguém de quem não vejo nem mesmo os olhos, e nem mesmo a aparência. Basta que algo me signifique que há outrem por aí. Esta janela, se está um pouco escuro, e se eu tenho razões para pensar que há alguém atrás, é, a partir de agora, um olhar. A partir do momento em que esse olhar existe, já sou algo de diferente, pelo fato de que me sinto eu mesmo tornar-me um objeto para o olhar de outrem. Mas, nessa posição, que é recíproca, outrem também sabe que sou um objeto que se sabe ser visto.

Toda a fenomenologia da vergonha, do pudor, do prestígio, do medo particular engendrado pelo olhar, está ali admiravelmente descrita, e eu os aconselho a se reportar a isso na obra de Sartre. É uma leitura essencial para um analista, sobretudo no ponto em que a análise chegou, a esquecer a intersubjetividade até na experiência perversa, entretanto tecida no interior de um registro em que vocês devem reconhecer o plano do imaginário.

Observamos, com efeito, nas manifestações a que chamamos perversas, nuanças que estão longe de se confundirem com o que lhes ensino a colocar no pivô da relação simbólica, quer dizer, o reconhecimento. São formas extremamente ambíguas – não é por nada que falei da vergonha. Se analisássemos o prestígio de maneira mais fina, cairíamos também em formas irrisórias, no estilo por exemplo que toma nas crianças, onde é uma forma de excitação etc.

Um amigo me contava uma anedota sobre esse *joke* que precede as touradas, de que, na Espanha, se faz participar os desajeitados. Ele me descreveu uma cena extraordinariamente bela de sadismo coletivo. Vocês vão ver até onde vai a ambiguidade.

Tinha-se então feito desfilar um desses semi-idiotas, que se reveste nessas circunstâncias dos mais belos ornamentos do matador. Ele desfilava na arena antes que entrassem os animaizinhos que participam desses jogos. Eles não são, como vocês sabem, completamente inofensivos. E a massa a gritar – *Ele, lá, que é tão bonito!* A personagem, com a sua semi-idiotia bem na tradição dos grandes jogos de corte da antiga Espanha, entra numa espécie de pânico e começa a se recusar. Os camaradas dizem – *Vai lá, tá vendo, todo o mundo te quer.* Todo o mundo participa do jogo. O pânico da personagem aumenta. Ele se recusa, quer se esquivar. É empurrado para fora das barreiras, e, finalmente, a báscula se produz. De repente, separa-se daqueles que o empurram, e, levado pela insistência esmagadora dos clamores do povo, transforma-se numa espécie de herói bufão. Implicado na estrutura da situação, vai para a frente do animal com todas as características da atitude sacrificial, com o senão de que isso permanece contudo no plano da bufonaria. Ele se faz imediatamente estatelar no chão. E é levado.

Essa cena sensacional me parece ilustrar perfeitamente a zona ambígua em que a intersubjetividade é essencial. Vocês poderão dizer que o elemento simbólico – a pressão do clamor – desempenha ali um papel essencial, mas é quase anulado pelo caráter de fenômeno de massa que ele toma nessa ocasião. O conjunto do fenômeno é assim levado a esse nível de intersubjetividade que é o das manifestações que, provisoriamente, conotamos como perversas.

Pode-se ir mais longe. E Sartre vai mais longe, dando da fenomenologia da relação amorosa uma estruturação que me parece irrefutável. Não posso refazê-la para vocês inteiramente, porque seria preciso que passasse por todas as fases da dialética do para-si e do em-si. É preciso que façam um pouco de esforço, e se reportem à obra.

Sartre observa muito justamente que, no vivido do amor, o que exigimos do objeto pelo qual desejamos ser amados não é um engajamento completamente livre. O pacto inicial, o *você é minha mulher* ou *você é meu esposo,* ao qual faço frequentemente alusão quando lhes falo do registro simbólico, não tem verdadeiramente nada na sua abstração corneliana para saturar as nossas exigências fundamentais. É numa espécie de enviscamento corporal da liberdade que se exprime a natureza do desejo. Queremos nos tornar para o outro um objeto que tenha para ele o mesmo valor de limite que tem, em relação à sua liberdade, o seu próprio corpo. Queremos nos tornar para o outro não somente aquilo em que a sua liberdade se aliena – sem nenhuma dúvida, é preciso que a liberdade intervenha, porque o engajamento é um elemento essencial da nossa exigência de sermos amados –, mas é preciso também que seja muito mais do que um engajamento livre. É preciso que uma liberdade aceite se renunciar a si mesma para estar, a partir de então, limitada a tudo que podem ter de caprichoso, de imperfeito, e mesmo de inferior, os caminhos para os quais a arrasta o estar cativado por esse objeto que somos nós mesmos.

Assim, tornar-se pela nossa contingência, pela nossa existência particular no que ela tem de mais carnal, de mais limitativo para nós mesmos, para a nossa própria liberdade, tornar-se o limite consentido, a forma de abdicação da liberdade do outro, é a exigência que situa fenomenologicamente o amor na sua forma concreta – o *genital love,* como dizia há pouco o nosso bom amigo Balint. Está aí o que o institui nessa zona intermediária, ambígua, entre o simbólico e o imaginário.

Se o amor está inteiramente preso e enviscado nessa intersubjetividade imaginária, na qual desejo centrar a atenção de vocês, ele exige, na sua forma acabada, a participação no registro do simbólico, a troca liberdade-pacto, que se encarna na palavra dada. Aí se escalona uma zona em que vocês poderão distinguir planos de identificações, como dizemos na nossa linguagem frequentemente imprecisa, e toda uma gama de nuanças, todo um leque de formas que agem entre o imaginário e o simbólico.

Vocês veem ao mesmo tempo que, ao contrário da perspectiva de Balint, e é muito mais conforme à nossa experiência, é preciso partir de uma intersubjetividade radical, da admissão total do sujeito pelo outro sujeito. É retrospectivamente, *nachträglich,* a partir da experiência adulta que devemos abordar as experiências originais supostas, escalonando as degradações, sem nunca sair do domínio da intersubjetividade. Na medida em que ficamos no registro analítico, é preciso admitir a intersubjetividade na origem.

Não há transição possível entre os dois registros, o do desejo animal, em que a relação é objeto, e o do reconhecimento do desejo. A intersubjetividade deve estar no início, porque está no fim. E se a teoria analítica qualificou de perverso polimorfo tal modo ou sintoma do comportamento da criança, é na medida em que a perversão implica a dimensão da intersubjetividade imaginária. Tentei há pouco fazê-los apreendê-la nesse duplo olhar que faz com que eu veja que o outro me vê, e que um terceiro intervindo me vê sendo visto. Não há nunca uma simples duplicidade de termo. Não é somente que eu vejo o outro, eu o vejo me ver, o que implica o terceiro termo, a saber, que ele sabe que eu o vejo. O círculo está fechado. Há sempre três termos na estrutura, mesmo se esses três termos não estão explicitamente presentes.

Conhecemos no adulto a riqueza sensível da perversão. A perversão é, em suma, a exploração privilegiada de uma possibilidade existencial da natureza humana – seu dilaceramento interno, sua hiância, por onde pôde entrar o mundo supranatural do simbólico. Mas, se a criança é um perverso polimorfo, quererá isso dizer que é preciso projetar nela o valor qualitativo da perversão tal como é vivida no adulto? Será que devemos procurar na criança uma intersubjetividade do mesmo tipo que a que vemos ser constitutiva da perversão no adulto?

Muito bem, não. No que se apoiam os Balints para nos falar desse amor primário que em nada levaria em conta a *selfishness* do outro? Em palavras como aquelas que a criança que mais ama a sua mãe pode friamente lhe dizer – *Quando você estiver morta, Mamãe, eu pegarei os teus chapéus.* Ou – *Quando vovô estiver morto* etc. Palavras que provocam no adulto a adulação da criança, porque esta lhe parece então um ser divino, apenas concebível, cujos sentimentos lhe escapam. Quando caímos em fenômenos tão paradoxais, quando não compreendemos mais e temos de resolver a questão do transcendente, pensamos estar diante de um deus ou de um animal. As crianças, nós as tomamos demasiadamente por deuses para confessá-lo, então dizemos que as tomamos por animais. E é o que faz Balint ao pensar que a criança não reconhece o outro, senão em relação à sua própria necessidade. Erro total.

Esse simples exemplo do *quando você estiver morto* indica-nos onde a intersubjetividade fundamental se manifesta efetivamente na criança – ela se manifesta no fato de que pode se servir da linguagem.

Granoff teve razão em dizer outro dia que se pressente em Balint o lugar do que eu sublinho, depois de Freud, nesses primeiros jogos da criança que consistem em evocar, não digo chamar, a presença na ausência, e em rejeitar o objeto da presença. Mas Balint desconhece que está aí um fenômeno de linguagem. Só vê uma coisa, é que a criança não leva em conta o objeto. Quando o importante é que esse animalzinho humano seja capaz de se servir da função simbólica graças à qual, como lhes expliquei, podemos fazer entrar aqui os elefantes seja qual for a estreiteza da porta.

A intersubjetividade é, de início, dada pelo manejo do símbolo, e isso desde a origem. Tudo parte da possibilidade de nomear, que é, ao mesmo tempo, destruição da coisa e passagem da coisa ao plano simbólico, graças ao que o registro propriamente humano se instala. É daí que se produz, de maneira mais e mais complicada, a encarnação do simbólico no vivido imaginário. O simbólico modelará todas as inflexões que, no vivido do adulto, pode tomar o engajamento imaginário, a captação originária.

Se negligenciarmos a dimensão intersubjetiva, caímos no registro dessa relação de objeto de que não há meio de sair, e que nos leva a impasses tanto teóricos como técnicos.

Será que esta manhã eu fechei suficientemente bem um circuito para poder deixá-los por aí? Isso não quer dizer que não há uma continuação.

Para a criança, há inicialmente o simbólico e o real, contrariamente ao que se acredita. Tudo que vemos se compor, se enriquecer e se diversificar no registro do imaginário parte desses dois polos. Se vocês acreditam que a criança é mais cativa do imaginário que do resto, vocês têm razão num certo sentido. O imaginário está lá. Mas nos é absolutamente inacessível. Ele só nos é acessível a partir de suas realizações no adulto.

A história passada, vivida, do sujeito, que procuramos atingir na nossa prática, não é a que aquele que vocês ouviam ontem à noite representava para vocês como as cochiladas, as manigâncias do sujeito durante a análise. Só podemos atingi-lo – e é o que fazemos, quer saibamos ou não – pela linguagem infantil no adulto. Eu demonstrarei isso para vocês da próxima vez.

Ferenczi viu magistralmente a importância desta questão – o que é que numa análise faz participar a criança no interior do adulto? A resposta é inteiramente clara – o que é verbalizado de maneira irruptiva.

2 de junho de 1954

XVIII

A ORDEM SIMBÓLICA

O desejo perverso.
O senhor e o escravo.
Estruturação numérica do campo intersubjetivo.
A holófrase.
A palavra na transferência.
Angelus Silesius.

Eu os deixei, da última vez, na relação dual no amor primário. Vocês puderam ver que Balint chega a conceber, a partir desse modelo, a própria relação analítica – o que ele chama, com todo rigor, a *two bodies' psychology*. Penso que vocês compreenderam a que impasses chegamos se fizermos uma noção central da relação imaginária suposta harmônica, e saturando o desejo natural.

Tentei demonstrá-lo para vocês na fenomenologia da relação perversa. Acentuei o sadismo e a escoptofilia, deixando de lado a relação homossexual, que exigiria um estudo infinitamente nuançado da intersubjetividade imaginária, da sua incerteza, do seu equilíbrio instável, do seu caráter crítico. Fiz, pois, girar o estudo da relação intersubjetiva imaginária em torno do fenômeno, no sentido próprio, do olhar.

O olhar não se situa simplesmente ao nível dos olhos. Os olhos podem muito bem não aparecer, estar mascarados. O olhar não é forçosamente a face do nosso semelhante, mas também a janela atrás da qual supomos que ele nos espia. É um *x*, o objeto diante do qual o sujeito se torna objeto.

Eu os introduzi na experiência do sadismo, que tomei como eletiva para demonstrar a vocês essa dimensão. Mostrei que, no olhar do ser que atormento, devo sustentar o meu desejo por um desafio, um *challenge* de cada instante. Se não está acima da situação, se não é glorioso, o desejo cai na vergonha. Também é igualmente verdadeiro para a relação escoptofílica. Segundo a análise de Jean-Paul Sartre, para aquele que surpreendemos espiando, toda a cor da situação muda num momento de virada, e eu me torno uma pura coisa, um maníaco.

1

O que é a perversão? Ela não é simplesmente aberração em relação a critérios sociais, anomalia contrária aos bons costumes, se bem que esse registro não esteja ausente, ou atipia em relação a critérios naturais, isto é, que ela derroga mais ou menos a finalidade reprodutora da conjunção sexual. Ela é outra coisa na sua estrutura mesma.

Não é por nada que se disse de certo número de tendências perversas que são de um desejo que não ousa dizer seu nome. A perversão situa-se com efeito no limite do registro do reconhecimento e é isso que a fixa, a estigmatiza como tal. Estruturalmente, a perversão tal como a delineei para vocês no plano imaginário, só pode se sustentar num estatuto precário que, a cada instante, do interior, é contestado para o sujeito. Ela é sempre frágil, à mercê de uma inversão, de uma subversão, que faz pensar na mudança de signo que se opera em certas funções matemáticas – no momento em que se passa do valor de uma variável ao valor imediatamente seguinte, o correlativo passa do mais ao menos infinito.

Essa incerteza fundamental da relação perversa, que não tem como se estabelecer em nenhuma ação satisfatória, faz uma face do drama da homossexualidade. Mas é também essa estrutura que dá à perversão o seu valor.

A perversão é uma experiência que permite aprofundar o que se pode chamar, no sentido pleno, a paixão humana, para empregar o termo spinoziano, quer dizer, aquilo em que o homem está aberto a essa divisão com ele mesmo que estrutura o imaginário, seja, entre O e O', a relação especular. Ela é aprofundadora, com efeito, pelo fato de que nessa hiância do desejo humano aparecem todas as nuanças, escalonando-se da vergonha ao prestígio, da bufonaria ao heroísmo, pelo que o desejo humano está inteiro exposto, no sentido mais profundo do termo, ao desejo do outro.

Lembrem-se da prodigiosa análise da homossexualidade que se desenvolve, em Proust, no mito de Albertine. Pouco importa que essa personagem seja feminina – a estrutura da relação é eminentemente homossexual. A exigência desse estilo de desejo só pode se satisfazer numa captação inesgotável do desejo do outro, perseguido até nos seus sonhos pelos sonhos do sujeito, o que implica, a cada instante, uma abdicação inteira do desejo próprio do outro. Báscula incessante do espelho das ilusões[16] que, a cada instante, faz uma volta completa sobre si mesmo – o sujeito se esgota em perseguir o desejo do outro, que ele não poderá nunca apreender como o seu desejo próprio, porque o seu desejo próprio é o desejo do outro. É a si mesmo que ele persegue. Aí reside o drama dessa paixão ciumenta, que é também uma forma da relação intersubjetiva imaginária.

A relação intersubjetiva que sub-tende o desejo perverso só se sustenta da anulação, ou bem do desejo do outro, ou bem do desejo do sujeito. Ela só é apreensível no limite, nessas inversões cujo sentido se percebe num lampejo. Quer dizer que – reflitam bem –, tanto num como no outro, essa relação dissolve o ser do sujeito. O outro sujeito se reduz a não ser senão o instrumento do primeiro, que fica sendo, pois, o único sujeito como tal, mas este mesmo se reduz a não ser senão um ídolo oferecido ao desejo do outro.

O desejo perverso se suporta do ideal de um objeto inanimado. Mas ele não pode se contentar com a realização desse ideal. Desde que o realiza, no momento mesmo em que o encontra, perde o seu objeto. Sua satisfação é assim, pela sua estrutura mesma, condenada a se realizar antes do estreitamento pela extinção do desejo ou bem pelo desaparecimento do objeto.

Sublinho *desaparecimento,* porque vocês encontram em análises como esta a chave secreta dessa *aphanisis* de que fala Jones quando tenta apreender, para além do complexo de castração, aquilo que ele toca na experiência de certos traumas infantis. Mas nos perdemos ali numa espécie de mistério, porque não reencontramos o plano do imaginário.

Afinal de contas, toda uma parte da experiência analítica não é nada além disto – a exploração dos becos sem saída da experiência imaginária, dos seus prolongamentos que não são inumeráveis, porque repousam na estrutura mesma do corpo enquanto define como tal uma topografia concreta. Na história do sujeito, ou antes no seu desenvolvimento, aparecem certos momentos fecundos, temporalizados, em que se revelam os diferentes estilos de frustração. São os ocos, as falhas, as hiâncias aparecidas no desenvolvimento que definem esses momentos fecundos.

Algo sempre falha quando se fala de frustração. Em razão de não sei que tendência naturalista da linguagem, quando o observador faz a história natural do seu semelhante, deixa de assinalar que o sujeito *sente* a frustração. A frustração não é um fenômeno que possamos objetivar no sujeito sob a forma de um extravio do ato que o une a esse objeto. Não é uma aversão animal. Por mais prematuro que seja, o próprio sujeito sente o mau objeto como uma frustração. E, ao mesmo tempo, a frustração é sentida no outro.

Há aí uma relação recíproca de anulação, uma relação mortal estruturada por estes dois abismos – seja que o desejo se apaga, seja que o objeto desaparece. É por isso que, volta e meia, tomo a referência da dialética do senhor e do escravo, e a reexplico.

2

A relação do senhor e do escravo é um exemplo-limite, porque, é claro, o registro imaginário em que se desdobra só aparece no limite da nossa experiência. A experiência analítica não é total. É definida num outro plano que não o plano imaginário – o plano simbólico.

Hegel dá conta do laço inter-humano. Tem de responder não somente pela sociedade, mas pela história. Não pode negligenciar nenhuma das faces. Ora, há uma de suas faces essenciais que não é nem a colaboração entre os homens, nem o pacto, nem o laço de amor, mas a luta e o trabalho. E é nesse aspecto que ele se centra para estruturar num mito original a relação fundamental, no plano que ele mesmo define como negativo, marcado de negatividade.

O que diferencia da sociedade animal – o termo não me dá medo – a sociedade humana, é que esta não pode ser fundada em nenhum laço objetivável. A dimensão intersubjetiva deve como tal entrar aí. Não se trata pois, na relação do senhor e do escravo, de domesticação do homem pelo homem. Isso não pode bastar. Então, o que é que funda essa relação? Não o fato de que aquele que se confessa vencido peça mercê e grite, é que o senhor se tenha engajado nessa luta por razões de puro prestígio, e que tenha arriscado sua vida. Esse risco estabelece a sua superioridade, e é em nome disso, não da sua força, que é reconhecido como senhor pelo escravo.

Essa situação começa por um impasse, porque o seu reconhecimento pelo escravo não vale nada para o senhor, já que é apenas um escravo que o reconhece, quer dizer, alguém que ele não reconhece como um homem. A estrutura de partida dessa dialética hegeliana parece, pois, sem saída. Vocês veem por aí que ela não deixa de ter afinidade com o impasse da situação imaginária.

Entretanto, essa situação vai se desenvolver. Seu ponto de partida é mítico, porque imaginário. Mas os seus prolongamentos nos introduzem no plano simbólico. Os prolongamentos, vocês os conhecem – é o que faz que se fale do senhor e do escravo. Com efeito, a partir da situação mítica, uma ação se organiza, e se estabelece a relação do gozo e do trabalho. Uma lei se impõe ao escravo, que é a de satisfazer o desejo e o gozo do outro. Não basta que ele peça mercê, é preciso que vá ao trabalho. E quando se vai ao trabalho, há regras, horas – entramos no domínio do simbólico.

Se vocês olharem de perto, esse domínio do simbólico não está numa simples relação de sucessão com o domínio imaginário, cujo pivô é a relação intersubjetiva mortal. Não passamos de um ao outro por um salto que iria do anterior ao posterior, em seguida ao pacto e ao símbolo. De fato, o próprio mito só é concebível já sitiado pelo registro do simbólico, pela razão que sublinhei há pouco – a situação não pode ser fundada em não sei que pânico biológico na aproximação da morte. A morte não é nunca experimentada como tal, ela não é nunca real, não é? O homem nunca tem medo a não ser medo imaginário. Mas não é tudo. No mito hegeliano, a morte não é nem mesmo estruturada como temor, é estruturada como risco, e, para dizer logo tudo, como aposta. É que há, desde a origem, entre o senhor e o escravo, uma regra do jogo.

Não insisto nisso hoje. Só o digo para aqueles que são os mais abertos – a relação intersubjetiva, que se desenvolve no imaginário, está ao mesmo tempo, na medida em que estrutura uma ação humana, implicitamente implicada numa regra do jogo.

Retomemos ainda, sob outra face, a relação ao olhar.

É a guerra. Avanço na planície, e suponho-me sob um olhar que me espia. Se eu o suponho, não é tanto que tema qualquer manifestação do meu inimigo, qualquer ataque, porque logo a situação se distende e eu sei com quem tenho a ver. O que mais me importa é saber o que o outro imagina, detecta de minhas intenções, de mim que avanço, porque é preciso que eu lhe oculte meus movimentos. Trata-se de uma astúcia.

É nesse plano que se sustenta a dialética do olhar. O que conta não e que o outro veja onde estou, é que veja aonde vou, quer dizer, muito exatamente, que veja onde não estou. Em toda a análise da relação intersubjetiva, o essencial não é o que está ali, o que é visto. O que a estrutura, é o que não está ali.

A teoria dos jogos, como a chamamos, é um modo de estudo fundamental dessa relação. Pelo simples fato de que é uma teoria matemática, já estamos no plano simbólico. Por mais simples que seja a definição que vocês deem ao campo de uma intersubjetividade, sua análise sempre supõe certa quantidade de dados numéricos, como tais simbólicos.

Se lerem o livro de Sartre ao qual me referi outro dia, verão que ele deixa aparecer algo de extremamente perturbador. Após ter definido tão bem a relação de intersubjetividade, parece supor que, se há uma pluralidade nesse mundo de inter-relações imaginárias, essa pluralidade não é numerável, na medida em que cada um dos sujeitos é, por definição, o único centro das referências. Isso se sustenta se ficarmos no plano fenomenológico da análise do em-si e do para-si. Mas segue-se que Sartre não percebe que o campo intersubjetivo não pode deixar de desembocar numa estruturação numérica, no três, no quatro, que são as nossas referências na experiência analítica.

Esse simbolismo, por mais primitivo que seja, nos coloca imediatamente no plano da linguagem, na medida em que, fora disso, nenhuma numeração é concebível.

Ainda um pequeno parêntese. Eu lia, há não mais de três dias, uma velha obra do início do século, *History of New World of America*, *A história do Novo Mundo a que se chama América.* Tratava-se da origem da linguagem, problema que atrai a atenção, e provocou mesmo a perplexidade, de não poucos linguistas.

Toda discussão sobre a origem da linguagem está marcada por uma irremediável puerilidade, e mesmo por um seguro cretinismo. Tenta-se, a cada vez, fazer sair a linguagem de não sei que progresso do pensamento. É evidentemente um círculo. O pensamento se poria a isolar na situação o detalhe, a cercar a particularidade, o elemento combinatório. O pensamento franquearia, por si só, o estado do desvio, que marca a inteligência animal, para passar ao do símbolo. Mas como, se não há inicialmente o símbolo, que é a estrutura mesma do pensamento humano?

Pensar é substituir aos elefantes a palavra *elefante,* e ao sol um círculo. Vocês se dão bem conta de que entre essa coisa que é fenomenologicamente o sol – centro do que corre no mundo das aparências, unidade da luz – e um círculo, há um abismo. E mesmo se o franquearmos, que progresso há sobre a inteligência animal? Nenhum. Porque o sol enquanto é designado por um círculo não vale nada. Só vale na medida em que esse círculo é colocado em relação com outras formalizações, que constituem, com ele, o todo simbólico no qual tem seu lugar, no centro do mundo por exemplo, ou na periferia, pouco importa. O símbolo só vale se se organiza num mundo de símbolos.

Os que especulam sobre a origem da linguagem, e procuram estabelecer transições entre a apreciação da situação total e a fragmentação simbólica, sempre ficaram chocados pelo que chamamos as holófrases. No uso de certos povos, e vocês não teriam necessidade de procurar longe para encontrar o uso comum, há frases, expressões que não são decomponíveis, e que se reportam a uma situação tomada no seu conjunto – são as holófrases. Acredita-se apreender ali um ponto de junção entre o animal que passa sem estruturar as situações, e o homem, que habita um mundo simbólico.

Na obra que eu citava há pouco, li que os fidjianos pronunciam num certo número de situações a frase seguinte, que não é uma frase da sua linguagem e não é redutível a nada – *Ma mi la pa ni pa ta pa.* A fonetização não está indicada no texto, e eu só posso dizê-lo a vocês assim.

Qual é a situação na qual se pronuncia a holófrase em questão? O nosso etnógrafo o escreve com toda a inocência: – *State of events of two persons looking at the other hoping that the other will offer to do something which both parties desire but are unwilling to do.* Quer dizer – *situação de duas pessoas, cada uma olhando a outra, esperando cada uma da outra que ela se vá oferecer a fazer alguma coisa que as duas partes desejam, mas não estão dispostas a fazer.*

Encontramos aí definido com uma precisão exemplar um estado de interolhar em que cada um espera do outro que ele se decida por algo que é preciso fazer a dois, que está entre os dois, mas em que nenhum quer entrar. E, ao mesmo tempo, vocês veem bem que a holófrase não é intermediária entre uma assunção primitiva da situação como total, que seria do registro da ação animal, e a simbolização. Ela não é não sei que primeiro enviscamento da situação num modo verbal. Trata-se ao contrário de algo em que o que é do registro da composição simbólica é definido no limite, na periferia.

Deixo a vocês o cuidado de me trazer um certo número de holófrases que são do nosso uso corrente. Escutem bem a conversa dos seus contemporâneos, e verão quantas comporta. Verão também que toda holófrase se liga a situações-limites, em que o sujeito está suspenso numa relação especular ao outro.

3

Essa análise tinha por finalidade revirar em vocês a perspectiva psicológica que reduz a relação intersubjetiva a uma relação interobjetal, fundada na satisfação complementar, natural. Chegamos agora ao artigo de Balint, "On Transference of Emotions", *Sobre a transferência das emoções,* cujo título anuncia o que posso chamar o plano delirante no qual ele se desenvolve – no sentido técnico, original, do termo *delirante.*

Trata-se da transferência. Primeiro parágrafo, evocam-se os dois fenômenos fundamentais da análise – a resistência e a transferência. A resistência define-se-a, muito bem aliás, relacionando-a ao fenômeno da linguagem – é tudo o que freia, altera, retarda o débito, ou então o interrompe completamente. Não se vai mais longe. Não se tira conclusão, e passa-se ao fenômeno da transferência.

Como um autor tão sutil quanto Balint, tão fino, tão delicado enquanto prático, tão admirável enquanto escritor até diria eu, pode desenvolver um estudo de 15 páginas partindo de uma definição tão psicológica da transferência? Ela se resume nisto – deve-se tratar de algo que existe no interior do paciente, então é forçosamente não se sabe o quê, sentimentos, emoções – a palavra *emotion* dá melhor imagem. O problema é, então, mostrar como essas emoções se encarnam, se projetam, se disciplinam, se simbolizam enfim. Ora, os símbolos dessas supostas emoções não têm evidentemente nenhuma relação com elas. Então, fala-se para nós da bandeira nacional, do leão e do licorne britânicos, das patentes dos oficiais e de tudo que vocês quiserem, dos dois países com suas duas rosas de cores diferentes, dos juízes que usam peruca.

Não serei eu, certamente, que negarei que se possa encontrar matéria para meditação nesses exemplos colhidos na superfície da vida da comunidade britânica. Mas é, para Balint, pretexto para só considerar o símbolo sob o ângulo do deslocamento. E não sem razão – porque ele coloca no início, por definição, a assim dita emoção, fenômeno de surgimento psicológico que seria ali o real; o símbolo em que ela deve encontrar sua expressão e se realizar só pode estar deslocado em relação a ela.

Não há dúvida de que o símbolo desempenha uma função em todo deslocamento. Mas a questão é saber se, como tal, se define nesse registro vertical, a título de deslocamento. É um falso caminho. As observações de Balint não têm nada de errado em si mesmas, simplesmente a via é tomada no sentido transversal – ao invés de sê-lo no sentido em que ela deve avançar, o é no sentido em que tudo para.

Balint lembra então o que é a metáfora – a testa de uma montanha, o pé de uma mesa etc. Vai-se estudar enfim a natureza da linguagem? Não. Vai-se dizer que a operação de transferência é isto – você está colérico, é na mesa que você dá um soco. Como se efetivamente eu desse um soco na mesa. Há aí um erro fundamental.

Não obstante, é disso mesmo que se trata – como se desloca o ato na sua finalidade? Como se desloca a emoção no seu objeto? A estrutura real e a estrutura simbólica entram numa relação ambígua que se faz no sentido vertical, cada um desses dois universos corresponde ao outro, com o detalhe de que a noção de universo não estando aí, não há nenhum meio de introduzir a de correspondência.

Segundo Balint, a transferência é transferência de emoções. E sobre o que é que a emoção se transfere? Em todos os seus exemplos, sobre um objeto inanimado – observem de passagem que esta palavra, *inanimado,* nós a vimos aparecer há pouco no limite da relação dialética imaginária. Isso diverte Balint, essa transferência sobre o inanimado – eu não lhes pergunto, diz ele, o que pensa o objeto dela. Evidentemente, acrescenta ele, se pensamos que a transferência se faz sobre um sujeito, entramos numa complicação de que não há mais meio de sair.

Pois sim! é bem o que acontece há algum tempo – não há meio de fazer análise. Faz-se para nós toda uma história da noção de contratransferência, pavoneia-se, fanfarrona-se, prometem-se mundos e fundos, eu não sei que incômodo se manifesta entretanto, é que, afinal de contas, quer dizer isso – não há meio de escapar. Com a *two bodies' psychology*, chegamos ao famoso problema, não resolvido, da física, dos dois corpos.

Com efeito, se ficarmos no plano de dois corpos, não há nenhuma simbolização satisfatória. Será, pois, engajando-se nessa via, e tomando a transferência como essencialmente um fenômeno de deslocamento, que se apreende a natureza da transferência?

Balint conta-nos então uma história bem bonita. Um senhor vai vê-lo. Está no limiar da análise – nós conhecemos bem essa situação – e ele não se decide. Foi ver vários analistas e enfim vem ver Balint. Conta-lhe uma longa história, muito rica, muito complicada, com detalhes sobre o que sente, o que sofre. E é aí que o nosso Balint – cujas posições teóricas, por outro lado, estou difamando, e só Deus sabe que o faço lamentando – se revela a maravilhosa personagem que é.

Balint não cai na contratransferência – quer dizer, claramente, não é um imbecil –, na linguagem cifrada em que nos atolamos, chama-se ambivalência o fato de detestar alguém, e contratransferência, o fato de ser um imbecil. Balint não é um imbecil, ele escuta esse tipo, como um homem que já ouviu muita coisa, muita gente, que amadureceu. E não compreende. Isso acontece. Há histórias assim, não as compreendemos. Quando vocês não compreendem uma história, não se acusem imediatamente, digam de si para si: – que eu não compreenda, isso deve ter um sentido. Não somente Balint não compreende, mas considera que tem o direito de não compreender. Não diz nada ao seu tipo, e o faz voltar.

O tipo volta. Continua a contar a sua história. E ele carrega. E Balint continua a não compreender. O que o outro lhe conta são coisas tão verossímeis quanto outras, somente eis que elas não se juntam. Isso nos acontece, experiências como essa são experiências clínicas que é preciso sempre levar muito em conta, e algumas vezes elas nos projetam em direção ao diagnóstico, de que deve haver aí algo de orgânico. Mas ali, não é disso que se trata. Então, Balint diz ao seu cliente: – *É curioso, você me conta uma porção de coisas muito interessantes, mas eu devo lhe dizer que, da sua história, não compreendo nada.* Então o tipo se abre, grande sorriso no rosto. – *Você é o primeiro homem sincero que encontro, porque todas essas coisas, eu as contei a alguns dos seus colegas que viram aí imediatamente o indício de uma estrutura interessante, refinada. Eu lhe contei tudo isso a título de teste para ver se você era como todos os outros um charlatão e um mentiroso.*

Vocês devem sentir que gama separa os dois registros de Balint, quando nos expõe no quadro-negro que são as emoções dos cidadãos ingleses que se deslocaram no *British lion* e nos dois licornes, e quando está em função e fala inteligentemente do que experimenta. Pode-se dizer – *Esse tipo está sem dúvida no seu direito, mas não será* uneconomic? *Não será um desvio muito grande?* Então, aí, entra-se na aberração. Porque não se trata de saber se é econômico ou não. A operação do tipo se sustenta altamente no seu registro, na medida em que, no início da experiência analítica, há o registro da palavra mentirosa.

É a palavra que instaura na realidade a mentira. E é precisamente porque introduz o que não é, que pode também introduzir o que é. Antes da palavra, nada é, nem não é. Tudo já está aí, sem dúvida, mas é somente com a palavra que há coisas que são – que são verdadeiras ou falsas, quer dizer, que são – e coisas que não são. É com a dimensão da palavra que se cava no real a verdade. Não há nem verdadeiro nem falso antes da palavra. Com ela se introduz a verdade e a mentira também, e outros registros ainda. Coloquemo-los, antes de nos separarmos hoje, numa espécie de triângulo de três vértices. Ali, a mentira. Aqui, a equivocação e não o erro, voltarei a isso. E depois, o que ainda? – a ambiguidade, a que, pela sua natureza, a palavra é destinada. Porque, o ato mesmo da palavra, que funda a dimensão da verdade, fica sempre, por esse fato, atrás, para além. A palavra é por essência ambígua.

Simetricamente, cava-se no real o buraco, a hiância do ser enquanto tal. A noção de ser, desde que tentamos apreendê-la, mostra-se tão inapreensível quanto a palavra. Porque o ser, o verbo mesmo, só existe no registro da palavra. A palavra introduz o oco do ser na textura do real, um e outro se mantêm e oscilam, são exatamente correlativos.

Passemos a outro exemplo, que nos traz Balint, não menos significativo do que o primeiro. Como pode ele ligá-los a esse registro do deslocamento no qual a transferência foi amplificada? É uma outra história.

Trata-se desta vez de uma paciente charmosa, que apresenta o tipo bem ilustrado em certos filmes ingleses, do *chatter,* o *falar-falar-falar-falar para não dizer nada.* É nisso que se passam as sessões. Já fez longos pedaços de análise com um outro antes de vir às mãos de Balint. Este percebe muito bem – é mesmo confessado pela paciente – que, quando algo a importuna, ela preenche isso contando qualquer coisa.

Onde está a virada decisiva? Um dia, após uma hora penosa de *chatter,* Balint acaba colocando o dedo no que ela não quer dizer. Não quer dizer que recebeu de um médico dos seus amigos uma carta de recomendação para um emprego, que dizia dela que era uma pessoa perfeitamente *trustworthy.* Momento pivô a partir do qual ela gira em torno de si mesma, e vai poder engajar-se na análise. Balint chega, com efeito, a fazer a paciente confessar que, desde sempre, é justamente disto que se trata para ela – não se deve considerá-la como *trustworthy,* quer dizer, como alguém que as suas palavras engajam. Porque, se as suas palavras engajam, será preciso que ela se ponha a trabalhar como o escravo de há pouco, que entre no mundo do trabalho, isto é, da relação adulta homogênea, do símbolo, da lei.

É claro. Desde sempre, ela compreendeu muito bem a diferença que há entre a maneira pela qual se acolhem as palavras de uma criança e aquela pela qual se acolhem as palavras de um adulto. Para não ser engajado, situado no mundo dos adultos, em que sempre se está mais ou menos reduzido à escravidão, ela fala para não dizer nada e mobília as sessões com vento.

Podemos parar um instante, e meditar sobre o fato de que a criança também tem uma palavra. Não é vazia. É tão plena de sentido quanto a palavra do adulto. É mesmo tão plena de sentido que os adultos passam o seu tempo a se maravilhar com ela – *Como ele é inteligente, o pequenino querido. Vocês viram o que disse outro dia?* Justamente, tudo está aí.

Há aí, com efeito, como há pouco, esse elemento de idolificação que intervém na relação imaginária. A palavra admirável da criança é talvez palavra transcendente, revelação do céu, oráculo do pequeno deus, mas é evidente que não a engaja a nada.

E fazemos todos os nossos esforços, quando as coisas não vão bem, para lhe arrancar palavras que engajem. Deus sabe se a dialética do adulto derrapa! Trata-se de ligar o sujeito às suas contradições, de fazê-lo assinar o que diz, e de engajar assim a sua palavra numa dialética.

Na situação de transferência – não sou eu que o digo, mas Balint, e tem razão, ainda que seja outra coisa que não um deslocamento – trata-se do valor da palavra, não mais desta vez enquanto cria a ambiguidade fundamental, mas enquanto é função do simbólico, do pacto que liga os sujeitos uns aos outros numa ação. A ação humana por excelência está fundada originalmente na existência do mundo do símbolo, a saber, nas leis e nos contratos. E é nesse registro que Balint, quando está no concreto, na sua função de analista, faz girar a situação entre ele e o sujeito.

A partir desse dia, pode fazer com que ela observe toda espécie de coisas – a maneira por exemplo pela qual se comporta nos seus lugares, a saber que, desde que começa a obter a confiança geral, arranja-se justamente para fazer uma coisinha que a leva a ser posta na rua. A forma mesma dos trabalhos que ela encontra é significativa – está no telefone, recebe coisas ou manda os outros fazerem coisas diversas, em suma, ela faz trabalhos de entroncagem, que lhe permitem sentir-se fora da situação, e, no fim, sempre se arranja para ser despedida.

Eis portanto em que plano vem agir a relação de transferência – ela age em torno da relação simbólica, quer se trate da sua instituição, do seu prolongamento, ou da sua manutenção. A transferência comporta incidências, projeções das articulações imaginárias, mas se situa inteira na relação simbólica. O que é que isso implica?

A palavra não se desdobra num único plano. A palavra tem sempre por definição os seus panos de fundo ambíguos, que vão até o momento do inefável, em que não pode mais se dizer, se fundar, ela mesma, enquanto palavra. Mas este para além não é o que a Psicologia procura no sujeito, e encontra em não sei qual das suas mímicas, das suas cãibras, das suas agitações, em todos os correlatos emocionais da palavra. O, por assim dizer, para além psicológico, está de fato do outro lado, é um aquém. O para além de que se trata está na dimensão mesma da palavra.

Por *ser do sujeito,* não entendemos as suas propriedades psicológicas, mas o que se cava na experiência da palavra, em que consiste a situação analítica.

Essa experiência é constituída na análise por regras muito paradoxais, porque é de um diálogo que se trata, mas de um diálogo tão monólogo quanto possível. Ela se desenvolve segundo uma regra do jogo, e inteiramente na ordem simbólica. Vocês entendem? O que eu quis exemplificar hoje, foi o registro simbólico na análise, fazendo ressair o contraste que há entre os exemplos concretos dados por Balint e sua teorização.

O que se depreende para ele desses exemplos, é que a mola da situação, é o uso que cada uma das duas pessoas, o tipo e a dama, fizeram da palavra. Ora, é uma extrapolação abusiva. A palavra na análise não é, de modo algum, a mesma que aquela, ao mesmo tempo triunfante e inocente, que pode utilizar a criança antes que tenha entrado no mundo do trabalho. Falar na análise não é equivalente a sustentar no mundo do trabalho um discurso expressamente insignificante. Só por analogia se podem ligar os dois. Seu fundamento é diferente.

A situação analítica não é simplesmente uma ectopia da situação infantil. É certamente uma situação atípica, e Balint procura dar conta dela vendo aí uma tentativa de manter o registro do *primary love.* É verdade sob certos ângulos, mas não sob todos. Limitar-se a esse ângulo é embarcar em intervenções desorientadoras para o sujeito.

O fato o prova. Ao dizer à paciente que ela reproduzia tal situação da sua infância, o analista que tinha precedido Balint não fez virar a situação. Esta só começou a virar em torno do fato concreto de que a dama tinha nessa manhã em sua posse uma carta que lhe permitia encontrar um emprego. Sem teorizá-lo, sem sabê-lo, Balint intervinha ali no registro simbólico, colocado em jogo pela garantia dada, pelo simples fato de responder por alguém. E é justamente porque estava nesse plano, que foi eficaz.

Sua teoria é descompassada, degradada também. E, entretanto, quando se lê seu texto, encontra-se, como vocês acabam de ver, exemplos maravilhosamente luminosos; Balint, excelente prático, não pode, apesar de sua teoria, desconhecer a dimensão na qual se desloca.

4

Entre as referências de Balint, há uma que eu gostaria de destacar aqui. É um dístico de alguém a quem ele chama *um dos nossos confrades* – e por que não? – Johannes Scheffler.

Este, que, no início do século XVI, fez estudos médicos bem puxados – isso tinha provavelmente mais sentido nessa época do que nos nossos dias –, escreveu, sob o nome de Angelus Silesius, um certo número de dísticos dos mais comoventes. Místicos? Não é talvez o termo mais exato. Trata-se ali da deidade, e das suas relações com a criatividade, que diz respeito por essência à palavra humana, e que vai tão longe quanto a palavra, até o ponto mesmo em que ela acaba por se calar. A perspectiva pouco ortodoxa na qual Angelus Silesius sempre se afirmou é de fato um enigma para os historiadores do pensamento religioso.

Que ele emerja no texto de Balint não é certamente obra do acaso. Os dois versos que cita são muito bonitos. Não se trata de nada menos do que do ser enquanto está ligado, na realização do sujeito, ao contingente ou ao acidental, e isso faz eco para Balint ao que ele concebe sobre o último termo de uma análise, a saber, esse estado de erupção narcísica, de que já lhes falei quando de um dos nossos encontros.

Isso faz eco ao meu ouvido também. Só que, não é dessa maneira que concebo o termo analítico. A fórmula de Freud – *lá onde o isso estava, o eu deve estar* – é entendida de hábito segundo uma espacialização grosseira, e a reconquista analítica do isso se reduz, no final das contas, a um ato de miragem. O ego se vê num si que não é senão uma última alienação dele mesmo, só que mais aperfeiçoada do que todas as que ele conheceu até então.

Não, é o ato de palavra que é constituinte. O progresso de uma análise não diz respeito ao aumento do campo do ego, não é a reconquista pelo ego da sua franja de desconhecido, é uma verdadeira inversão, um deslocamento, como um minueto executado entre o ego e o id.

É tempo de eu lhes entregar agora o dístico de Angelus Silesius que é o trigésimo do segundo livro do *Peregrino querubínico.*

Zufall und Wesen
Mensch werde wesentlich: denn wann die Welt vergeht
So fält der Zufall weg, dasswesen dass besteht.

Este dístico é assim traduzido:

Contingência e essência
Homem, torna-te essencial: porque, quando o mundo passa,
a contingência se perde e o essencial subsiste.

É disso mesmo que se trata, ao termo da análise, de um crepúsculo, de um declínio imaginário do mundo, e até de uma experiência no limite da despersonalização. *É então que o contingente cai* – o acidental, o traumatismo, os obstáculos da história – *E é o ser que vem então a se constituir.*

Angelus escreveu manifestamente isso, no momento em que fazia os seus estudos de Medicina. O fim da sua vida foi perturbado pelas guerras dogmáticas da Reforma e da Contrarreforma nas quais ele tomou uma atitude extremamente apaixonada. Mas os livros do *Peregrino querubínico* dão um som transparente, cristalino. É um dos momentos mais significativos da meditação humana sobre o ser, um momento para nós mais rico de ressonâncias do que *A noite obscura* de São João da Cruz, que todo o mundo lê e ninguém compreende.

Não teria como aconselhar demasiado a alguém que faz análise que adquira as obras de Angelus Silesius. Não são tão longas, e estão traduzidas em francês pela Aubier. Vocês encontrarão ali muitos outros objetos de meditação, por exemplo, o calembur do *Wort*, a palavra, e do *Ort*, o lugar, e aforismos inteiramente justos sobre a temporalidade. Terei talvez ocasião de tocar uma próxima vez em algumas dessas fórmulas extremamente fechadas e que entretanto abrem, admiráveis, e que se propõem à meditação.

9 de junho de 1954

A Palavra na Transferência

XIX

A função criativa da palavra

Toda significação reenvia a outra significação.
Os companheiros de Ulisses.
Transferência e realidade.
O conceito é o tempo da coisa.
Hieróglifos.

Nosso amigo Granoff tem uma comunicação a nos fazer, que parece na linha dos nossos últimos propósitos. Acho ótimo que se manifestem iniciativas semelhantes, inteiramente conformes ao espírito de diálogo que desejo no que – não esqueçamos – é um seminário, antes de tudo. Não sei o que ele nos traz esta manhã.

A exposição do Dr. Granoff versa sobre dois artigos do número de abril de 1954 da Psycho-analytic Review: *"Emotion, Instinct and Pain-Pleasure", por A. Chapman Isham, e "A Study of the Dream in Depth, Its Corollary and Consequences", por C. Bennitt.*

1

Esses dois artigos amplos, de alto porte teórico, convergentes com o que faço aqui. Mas cada um deles centraliza a atenção em pontos diferentes.

O primeiro acentua a informação da emoção, que seria a última realidade com a qual temos a ver, e, para falar propriamente, o objeto da nossa experiência. Essa concepção responde ao desejo de apreender em algum lugar um objeto que pareça, tanto quanto possível, aos objetos de outros registros.

Alexander fez um grande artigo, de que poderemos talvez falar um dia, que se chama "Logic of Emotions", com o que ele está sem nenhuma dúvida no coração da teoria analítica.

Trata-se, da mesma forma que no artigo recente de Chapman Isham, de introduzir, no que consideramos habitualmente como o registro afetivo, uma dialética. Alexander parte do esquema lógico-simbólico bem conhecido em que Freud deduz as diversas formas de delírios, segundo as diversas maneiras de negar *Eu o amo – Não sou eu que o amo – Não é ele que eu amo – Eu não o amo – Ele me odeia – É ele que me ama* – o que dá a gênese de diversos delírios – o de ciúme, o passional, o persecutório, o erotomaníaco etc. É, pois, numa estruturação simbólica, elevada, porque comporta variações gramaticais muito elaboradas, que apreendemos as transformações, o metabolismo mesmo, que se produzem na ordem pré-consciente.

O primeiro artigo que Granoff comentou tem assim o interesse de estar na contracorrente em relação à tendência teórica atualmente dominante na análise. O segundo me parece mais interessante ainda, na medida em que procura a que mais além, a que realidade, a que *fato,* como se exprime nesse artigo, se refere a significação. É um problema crucial.

Bem, vocês se engajarão em vias sempre sem saída, o que se vê muito bem nos impasses atuais da teoria analítica, se ignorarem que a significação não reenvia nunca senão a ela mesma, isto é, a uma outra significação.

Cada vez que temos, na análise da linguagem, de procurar a significação de uma palavra, o único método correto é fazer a soma dos seus empregos. Se vocês quiserem conhecer na língua francesa a significação da palavra *main,* devem estabelecer o catálogo dos seus empregos, e não somente quando representa o órgão da mão, mas também quando figura em *main-d'oeuvre, mainmise, mainmorte* etc. A significação é dada pela soma desses empregos.

É com isso que temos a ver na análise. Não temos de modo algum de nos extenuar para encontrar referências suplementares. Que necessidade de falar de uma realidade que sustentaria os empregos ditos metafóricos? Toda espécie de emprego, em certo sentido, é sempre metafórica. A metáfora não é para se distinguir, como acredita Jones, no início do seu artigo sobre "A teoria do simbolismo", do símbolo mesmo e do seu uso. Porque, se me dirijo a um ser qualquer, criado ou incriado, chamando-o *sol do meu coração,* é um erro acreditar como o Sr. Jones, que se trata aí de uma comparação, entre o que você é para o meu coração e o que é o sol etc. A comparação é só um desenvolvimento secundário da primeira emergência ao ser da relação metafórica, que é infinitamente mais rica do que tudo que eu possa neste instante elucidar.

Essa emergência implica tudo que se pode ligar aí em seguida, e que eu não acreditava ter dito. Pelo simples fato de que formulei essa relação, sou eu, meu ser, minha confissão, minha invocação que entra no domínio do símbolo. Implicados nessa fórmula, há o fato de que o sol me esquenta, o fato de que me faz viver, também de que é o centro da minha gravitação, e também de que produz essa *morna metade de sombra* de que fala Valéry, que ele é também o que cega, o que dá a todas as coisas falsa evidência e brilho enganoso. Porque o máximo de luz é também a fonte de todo obscurecimento, não é? Tudo isso já está implicado na invocação simbólica. O surgimento do símbolo *cria* literalmente uma ordem de ser nova nas relações entre os homens.

Vocês me dirão que há, contudo, expressões irredutíveis. E objetarão, por outro lado, que podemos sempre reduzir ao nível factual a emissão criadora desse apelo simbólico, e que se poderia encontrar para a metáfora que lhes dei como exemplo fórmulas mais simples, mais orgânicas, mais animais. Façam vocês mesmos o ensaio – verão que não hão de sair nunca do mundo do símbolo.

Suponhamos que vocês recorram ao índice orgânico, a este *Coloca a tua mão sobre o meu coração,* que a infante diz a Leonor no início do *Cid,* para exprimir os sentimentos de amor que ela devota ao jovem cavaleiro. Bem, se o índice orgânico é invocado, é aí ainda no interior da confissão, como um testemunho, um testemunho que só ganha sua ênfase na medida em que – *Lembro-me tão bem disso que derramaria meu sangue antes de me rebaixar para desmentir minha linhagem.* É, com efeito, na medida mesma em que ela se interdita esse sentimento, que invoca então um elemento factual. O fato do seu batimento do coração não adquire sentido a não ser no interior do mundo simbólico desenhado na dialética do sentimento que se recusa, ou ao qual é implicitamente recusado o reconhecimento daquela que o experimenta.

Fomos, como vocês veem, levados ao ponto no qual terminou o nosso discurso da última vez.

2

Cada vez que estamos na ordem da palavra, tudo que instaura na realidade uma outra realidade, no limite, só adquire sentido e ênfase em função dessa ordem mesma. Se a emoção pode ser deslocada, invertida, inibida, se está engajada numa dialética, é que está presa na ordem simbólica, donde as outras ordens, imaginária e real, tomam lugar e se ordenam.

Vou tentar uma vez mais fazer vocês sentirem. Façamos uma pequena fábula.

Um dia, os companheiros de Ulisses – como vocês sabem, aconteceram-lhes mil desventuras, e acredito que nenhum tenha acabado o passeio – foram transformados, em razão de suas tendências deploráveis, em porcos. O tema da metamorfose merece nosso interesse porque coloca a questão do limite entre o humano e o animal.

Portanto, são transformados em porcos, e a história continua.

É preciso acreditar que eles guardam, apesar disso, alguns laços com o mundo humano, porque, no meio da pocilga – mas a pocilga é uma sociedade –, comunicam por grunhidos suas diferentes necessidades, a fome, a sede, a volúpia, e até o espírito de grupo. Mas não é tudo.

Que é que se pode dizer desses grunhidos? Não serão mensagens endereçadas ao outro mundo? Bem, eis aqui o que eu entendo. Os companheiros de Ulisses grunhem isto: – *Nós lamentamos Ulisses, lamentamos que não esteja entre nós, lamentamos o seu ensino, o que era para nós através da existência.*

Em que reconhecer que um grunhido que nos chega desse volume sedoso acumulado no espaço fechado da pocilga é uma palavra? Será nisto aí que se exprime algum sentimento ambivalente?

Há mesmo, no caso, o que chamamos, na ordem das emoções e dos sentimentos, ambivalência. Porque Ulisses é um guia sobretudo incômodo para seus companheiros. Entretanto, uma vez que eles se transformaram em porcos, têm sem dúvida motivo para lamentar sua presença. Donde uma dúvida sobre o que eles comunicam.

Essa dimensão não é negligenciável. Mas bastaria para fazer de um grunhido uma palavra? Não, porque a ambivalência emocional do grunhido é uma realidade, inconstituída por essência.

O grunhido do porco não se torna uma palavra a não ser quando alguém se coloca a questão de saber o que ele quer fazer crer. Uma palavra não é palavra a não ser na medida exata em que alguém acredita nela.

E o que querem fazer crer, grunhindo, os companheiros de Ulisses transformados em porcos? – que eles têm ainda algo de humano. Exprimir, nessa ocasião, a saudade de Ulisses é reivindicar serem reconhecidos, eles próprios, os porcos, como os companheiros de Ulisses.

É nessa dimensão que uma palavra se situa antes de tudo. A palavra é essencialmente o meio de ser reconhecido. Ela está aí antes de qualquer coisa que haja atrás. E, por isso, é ambivalente e absolutamente insondável. O que ela diz, será que é verdade? Será que não é verdade? É uma miragem. É essa primeira miragem que lhes assegura que estão no domínio da palavra.

Sem essa dimensão, uma comunicação não é algo que transmite, mais ou menos da mesma ordem que um movimento mecânico. Eu evocava há pouco a esfregação sedosa, a comunicação das esfregações no interior da pocilga. É isso – o grunhido é inteiramente analisável em termos de mecânica. Mas, desde que ele quer fazer crer e exige o reconhecimento, a palavra existe. Eis por que, num sentido, se pode falar da linguagem dos animais. Há uma linguagem dos animais na medida exata em que há alguém para compreendê-la.

3

Vejamos outro exemplo que tomarei emprestado de um artigo de Nunberg publicado em 1951, "Transference and Reality", que coloca a questão de saber o que é a transferência. É o mesmo problema.

É bem agradável ver ao mesmo tempo o quanto o autor vai longe e o quanto está embaraçado. Tudo se passa para ele no nível do imaginário. O fundamento da transferência é, pensa ele, a projeção, na realidade, de algo que não está lá. O sujeito exige que seu parceiro seja uma forma, um modelo, do seu pai por exemplo.

Evoca inicialmente o caso de uma paciente que passa o tempo a resmungar violentamente contra o analista, e mesmo a descompô-lo, a repreendê-lo por não estar nunca suficientemente bem, por nunca intervir como é preciso, se enganar, ser de mau gosto. Trata-se de um caso de transferência?, pergunta Nunberg de si para consigo.

Muito curiosamente, mas não sem fundamento, ele responde – não, há ali antes aptidão – *readiness* – para a transferência. Por ora, nas suas recriminações, o sujeito faz ouvir uma exigência, a exigência primitiva de uma pessoa real, e é a discordância que apresenta o mundo real em relação a esse requisito que motiva sua insatisfação. Não é transferência, mas sua condição.

A partir de quando há verdadeiramente transferência? Quando a imagem que o sujeito exige se confunde para o sujeito com a realidade em que ele está situado. Todo o progresso da análise está em lhe mostrar a distinção desses dois planos, deslocar o imaginário e o real. Teoria clássica – o sujeito tem um comportamento por assim dizer ilusório, de que se faz ver a ele o quanto é pouco adaptado à situação efetiva.

Só que, passamos nosso tempo a perceber que a transferência não é de modo algum um fenômeno ilusório. Analisar o sujeito não é dizer-lhe: – *Mas, meu pobre amigo, o sentimento que você experimenta em relação a mim é apenas transferência.* Isso nunca serviu para nada. Felizmente, quando os autores são bem orientados na sua prática, dão exemplos que desmentem sua teoria e que provam que têm um certo sentimento da verdade. É o caso de Nunberg. O exemplo que dá como típico da experiência da transferência é particularmente instrutivo.

Tinha um paciente que lhe trazia o máximo de material, e se exprimia com uma autenticidade, um cuidado do detalhe, uma preocupação de ser completo, com um abandono... E entretanto nada mudava. Nada mudou até que Nunberg tivesse percebido que a situação analítica reproduzia para o paciente uma situação que tinha sido a da sua infância, em que se entregava a confidências tão inteiras quanto possíveis, fundadas na confiança total que tinha na sua interlocutora, que não era outra senão sua mãe, a qual vinha todas as noites sentar-se ao pé da sua cama. O paciente comprazia-se, como Scheherazade, em lhe fazer o relato exaustivo das suas jornadas, mas também dos seus atos, dos seus desejos, das suas tendências, dos seus escrúpulos, dos seus remorsos, sem nunca esconder nada. A presença quente de sua mãe, em roupa de dormir, era para ele a fonte de um prazer perfeitamente sustentado como tal, que consistia em adivinhar sob sua camisola o contorno dos seus seios e do seu corpo. Ele se entregava então às primeiras investigações sexuais sobre sua parceira amada.

Como analisar isso? Tratemos de ser um pouquinho mais coerentes. O que é que isso quer dizer?

Duas situações muito diferentes são aqui evocadas – o paciente com a sua mãe, o paciente com o analista.

Na primeira situação, o sujeito experimenta uma satisfação através dessa troca falada. Podemos distinguir aí, sem dificuldade, dois planos, o plano das relações simbólicas, que se encontram aqui seguramente subordinadas, subvertidas pela relação imaginária. Por outro lado, na análise, o sujeito comporta-se com um inteiro abandono, e se submete com toda a boa vontade à regra.

Deve-se concluir que uma satisfação que se assemelha à satisfação primitiva está presente aí? Para muitos, o passo é facilmente franqueado – *mas sim, é isso mesmo,* o sujeito procura uma satisfação semelhante. Falar-se-á sem hesitar de automatismo de repetição. E tudo que vocês quiserem. O analista se vangloriará de ter detectado, atrás dessa palavra, não sei que sentimento ou emoção, que revelaria a presença de um mais além psicológico, constituído para além da palavra.

Mas enfim, reflitamos! Inicialmente, a posição do analista é exatamente inversa à posição da mãe, não está ao pé da cama, mas atrás, e está longe de apresentar, pelo menos nos casos mais comuns, os encantos do objeto primitivo, e de poder prestar-se às mesmas concupiscências. Não é por aí entretanto que se pode franquear o passo da analogia.

São coisas bestas que estou dizendo a vocês. Mas é só soletrando um pouco a estrutura, e dizendo coisas simples, que podemos aprender a contar nos dedos os elementos da situação no meio da qual agimos.

O que há para compreender, é isto – por que, desde que a relação das duas situações foi revelada ao sujeito, se segue uma transformação completa da situação analítica? Por que as mesmas palavras se tornam então eficazes, e marcarão um verdadeiro progresso na existência do sujeito? Tratemos de pensar um pouco.

A palavra institui-se como tal na estrutura do mundo semântico que é o da linguagem. A palavra não tem nunca um único sentido, o termo, um único emprego. Toda palavra tem sempre um mais-além, sustenta muitas funções, envolve muitos sentidos. Atrás do que diz um discurso, há o que ele quer dizer, e, atrás do que quer dizer, há ainda um outro querer-dizer, e nada será nunca esgotado – se não é que se chega ao fato de que a palavra tem função criadora e faz surgir a coisa mesma, que não é nada senão o conceito.

Lembrem-se do que Hegel diz do conceito: – *O conceito é o tempo da coisa.* Certo, o conceito não é a coisa no que ela é, pela simples razão de que o conceito está sempre onde a coisa não está, ele chega para substituir a coisa, como o elefante que fiz entrar outro dia na sala por intermédio da palavra *elefante.* Se isso chocou tanto alguns de vocês, é que era evidente que o elefante estava aí a partir do momento em que o nomeamos. O que é que pode estar aí, da coisa? Não é nem sua forma, nem sua realidade, porque, no atual, todos os lugares estão tomados. Hegel diz isso com grande rigor – o conceito é o que faz com que a coisa esteja aí, não estando.

Essa identidade na diferença, que caracteriza a relação do conceito à coisa, é o que faz também com que a coisa seja coisa e que o *fact* seja simbolizado, como se dizia há pouco. Nós falamos de coisas e não de não sei o quê, sempre inidentificável.

Heráclito nos relata isso – se instauramos a existência de coisas numa movência absoluta, tal que jamais duas vezes a corrente do mundo passe pela mesma situação, é precisamente porque a identidade na diferença já está saturada na coisa. É daí que Hegel deduz que *o conceito é o tempo da coisa.*

Encontramo-nos aqui no coração do problema do que Freud avança quando diz que o inconsciente se coloca fora do tempo. É e não é verdade. Ele se coloca fora do tempo exatamente como o conceito, porque é o tempo de si mesmo, o tempo puro da coisa, e pode como tal reproduzir a coisa numa certa modulação, de que qualquer coisa pode ser o suporte material. Não se trata de outra coisa no automatismo de repetição. Essa observação nos levará muito longe, até os problemas de tempo que a prática analítica comporta.

Retomemos, pois, nosso exemplo – por que a análise se transforma, a partir do momento em que a situação transferencial é analisada pela evocação da situação antiga, em que o sujeito se encontrava em presença de um objeto muito diferente, inassimilável ao objeto presente? Porque a palavra atual, como a palavra antiga, é colocada num parêntese de tempo, numa forma de tempo, se é que posso me exprimir assim. A modulação do tempo sendo idêntica, a palavra do analista tem o mesmo valor que a palavra antiga.

Esse valor é valor de palavra. Não há aí nenhum sentimento, nenhuma projeção imaginários, e o Sr. Nunberg, que se extenua em construí-la, encontra-se assim numa situação inextrincável.

Para Loewenstein, não há projeção, mas deslocamento. Está aí uma mitologia que tem todos os aspectos de um labirinto. Só saímos dela reconhecendo que o elemento-tempo é uma dimensão constitutiva da ordem da palavra.

Se efetivamente o conceito é o tempo, devemos analisar a palavra por andares, procurar os múltiplos sentidos dela entre as linhas. É sem fim? Não, não é sem fim. Todavia, o que se revela por último, a última palavra, o último sentido, é essa forma temporal com a qual entretenho vocês, e que é, por si só, uma palavra. O último sentido da palavra do sujeito diante do analista é a sua relação existencial diante do objeto do seu desejo.

Essa miragem narcísica não toma nessa ocasião nenhuma forma particular, não é nada senão o que sustenta a relação do homem ao objeto do seu desejo, e o deixa sempre isolado no que chamamos prazer preliminar. Essa relação é especular, e coloca aqui a palavra numa espécie de suspensão em relação a essa situação com efeito puramente imaginária.

Essa situação não tem nada de presente, nada de emocional, nada de real. Mas, uma vez atingida, muda o sentido da palavra, revela ao sujeito que sua palavra não é o que chamei na minha comunicação de Roma *palavra vazia,* e que é enquanto tal que ela é sem nenhum efeito.

Tudo isso não é fácil. Vocês entendem? Vocês devem compreender que o mais-além ao qual somos reenviados é sempre uma outra palavra, mais profunda. Quanto ao limite inefável da palavra, resulta de que a palavra cria a ressonância de todos os seus sentidos. Afinal de contas, é ao ato mesmo da palavra enquanto tal que somos reenviados. É o valor desse ato atual que faz a palavra vazia ou plena. O de que se trata na análise da transferência é saber em que ponto da sua presença a palavra é plena.

4

Se vocês acham essa interpretação, por menos que seja, especulativa, vou lhes trazer uma referência, porque estou aqui para comentar os textos de Freud, e não é inoportuno fazer observar que o que eu explico a vocês é estritamente ortodoxo.

Em que momento aparece na obra de Freud a palavra *Übertragung,* transferência? Não é nos *Escritos técnicos,* e a propósito das relações reais, pouco importa, imaginárias, e mesmo simbólicas com o sujeito. Não é a propósito de Dora, nem a propósito de todas as misérias que ela lhe fez, porque, por assim dizer, ele não lhe soube dizer em tempo que ela começava a ter por ele um sentimento terno. É na sétima parte, "Psicologia dos processos do sonho", da *Traumdeutung.*

É um livro que comentarei talvez diante de vocês num dia próximo, e onde se trata apenas de demonstrar, na função do sonho, a superposição das significações de um material significante. Freud mostra-nos como a palavra, isto é, a transmissão do desejo, pode se fazer reconhecer através de qualquer coisa, desde que essa qualquer coisa seja organizada em sistema simbólico. Está aí a fonte do caráter durante muito tempo indecifrável do sonho. E é pela mesma razão que não soubemos durante muito tempo compreender os hieróglifos – não os compúnhamos no seu sistema simbólico próprio, não percebíamos que uma pequena silhueta humana podia querer dizer *um homem,* mas que podia também representar o som *homem,* e, como tal, entrar numa palavra a título de sílaba. O sonho é feito como os hieróglifos. Freud cita, como vocês sabem, a pedra de Roseta.

O que é que Freud chama *Übertragung?* É, diz ele, o fenômeno constituído pelo fato de que, para um certo desejo recalcado pelo sujeito, não há tradução direta possível. Esse desejo do sujeito é interditado ao seu modo de discurso, e não pode se fazer reconhecer. Por quê? É que há entre os elementos do recalque algo que participa do inefável. Há relações essenciais que nenhum discurso pode exprimir suficientemente, senão no que eu chamava há pouco de entrelinhas.

Falarei a vocês numa próxima vez do *Guia dos perdidos* de Maimônides, que é uma obra esotérica. Vocês verão como ele organiza deliberadamente seu discurso de tal modo que o que ele quer dizer, que não é dizível – é ele que fala –, possa, não obstante, revelar-se.

É por uma certa desordem, certas rupturas, certas discordâncias intencionais que ele diz o que não pode ou não deve ser dito. Bem, os lapsos, os buracos, as contensões, as repetições do sujeito, exprimem também, mas agora espontaneamente, inocentemente, a maneira pela qual seu discurso se organiza. E é o que temos de ler. Voltaremos a isso, porque vale a pena nos aproximarmos desses textos.

O que é que nos diz Freud na sua primeira definição do *Übertragung?* Ele nos fala dos *Tagesreste,* dos restos diurnos, que são, diz ele, desinvestidos do ponto de vista do desejo. São no sonho formas errantes que, para o sujeito, se tornaram de menor importância – e se esvaziaram do seu sentido. É, pois, um material significante. O material significante, quer seja fonemático, hieroglífico etc. é constituído de formas destituídas do seu próprio sentido e retomadas numa organização nova através da qual um outro sentido encontra como se exprimir. É exatamente a isso que Freud chama *Übertragung.*

O desejo inconsciente, quer dizer, impossível de se exprimir, encontra meio de se exprimir, não obstante, pelo alfabeto, a fonemática dos restos do dia, eles mesmos desinvestidos do desejo. É, pois, um fenômeno de linguagem como tal. É a isso que Freud dá, quando o emprega pela primeira vez, o nome de *Übertragung.*

Certo, no que se produz na análise, em relação ao que se produz no sonho, há essa dimensão suplementar, essencial, de que o outro está lá. Mas, observem também que os sonhos se tornam mais claros, mais analisáveis, à medida que a análise avança. É que o sonho fala mais com vistas ao analista. Os melhores sonhos que nos traz Freud, os mais ricos, os mais belos, os mais complicados, são os que ocorreram ao longo de uma análise e tendem a falar ao analista.

É também o que deve esclarecê-los sobre a significação própria do termo *acting-out.* Se, há pouco, falei de automatismo de repetição, se falei disso essencialmente a propósito da linguagem, é mesmo porque toda ação na sessão, *acting-out* ou *acting-in,* está incluída num contexto de palavra. Qualificamos de *acting-out* o que quer que seja que se passe no tratamento. E não sem razão. Se tantos sujeitos se precipitam durante sua análise para realizar uma massa de ações eróticas, como se casar, por exemplo, é evidentemente por *acting-out*. Se agem, é com o endereço do seu analista.

É exatamente por isso que é preciso fazer uma análise de *acting-out* e fazer uma análise de transferência, isto é, encontrar num ato o seu sentido de palavra. Na medida em que se trata para o sujeito de se fazer reconhecer, um ato é uma palavra.

É aí que os deixarei hoje.

16 de junho de 1954

XX

De locutionis significatione

Depois da contribuição muito interessante trazida por nosso amigo Granoff, e que se adaptava como uma luva ao progresso que o precedente seminário tinha aberto, foi da maneira mais à vontade que prossegui no meu propósito, e que pude trazê-los até uma precisão que, até aí, tinha ficado em suspenso na sucessão de interrogações que coloquei diante de vocês.

Essa precisão é que é somente no plano do simbólico que a função da transferência pode ser compreendida. Em torno desse ponto central, ordenam-se todas as manifestações nas quais a vemos aparecer-nos e isso até no domínio do imaginário.

Para fazer com que seja apreendido, não acreditei poder fazer coisa melhor do que enfatizar a primeira definição da transferência dada por Freud.

O de que se trata fundamentalmente na transferência é da tomada de posse de um discurso aparente por um discurso mascarado, o discurso do inconsciente. Esse discurso se apossa desses elementos esvaziados, disponíveis, que são os *Tagesreste,* e de tudo que, na ordem do pré-consciente, se torna disponível, por um investimento mínimo dessa necessidade fundamental do sujeito que é a de se fazer reconhecer. É nesse vazio, nesse oco, com o que se torna assim materiais, que se exprime o discurso secreto, profundo. Nós o vemos no sonho, mas o reencontramos também no lapso e em toda a psicopatologia da vida cotidiana.

É a partir daí que escutamos aquele que nos fala. E só temos de nos referir à nossa definição do discurso do inconsciente, que é o discurso do outro, para compreender como ele reencontra autenticamente a intersubjetividade nessa realização plena da palavra que é o diálogo.

O fenômeno fundamental da revelação analítica é essa relação de um discurso a um outro que o toma como suporte. Encontramos aí manifestado esse princípio fundamental da semântica, de que todo semantema reenvia ao conjunto do sistema semântico, à polivalência dos seus empregos. Também, para tudo que é propriamente da linguagem, enquanto ela é humana, quer dizer utilizável na palavra, não há nunca univocidade do símbolo. Todo semantema tem sempre muitos sentidos.

Donde desembocamos nesta verdade absolutamente manifesta da nossa experiência, e que os linguistas sabem bem, de que toda significação não faz senão reenviar a uma outra significação. Também os linguistas tomaram o seu partido, e é no interior desse campo que desde então desenvolvem a sua ciência.

Não se deve crer que isso prossiga sem ambiguidade, e que, para um Ferdinand de Saussure, que o viu claramente, as definições tenham sempre sido dadas de maneira perfeitamente satisfatória.

O significante é o material audível, o que nem por isso quer dizer o som. Entretanto, nem por isso, tudo que é da ordem da fonética é incluído na Linguística enquanto tal. É do fonema que se trata, quer dizer, do som em oposição a outro som, no interior de um conjunto de oposições.

Ao falarmos do significado, pensamos na coisa, quando se trata da significação. Não obstante, cada vez que falamos, dizemos a coisa, o significável, através do significado. Há aí um logro, porque é claro que a linguagem não é feita para designar as coisas.

Mas esse logro é estrutural na linguagem humana e, num certo sentido, é nele que está fundada a verificação de toda verdade.

Quando de uma entrevista que tive recentemente com a pessoa mais eminente que tenhamos neste domínio na França, e que pode legitimamente ser qualificada de linguista, o Sr. Benveniste, fizeram com que eu observasse que uma coisa não tinha nunca sido posta em evidência. Vocês ficarão talvez surpresos porque não são linguistas.

Partamos da noção de que a significação de um termo deve ser definida pelo conjunto dos seus empregos possíveis. Isso pode estender-se também a grupos de termos, e na verdade não há uma teoria da língua se não se levam em conta os empregos dos grupos, quer dizer, das locuções, das formas sintáticas também. Mas há aí um limite, e é este – que a frase não tem emprego. Há, pois, duas zonas da significação.

Essa observação é da maior importância, porque essas duas zonas da significação, é talvez algo a que nos referimos, porque é uma maneira de definir a diferença entre a palavra e a linguagem.

Um homem tão eminente quanto o Sr. Benveniste fez essa descoberta recentemente. Ela é inédita, e ele a confiou a mim como um encaminhamento atual do seu pensamento. É algo que é feito para nos inspirar mil reflexões.

Com efeito, o P. Beirnaert teve a ideia de me dizer – *Tudo que o senhor acaba de enunciar sobre a significação, será que isso não estaria ilustrado na* Disputatio de locutionis significatione, *que constitui a primeira parte do* De magistro*?* Eu lhe respondi: – *O senhor fala sabiamente.* Esse texto deixou alguns traços na minha memória, e no interior mesmo do que lhes ensinei da última vez. Não se pode negligenciar o fato de que as palavras que lhes envio obtêm tais respostas, e mesmo tais comemorações, como se exprime santo Agostinho, o que é em latim o equivalente exato de rememoração.

A rememoração do Revmo. P. Beirnaert cai tão bem quanto os artigos que nos tinha trazido Granoff. E é bastante exemplar aperceber-se de que os linguistas, se é que podemos reunir através das eras uma grande família que se chamaria com este nome, *os linguistas,* levaram 15 séculos para redescobrir, como um sol que se levanta de novo, como uma aurora nascente, ideias que já estão expostas no texto de santo Agostinho, que é um dos mais admiráveis que se possam ler. E eu me dei o prazer de relê-lo nesta ocasião.

Tudo que acabo de dizer a vocês sobre o significante e o significado está lá, desenvolvido com uma lucidez sensacional, tão sensacional que temo que os comentadores espirituais que se entregaram à sua exegese não tenham sempre visto toda a sutileza dele. Acham que o profundo Doutor da Igreja se perde em coisas bem fúteis. Essas coisas fúteis não são nada além do que há de mais agudo no pensamento moderno sobre a linguagem.

1

Revmo. P. Beirnaert: – *Só tive seis ou sete horas para explorar um pouco esse texto, e só lhes posso fazer uma pequena introdução.*

Como é que o senhor traduz *De locutionis significatione?*

Revmo. P. Beirnaert: – *Da significação da palavra.*

Incontestavelmente. *Locutio* é palavra.

Revmo. P. Beirnaert: – Oratio *é o discurso.*

Poderíamos dizer – *Da função significante da palavra,* porque temos mais longe um texto em que o próprio *significatio* tem esse sentido. Aqui, *palavra* é empregada no sentido lato, é a linguagem colocada em função na locução, e mesmo a eloquência. Não é nem a palavra plena, nem a palavra vazia, é o conjunto da palavra. A palavra plena, como o senhor a traduziria em latim?

Revmo. P. Beirnaert: – *Existe esta expressão* – sententia plena. *O enunciado pleno é aquele em que há não somente um verbo, mas um sujeito, um nome.*

Isso quer dizer simplesmente frase completa, não é a palavra. Santo Agostinho procura mostrar aí que todas as palavras são nomes. Emprega muitos argumentos. Explica que toda palavra pode ser empregada como nome numa frase. *Se* é uma conjunção de subordinação. Mas na frase *o* se *me desagrada,* esta palavra é empregada como nome. Santo Agostinho procede com todo o rigor e espírito analítico de um linguista moderno, e mostra que é o uso, na frase, que define a qualificação de uma palavra como parte do discurso. Bem. O senhor pensou em como traduzir em latim palavra plena?

Revmo. P. Beirnaert: – *Não. Talvez a reencontremos ao longo do texto. Se o senhor permitir, vou situar o diálogo* De Magistro. *Foi composto por Agostinho em 389, alguns anos após a sua volta à África. É intitulado* Do mestre, *e comporta dois interlocutores – Agostinho e seu filho Adeodato, o qual tinha então a idade de 16 anos. Esse Adeodato era muito inteligente, é santo Agostinho que o diz e assegura que as palavras de Adeodato foram verdadeiramente pronunciadas por esse menino de 16 anos, que se mostra, pois, um contendor de primeira.*

O filho do pecado.

Revmo. P. Beirnaert: – *O tema axial, que marca a direção para a qual se orienta todo o diálogo, é que a linguagem transmite a verdade do fora pelas palavras que soam fora, mas que o discípulo vê sempre a verdade dentro.*

Antes de chegar a essa conclusão em direção à qual se precipita a discussão, o diálogo serpenteia longamente e dá uma doutrina da linguagem e da palavra de que podemos tirar algum proveito.

Dou as duas grandes partes dela – a primeira é a Disputatio de locutionis significatione, *discussão sobre a significação da palavra, a segunda parte se intitula* Veritatis magister solus est Christus, *o Cristo é o único mestre de verdade.*

A primeira parte se divide em duas seções. A primeira é intitulada sinteticamente De signis. *Traduz-se muito mal – Do valor das palavras. Trata-se de outra coisa, porque não se pode identificar* signum *e* verbum. *A segunda seção tem por título* Signa ad discendum nihil valent, *os signos não servem de nada para aprender. Comecemos pelo* Sobre os signos.

Interrogação de Agostinho ao seu filho: – O que é que queremos fazer, quando falamos? Resposta – Queremos ensinar ou aprender, segundo a posição de mestre ou de discípulo. Santo Agostinho vai tentar mostrar que, mesmo quando se quer aprender e se pergunta para aprender, ensina-se ainda. Por quê? Porque se ensina àquele a quem nos endereçamos em que direção se quer saber. Portanto, a definição geral: – Você vê pois, meu caro, que pela linguagem, não se faz nada senão ensinar.

Vocês me permitem uma observação? Vocês apreendem o quanto estamos desde este início no coração do que procuro lhes explicar aqui. Trata-se da diferença que há entre a comunicação por sinais e a troca da palavra inter-humana. Agostinho vê-se de cara no elemento da intersubjetividade, porque coloca a ênfase em *docere* e *dicere,* impossíveis de distinguir. Toda interrogação é essencialmente uma tentativa de acordo das duas palavras, o que implica que haja inicialmente acordo das linguagens. Nenhuma troca é possível senão através da identificação recíproca de dois universos completos da linguagem. É por isso que toda palavra é já, como tal, um ensinar. Não é um jogo de signos, situa-se, não no nível da informação, mas no da verdade.

Revmo. P. Beirnaert: – *Adeodato – Não penso que queiramos ensinar quando não há ninguém para aprender.*

Cada uma dessas réplicas mereceria ser isolada em si mesmo.

Revmo. P. Beirnaert: – *Tendo colocado a ênfase no ensino, ele passa a uma excelente maneira de ensinar,* per commemorationem, *quer dizer, por relembrança. Há, pois, dois motivos para a linguagem. Falamos ou para ensinar, ou para fazer relembrar, seja aos outros, seja a nós mesmos. Em seguida a esse início de diálogo, Agostinho coloca a questão de saber se é somente para ensinar ou se lembrar que a palavra foi instituída. Aqui, não esqueçamos a atmosfera religiosa na qual se situa o diálogo. O interlocutor responde que há, não obstante, a reza na qual se dialoga com Deus. Pode-se crer que Deus receba de nós um ensinamento ou uma chamada? Nossa reza não tem necessidade de palavras, diz exatamente Agostinho, senão quando é preciso que os outros saibam que rezamos. Com Deus, não tentamos lembrar ou ensinar ao sujeito com o qual se dialoga, mas antes advertir os outros de que estamos rezando. Portanto, não nos exprimimos senão em relação àqueles que podem nos ver nesse diálogo.*

A reza toca aqui no inefável. Não está no campo da palavra.

Revmo P. BEIRNAERT: – *Dito isso, o ensino se faz por palavras. As palavras são signos. Temos aqui toda uma reflexão sobre* verbum *e* signum. *Para desenvolver o seu pensamento, e explicitar a maneira pela qual ele concebe a relação do signo ao significável, Agostinho propõe ao seu interlocutor um verso da* Eneida.

Ainda não definiu *significável.*

Revmo P. BEIRNAERT: – *Não, ainda não – trata-se de significar, mas o quê? Não se sabe ainda. Toma, pois, um verso da* Eneida – *livro II, verso 659* – Si nihil ex tanta Superis placet urbe relinqui. Se, de uma tal cidade, agrada aos deuses que não fique nada. *E por toda uma maiêutica, vai tentar procurar esse* aliquid *que é significado. Começa perguntando ao seu interlocutor.*

> AG. – *Quantas palavras há no verso?*
> AD. – *Oito.*
> AG. – *Há, portanto, oito signos?*
> AD. – *É assim.*
> AG. – *Você compreende esse verso?*
> AD. – *Compreendo.*
> AG. – *Diga-me agora o que cada palavra significa.*

Adeodato está um pouco atrapalhado por causa do se. *Seria preciso reencontrar um equivalente. Não o encontra.*

> AG. – *Seja qual for a coisa significada por essa palavra, você sabe pelo menos onde ela se encontra?*
> AD. – *Parece-me que* se *significa uma dúvida. Ora, onde se encontra a dúvida, se não é na alma?*

É interessante, porque, imediatamente, vemos que a palavra reenvia a algo de ordem espiritual, a uma reação do sujeito como tal.

O senhor está certo disso?

Revmo. P. Beirnaert: – *Acredito.*

Enfim, ele fala aí de uma localização.

Revmo. P. Beirnaert: – *Que não se deve espacializar. Digo* na alma *em oposição ao material. Então, ele passa à palavra seguinte. É* nihil, *quer dizer,* nada. *Adeodato diz: – Evidentemente, é o que não existe. Santo Agostinho objeta que o que não existe, não pode de maneira alguma ser algo. Portanto, a segunda palavra não é um signo, porque não significa alguma coisa. E é por erro que se conveio que toda palavra é um signo, ou que todo signo é signo de alguma coisa. Adeodato está embaraçado, porque, se não temos nada a significar, é loucura falar. Portanto, deve haver aí alguma coisa.*

> AG. – *Será que não existe certa reação da alma quando, não vendo uma coisa, se dá conta entretanto, ou acredita ter-se dado conta de que essa coisa não existe? Por que não dizer que tal é o objeto significado pela palavra* nada, *mais do que a coisa mesma, que não existe?*

Portanto, o que é significado aqui é a reação da alma diante de uma ausência de algo que poderia estar lá.

O valor dessa primeira parte é muito exatamente mostrar que é impossível manejar a linguagem referindo termo a termo o signo à coisa. É assinalador para nós, se não esquecemos que a negatividade não tinha sido elaborada no tempo de santo Agostinho. E vocês veem que, não obstante, pela força dos signos, ou das coisas – estamos aí para tentar sabê-lo – é no *nihil* que ele esbarra nesse verso muito bonito. A escolha não é inteiramente indiferente. Freud conhecia certamente muito bem Virgílio e esse verso que evoca a Troia desaparecida curiosamente faz eco ao fato de que, quando Freud quer, em *O mal-estar na civilização,* definir o inconsciente, fala dos monumentos da Roma desaparecida. Aqui e lá, trata-se de coisas que desaparecem na história mas que, ao mesmo tempo, ficam aí, presentes, ausentes.

Revmo. P. BEIRNAERT: – *Agostinho passa em seguida ao terceiro termo, que é* ex. *Aí, seu discípulo lhe dá uma outra palavra para explicar o que ela significa. É a palavra* de, *termo de separação de uma coisa em que se encontra o objeto, de que se diz que ele vem. Depois disso, Agostinho lhe faz observar que ele explicou palavras por palavras* – ex *por* de, *uma palavra muito conhecida por outras muito conhecidas. Ele o impele então a ultrapassar o plano em que continua a se situar.*

> AG. – *Gostaria que você me mostrasse, se puder, as próprias coisas de que essas palavras são os signos.*

Toma como exemplo a muralha.

> AG. – *Será que você pode mostrá-la com o dedo? Desta maneira eu veria a coisa mesma de que esta palavra de três sílabas é o signo. E você a mostraria sem contudo introduzir nenhuma palavra.*

Temos então uma exposição sobre a linguagem por gestos. Agostinho pergunta ao seu discípulo se examinou bem os surdos que comunicam por gesto com os seus congêneres. E mostra que, nessa linguagem, não são somente as coisas visíveis que são mostradas, mas também os sons, os sabores etc.

O. MANNONI: – *Isso me lembra o pequeno jogo ao qual nos entregamos em Guitrancourt, domingo. E no teatro também, os atores fazem compreender e desenvolvem peças sem palavras, por meio da dança...*

O que o senhor evoca aí é com efeito muito instrutivo. É um joguinho em que há dois campos, e onde um deve fazer o outro adivinhar, o mais rapidamente possível, uma palavra dada secretamente pelo diretor do jogo. Aí se coloca em evidência exatamente o que santo Agostinho nos lembra nessa passagem. Porque o que é dito aqui não é tanto a dialética do gesto, mas a dialética da indicação. Que ele tome o exemplo da muralha, não nos espantaremos, porque é contra a muralha da linguagem que ele vai se chocar, mais do que contra a muralha real. Faz assim observar que não são somente as coisas que podem ser designadas, mas também as qualidades. Se toda indicação é um signo, é um signo ambíguo. Porque se se indica a muralha a vocês, como saber que é a muralha e não, por exemplo, a qualidade que ela tem de ser áspera, ou verde, cinza etc.? Da mesma forma, no joguinho do outro dia, alguém, tendo de exprimir *hera* foi buscar hera. Foi-lhe dito: – *Você trapaceou.* É um erro. A pessoa trazia três folhas de hera. Isso podia designar a cor verde, ou a Santíssima Trindade, e muitas outras coisas.

O. MANNONI: – *Ia fazer uma observação. Quero dizer a palavra* cadeira. *Se a palavra mesma me falta e se eu sacudo uma cadeira para completar a minha frase, não é verdadeiramente a coisa que eu emprego, mas a palavra. Não é pois possível falar por uma coisa, fala-se sempre por palavras.*

O seu exemplo ilustra perfeitamente como a interpretação procede na análise – interpretamos sempre as reações atuais do sujeito enquanto tomadas no discurso, como a sua cadeira que é uma palavra. Quando Freud interpreta os movimentos, os gestos, e pretensamente as emoções, é disso que se trata.

Revmo. P. BEIRNAERT: – *Não há nada que possa ser mostrado sem signo. Entretanto Adeodato vai tentar mostrar que há coisas que podem sê-lo. Agostinho coloca a questão seguinte.*

> AG. – *Se eu lhe perguntasse: o que é andar? e se, ao se levantar, você realizasse esse ato: não se serviria você, para me ensinar, da coisa mesma mais do que de palavras ou de algum outro signo?*
> AD. – *É assim, eu o confesso, e tenho vergonha de não ter visto uma coisa tão evidente.*
> AG. – *Se eu lhe perguntasse enquanto você anda: o que é andar? Como é que você o ensinaria a mim?*
> AD. – *Eu faria a mesma ação um pouco mais depressa para atrair a sua atenção após a sua interrogação por algo*

de novo, ao mesmo tempo que não faria nada senão fazer o que deveria ser mostrado.

Mas é se apressar, que não é a mesma coisa que andar. Vai-se crer que ambulare *é* festinare. *Há pouco, com o* nihil, *esbarrávamos na negatividade, agora, com esse exemplo, faz-se observar que uma palavra como* festinare *pode aplicar-se a toda espécie de outros atos. Mais precisamente, vê-se que, ao mostrar qualquer ato no seu tempo particular, o sujeito não tem nenhuma razão, se não dispõe de palavras, para conceituar o próprio ato, porque pode acreditar que se trata daquele ato somente naquele tempo. Reencontramos* o tempo, é o conceito. *É somente se o tempo do ato é tomado nele mesmo, separado do ato particular, que o ato pode ser conceituado como tal, quer dizer, guardado num nome. Vamos aliás chegar agora à dialética do nome.*

Adeodato reconhece, pois, que não podemos mostrar uma coisa sem um signo quando a realizamos no momento de sermos interrogados. Mas, se somos interrogados sobre um ato que podemos fazer, mas que não fazemos no momento em que somos interrogados, desta vez podemos responder pela coisa mesma, pondo-nos a fazer esse ato. Podemos consequentemente mostrar sem signos, desde que não estejamos fazendo o ato quando somos interrogados.

Adeodato faz uma exceção para uma única ação, que é a de falar. O outro me pergunta: – *O que é falar?* – *O que quer que eu diga para lhe ensinar,* diz a criança, *me é necessário falar. Partindo daí, continuarei as minhas explicações até deixar claro o que ele quer, e isso, sem me afastar da coisa que ele quer que lhe mostremos, e sem procurar signos fora dessa coisa mesma.* É a única ação que possa com efeito se demonstrar, porque é a ação por essência que se demonstra pelos signos. Só a significação é reencontrada no nosso apelo, porque a significação reenvia sempre à significação.

Revmo. P. Beirnaert: – *Agostinho retoma agora todos os pontos abordados para aprofundá-los. Tomemos o primeiro ponto, o qual é que signos se mostram por signos.*

> AG. – *Será que só as palavras são signos?*
> AD. – *Não.*
> AG. – *Parece, pois, que falando, nós significamos por palavras, ou as próprias palavras, ou então outros signos.*

Agostinho mostra então que, pela palavra, podem-se significar e designar outros signos que não a palavra, por exemplo gestos, letras etc.

Exemplos de dois signos que não são *verba* – *gestus* e *littera.* Aqui, santo Agostinho se mostra mais são do que os nossos contemporâneos, alguns dos quais chegam a considerar que o gesto não é de ordem simbólica, mas situa-se, por exemplo, ao nível de uma resposta animal. O gesto faria assim objeção à nossa tese de que a análise se passa inteira na palavra. *E os gestos do sujeito?*, dizem eles. Ora, um gesto humano está do lado da linguagem e não da manifestação motora. É evidente.

Revmo. P. Beirnaert: – *Prossigo na leitura.*

> AG. – *Esses signos que são as palavras, a que sentido se endereçam eles?*
> AD. – *Ao ouvido.*
> AG. – *E o gesto?*
> AD. – *À vista.*
> AG. – *E quando encontramos palavras escritas? Não são palavras ou devem elas mais exatamente ser compreendidas como signos das palavras? De sorte que a palavra seria o que é proferido como um som de voz articulada com uma significação, a qual não pode ser percebida por outro sentido que não o ouvido.*

Portanto, essa palavra escrita reenvia à palavra que se endereça ao ouvido, de maneira que este se enderece então ao espírito. Dito isso, Agostinho vai pronunciar então um verbum *preciso,* nomen, *o nome.*

> AG. – *Significamos alguma coisa com este* verbum *que é* nomen *porque podemos significar* Romulus, Roma, fluvius,

> virtus, *coisas inumeráveis – não é senão um intermediário. Mas há bastante diferença entre esse nome e o objeto que ele significa. Qual é a diferença?*
> AD. – *Os nomes são signos, e os objetos não o são.*

Portanto, sempre no horizonte, inteiramente no limite, os objetos que não são signos. É aqui que intervém pela primeira vez o termo significabilia. *Chamar-se-ão significáveis os objetos suscetíveis de serem designados por um signo, sem serem eles mesmos um signo.*

Pode-se agora ir um pouco mais depressa. As últimas questões versam todas sobre os signos que se designam a si mesmos. Trata-se de aprofundar o sentido do signo verbal, que joga em torno do *nomen* e do *verbum* – traduzimos *verbum* por *palavra* enquanto o irmão Thonnard traduz num dado momento por *palavra falada*[17].

A esse respeito, gostaria de fazer observar que poderia acontecer que um fonema isolado numa língua não designe nada. Não se pode sabê-lo senão pelo uso e pelo emprego, quer dizer, pela sua integração no sistema da significação. *Verbum* é empregado como tal, e é em cima disso que gira a demonstração que diz respeito ao ponto de saber se toda palavra pode ser considerada como um *nomen.* A questão se coloca. Mesmo nas línguas em que o emprego substantivo do verbo é extremamente raro, como em francês, onde não dizemos correntemente *o deixar, o fazer, o encontrar-se,* a distinção do nome e do verbo é mais vacilante do que vocês podem crer. Qual é a ideia de Agostinho quando ele quer identificar *nomen* e *verbum*? E que valor dão vocês a *nomen* na linguagem do seminário?

É exatamente o que chamamos aqui o símbolo. O *nomen* é a totalidade significante-significado, particularmente enquanto serve para reconhecer, porque sobre ela se estabelece o pacto e o acordo. É o símbolo no sentido de pacto. O *nomen* se exerce no plano do reconhecimento. Essa tradução é conforme ao gênio linguístico do latim, em que há bom número de usos jurídicos da palavra *nomem,* a qual *pode* por exemplo se empregar no sentido de carta de crédito.

Podemos assim nos referir ao jogo de palavras hugoliano – não se deve acreditar que Hugo era louco – *nomen, numen.* A palavra *nomen* tem com efeito uma forma original que a coloca em relação com *numen,* o sagrado. Certo, a evolução linguística da palavra foi abocanhada pelo *nocere,* o que deu formas como *agnomen,* de que é difícil não crer que venha de uma captação de *nomen* por *cognoscere.* Mas os usos jurídicos nos indicam suficientemente que não nos enganamos ao reconhecer aí uma função de reconhecimento, de pacto, de símbolo inter-humano.

Revmo. P. BEIRNAERT: – *Com efeito. Santo Agostinho o explicita pela passagem em que fala das expressões como* isto se chama, isto se nomeia. *Isso se faz em referência à noção intersubjetiva.*

Num outro lugar, estabelece uma etimologia fantástica de *verbum* e *nomen* – *verbum* é a palavra enquanto bate no ouvido, o que corresponde à nossa noção da materialidade verbal, e *nomen* a palavra enquanto faz conhecer. No entanto, o que não está em santo Agostinho – porque ele não tinha lido Hegel – é a distinção entre o conhecimento, *agnoscere,* e o reconhecimento. A dialética do reconhecimento é essencialmente humana e, como santo Agostinho, se situa numa dialética que não é ateia...

Revmo. P. BEIRNAERT: – *Entretanto, quando há o que* se chama, se lembra, e se nomeia, *é do reconhecimento que se trata.*

Sem dúvida, mas ele não o isola, porque não há para ele, afinal de contas, senão um reconhecimento, o do Cristo. Não obstante, é certo, o tema ao menos aparece. Mesmo as questões que ele resolve de maneira diferente da nossa, são pelo menos indicadas – é assim para toda linguagem coerente.

Revmo. P. BEIRNAERT: – *O senhor sabe, está aí o essencial.*

Passe ao segundo capítulo, o que diz respeito ao que o senhor chamou a potência da linguagem.

Revmo. P. BEIRNAERT: – *O título é* – Que os signos não servem de nada para aprender. *Desta vez, não se trata mais da relação dos signos aos signos, nós abordamos a relação dos signos às coisas significáveis.*

De signo ao ensinamento.

Revmo. P. Beirnaert: – *Está mal traduzido, é antes* ao significável.

É portanto assim que o senhor traduz *dicendum*. Sim, mas santo Agostinho nos disse, por outro lado, que *dicere*, que é o sentido essencial da palavra, é *docere*.

Revmo. P. Beirnaert: – *Passo duas ou três páginas. Agostinho afirma então que o signo, quando o ouvimos, dirige a atenção sobre a coisa significada. Ao que ele faz uma objeção interessante do ponto de vista analítico, porque a reencontramos de tempos em tempos. O que é que você diria, pergunta ele a Adeodato, se um interlocutor, por brincadeira, concluísse que, se alguém fala de leão, um leão saiu da boca daquele que falar? É, responde Adeodato, o signo que sai da boca e não a significação, não o conceito, mas o seu veículo. Agora, santo Agostinho quer nos orientar em direção a isso, que, no fundo, o conhecimento vem das coisas. Pergunta inicialmente o que é preciso preferir, a coisa significada ou o signo. Segundo um princípio inteiramente universal nessa época, devemos estimar as coisas significadas mais do que os signos, porque os signos são ordenados à coisa significada, e tudo que é ordenado a outra coisa é menos nobre do que aquilo a que está ordenado. A menos que você não julgue de outra forma, diz santo Agostinho a Adeodato. O outro encontra uma objeção.*

> AD. – *Se dizemos lixo, esse nome, na minha opinião, é muito mais nobre do que a coisa significada. Porque gostamos mais de ouvi-la do que de senti-la.*

Isso permite introduzir entre a coisa na sua materialidade e o signo, o conhecimento da coisa, a saber, a ciência. Qual é a finalidade, pergunta Agostinho, daqueles que impuseram um nome a uma coisa tão vergonhosa e desprezível? Trata-se de advertir os outros do comportamento que se deve ter em relação a essa coisa. E é preciso ter em mais alta estima do que a coisa, o conhecimento da coisa que é a própria palavra.

> AG. – *O conhecimento do lixo, com efeito, deve ser tido como melhor que o próprio nome, o qual deve ser preferido ao próprio lixo. Porque não há outra razão para preferir o conhecimento ao signo, senão que este está para aquele, e não aquele para este.*

Fala-se para conhecer, não o inverso. Outro problema – o conhecimento dos signos será preferível ao conhecimento das coisas? Agostinho esboça somente a resposta. Enfim, ele conclui esse desenvolvimento dizendo:

> AG. – *O conhecimento das coisas ganha não do conhecimento dos signos, mas dos próprios signos.*

Ele volta então ao problema abordado na primeira parte.

> AG. – *Examinemos de mais perto se há coisas que se podem mostrar por si mesmas, sem nenhum signo, como falar, andar, sentar e outras semelhantes. Será que há coisas que podem ser mostradas sem signo?*
> AD. – *Nenhuma, menos a palavra.*
> AG. – *Você está tão certo assim de tudo o que diz?*
> AD. – *Não estou certo de modo algum.*

Agostinho traz um exemplo de coisa que se mostra sem signo, o que me fez pensar na situação analítica.

> AG. – *Se alguém, sem estar a par da caça aos passarinhos que se pratica com varas e visco, encontrasse um caçador de passarinhos carregando o seu aparato, e que sem estar ainda à caça está a caminho, e se, vendo-o, se ligasse nos seus passos, perguntando-se com espanto o que quer dizer esse equipamento, se agora o caçador de passarinhos, vendo-se observado, preparasse suas varas com a intenção de se mostrar, e avistando um passarinho bem próximo, com o auxílio da sua vara e do falcão, o imobilizasse, o dominasse*

> *e o capturasse, o caçador não teria, sem nenhum signo, mas pela sua ação mesma, instruído o seu espectador sobre o que ele desejava saber?*
> AD. – *Temo que aqui não seja como a propósito do que eu disse daquele que pergunta o que é o andar. Não vejo com efeito que a arte do passarinheiro seja totalmente mostrada aqui.*
> AG. – *É fácil libertar você dessa preocupação. Porque, eu preciso – se nosso espectador tivesse inteligência suficiente para inferir do que ele vê o conhecimento inteiro dessa espécie de arte. Basta com efeito, para nosso negócio, que possamos ensinar sem signos algumas matérias, se não todas, a alguns homens pelo menos.*
> AD. – *Posso por minha vez acrescentar que, se esse homem é verdadeiramente inteligente, quando lhe tivermos mostrado o andar dando alguns passos, ele apreenderá inteiramente o que é andar.*
> AG. – *Eu lhe dou a permissão, e com prazer. Você vê, cada um de nós estabeleceu que, sem empregar signos, alguns podiam ser instruídos sobre certas coisas. A impossibilidade de ensinar qualquer coisa sem signos é, pois, falsa. Após essas observações, com efeito, não é uma ou outra coisa, mas milhares de coisas que se apresentam ao espírito, como capazes de se mostrar por si mesmas, sem nenhum signo. Sem falar dos inumeráveis espetáculos em que todos os homens fazem exposição das coisas mesmas.*

Ao que se poderia responder que, de qualquer maneira, o que se pode mostrar sem signos já é significativo, porque é sempre no seio de um universo, no qual já estão situados os sujeitos, que os procedimentos do passarinheiro tomam um sentido.

2

O P. Beirnaert me evita, pelo que ele diz com muita pertinência, ter de lembrar a vocês que a arte do caçador de passarinhos só pode existir num mundo já estruturado pela linguagem. Não há necessidade de insistir.

Aquilo de que se trata para santo Agostinho não é levar à preeminência das coisas sobre os signos, mas fazer duvidar da preeminência dos signos na função essencialmente falante de ensinar. É aqui que se produz a falha entre *signum* e *verbum, nomen,* o instrumento do ensino enquanto instrumento da palavra.

Santo Agostinho faz apelo à mesma dimensão que nós, psicólogos. Porque os psicólogos são gente mais espiritual – no sentido técnico, religioso da palavra – do que se acredita. Acreditam, como santo Agostinho, na iluminação, na inteligência. É o que eles designam, quando fazem psicologia animal, com o nome de instinto, de *Erlebnis* – eu lhes assinalo isso de passagem.

É porque santo Agostinho quer nos engajar na dimensão própria da verdade que ele abandona o domínio do linguista, para tomar esse logro de que eu lhes falava há pouco. A palavra, desde que se instaura, se desloca na dimensão da verdade. Só que, a palavra não sabe que é ela que faz a verdade. E santo Agostinho tampouco o sabe, é por isso que procura encontrar a verdade como tal, e por iluminação. Donde uma inversão total da perspectiva.

Evidentemente, nos diz ele, afinal de contas os signos são inteiramente impotentes, porque não podemos reconhecer nós mesmos o seu valor de signos, e só sabemos que são palavras quando sabemos o que significam na língua, concretamente falando. A partir de então, lhe é fácil operar uma inversão dialética, e dizer que no manejo dos signos que se interdefinem, nunca apreendemos nada. Ou já sabemos a verdade de que se trata, e não são, pois, os signos que a ensinam para nós, ou não a sabemos, e não podemos situar os sinais que se relacionam a ela.

Ele vai mais longe, e situa admiravelmente o fundamento da dialética da verdade que está no coração mesmo da descoberta analítica. Em presença das palavras que ouvimos, diz ele, encontramo-nos em situações muito paradoxais – não saber se elas são verdadeiras ou não, aderir ou não à sua verdade, refutá-las ou aceitá-las ou duvidar delas. Mas é em relação à verdade que se situa a significação de tudo que é emitido.

A palavra, tanto ensinada quanto ensinante, está, pois, situada no registro da equivocação, do erro, da tapeação, da mentira. Ele vai muito longe, porque a coloca mesmo sob o signo da ambiguidade, e não somente da ambiguidade semântica, mas da ambiguidade subjetiva. Admite que o sujeito mesmo que nos diz algo, muitas vezes não sabe o que nos diz, e nos diz mais ou menos que ele quer dizer. O lapso é mesmo introduzido.

Revmo. P. BEIRNAERT: – *Mas ele não explicita que o lapso possa dizer algo.*

Quase, porque o considera como significativo, mas sem dizer de quê. Há lapso para ele quando o sujeito significa alguma coisa diversa – *aliud* – do que a que quer dizer. Outro exemplo inteiramente surpreendente da ambiguidade do discurso, o epicurista. O epicurista leva-nos para a função da verdade dos argumentos que acredita refutar. Mas esses têm em si mesmos uma virtude de verdade tal que confirmam no ouvinte a convicção exatamente contrária à que o epicurista queria lhe inspirar. Aliás, vocês sabem como um discurso mascarado, um discurso da palavra perseguida – como diz o chamado Léo Strauss – num regime de opressão política por exemplo, pode fazer passar coisas pretendendo refutar os argumentos que são o seu verdadeiro pensamento.

Em suma, é em torno desses três polos, o erro, a equivocação, a ambiguidade da palavra, que santo Agostinho faz girar toda a sua dialética. Bem, é em função dessa impotência dos signos para ensinar – para retomar simplesmente os termos do P. Beirnaert – que tentaremos da próxima vez abordar a dialética fundadora da verdade da palavra.

No tripé que lhes deixo, vocês não terão nenhuma dificuldade em reconhecer as três grandes funções sintomáticas que Freud colocou em primeiro plano na sua descoberta do sentido – a *Verneinung*, a *Verdichtung*, a *Verdrängung*. Porque o que fala no homem vai bem além da palavra até penetrar nos seus sonhos, seu ser e seu organismo mesmo.

23 de junho de 1954

XXI

A VERDADE SURGE DA EQUIVOCAÇÃO

Falhado = bem-sucedido.
A palavra do além do discurso.
A palavra me falta.
O sonho da monografia botânica.
Desejo.

Hoje, o círculo de vocês, cuja fidelidade nunca tinha sido desmentida, vai não obstante cedendo. E, no fim da corrida, sou eu quem terá ganho.

Partimos das regras técnicas tais como são expressas pela primeira vez nos *Escritos técnicos* de Freud, ao mesmo tempo perfeitamente formuladas e das mais incertas. Por uma tendência que estava na natureza do assunto, fomos levados àquilo em torno de que estamos desde o meio do último trimestre – a estrutura da transferência.

Para situar as questões que se relacionam a isso, é preciso partir do ponto central a que nossa investigação dialética nos levou, a saber, que não se pode dar conta da transferência como de uma relação dual, imaginária, e que o motor do seu progresso é a palavra.

Colocar em jogo a projeção ilusória de qualquer das relações fundamentais do sujeito sobre o parceiro analítico, ou ainda a relação de objeto, a relação entre a transferência e a contratransferência, tudo isso, que fica nos limites de uma *two bodies' psychology*, é inadequado. É o que nos mostram não somente as deduções teóricas, mas os testemunhos concretos dos autores que citei. Lembrem-se do que Balint nos diz sobre o que constata, quando daquilo a que chamo o término de uma análise – não passa de uma relação narcísica.

Pusemos, pois, em evidência a necessidade de um terceiro termo, que só permite conceber a transferência em espelho, e que é a palavra.

Apesar de todos os esforços que podemos fazer para esquecer a palavra, ou para subordiná-la a uma função de meio, a análise é, enquanto tal, uma técnica da palavra, e a palavra é o meio mesmo no qual ela se desloca. É em relação à função da palavra que as diferentes instâncias da análise se distinguem umas das outras, e tomam seu sentido, seu lugar exato. Todo o ensino que desenvolveremos em seguida não fará senão retomar essa verdade sob mil formas.

1

Da última vez nos enriquecemos com a discussão de um texto fundamental de santo Agostinho sobre a significação da palavra.

O sistema de santo Agostinho pode ser dito dialético. Não tem lugar no sistema das ciências, tal como foi constituído há apenas alguns séculos. Mas também não é um ponto de vista estranho ao nosso, que é o da linguística. Ao contrário, constatamos que, bem antes de a linguística vir à luz nas ciências modernas, alguém que medita sobre a arte da palavra, isto é, que fala disso, é conduzido a um problema que o progresso dessa ciência atualmente encontra.

Esse problema se coloca a partir da questão de saber de que maneira a palavra tem relação com a significação, como o signo se relaciona ao que ele significa. Com efeito, ao apreendermos a função do signo, somos sempre reenviados do signo ao signo. Por quê? Porque o sistema dos signos, tais como são instituídos concretamente, *hic et nunc*, forma por si mesmo um todo. Quer dizer que ele institui uma ordem sem saída. É claro que é preciso haver uma saída, sem o que seria uma ordem insensata.

Esse impasse não se revela a não ser que se considere a ordem inteira dos signos. Mas é assim mesmo que é preciso tomá-los, no seu conjunto, porque a linguagem não pode se conceber como o resultado de uma série de rebentos e botões, que sairiam de cada coisa. O nome não é como a cabecinha de aspargo que emergiria da coisa. A linguagem só é concebível como uma rede, uma teia sobre o conjunto das coisas, sobre a totalidade do real. Ela inscreve no plano do real esse outro plano a que chamamos aqui o plano do simbólico.

Certo, *comparação não é razão,* e o que faço é apenas ilustrar o que estou lhes explicando.

Do impasse colocado em evidência na segunda parte da demonstração agostiniana, resulta que a questão da adequação do signo, já não digo à coisa, mas ao que ele significa, nos deixa diante de um enigma. Esse enigma não é nada senão o da verdade, e é onde a apologética agostiniana nos espera.

O sentido, ou bem vocês o possuem, ou bem não o possuem. Quando compreendem o que se exprime pelos signos da linguagem, é sempre, afinal de contas, graças a uma luz que lhes é trazida de fora dos signos – seja por uma verdade interior que permite a vocês reconhecerem o que é trazido pelos signos, seja pela apresentação de um objeto colocado em correlação, de maneira repetida e insistente, com um signo. E eis a perspectiva invertida. A verdade está fora dos signos, alhures. Essa báscula da dialética agostiniana orienta-nos em direção ao reconhecimento do *magister* autêntico, do mestre interior de verdade.

Podemos, com razão, nos deter um momento para observar que a questão mesma da verdade já está colocada pelo próprio progresso dialético.

Da mesma forma como, num lugar da sua demonstração, santo Agostinho esquece que a técnica do caçador de passarinhos, essa técnica complexa – astúcia, armadilha para o seu objeto, o passarinho a pegar – já está estruturada, instrumentalizada pela palavra – da mesma forma, aqui, ele parece desconhecer que a questão mesma da verdade já está incluída no interior de sua discussão, porque é com a palavra que ele coloca em causa a palavra, e cria a dimensão da verdade. Toda palavra formulada como tal introduz no mundo o novo da emergência do sentido. Não é que ela se afirme como verdade, mas antes que introduz no real a dimensão da verdade.

Santo Agostinho argumenta – a palavra pode ser enganadora. Ora, por si só, o signo só pode se apresentar e sustentar na dimensão da verdade. Porque, por ser enganadora, a palavra se afirma como verdadeira. Isso para aquele que escuta. Para aquele que diz, a tapeação mesma exige inicialmente o apoio da verdade que se trata de dissimular, e à medida que ela se desenvolve, supõe um verdadeiro aprofundamento da verdade a que, se se pode dizer, ela responde.

Com efeito, à medida que a mentira se organiza, desenvolve seus tentáculos, lhe é necessário o controle correlativo da verdade que ela encontra em todas as viradas do caminho e que deve evitar. A tradição moralista o diz – é preciso ter boa memória quando se mentiu. É preciso saber um bocado de coisas para chegar a sustentar uma mentira. Nada mais difícil de fazer do que uma mentira que se sustente. Porque a mentira, nesse sentido, realiza, desenvolvendo-se, a constituição da verdade.

Mas não é ainda o verdadeiro problema. O verdadeiro problema é o do erro, e é aí, desde sempre, que ele se colocou.

É claro que o erro só é definível em termos de verdade. Mas não se trata de dizer que não haveria erro se não houvesse verdade, como não haveria branco se não houvesse preto. As coisas vão mais longe – não há erro que não se coloque e não se ensine como verdade. Em suma, o erro é a encarnação habitual da verdade. E se quisermos ser inteiramente rigorosos, diremos que, enquanto a verdade não for inteiramente revelada, isto é, segundo toda probabilidade até o fim dos séculos, será de sua natureza propagar-se em forma de erro.

Não seria necessário levar as coisas muito mais longe para ver aí uma estrutura constituinte da revelação do ser enquanto tal.

Sobre isso, só quero por enquanto lhes abrir uma portinha, que franquearemos um dia. Detenhamo-nos hoje na fenomenologia da função da palavra.

Vimos que a tapeação, como tal, só é sustentável em função da verdade, e não somente da verdade, mas de um progresso da verdade – que o erro é a manifestação comum da verdade mesma – e, portanto, que as vias da verdade são por essência vias de erro. *Então,* me dirão vocês, *como é que, no interior da palavra, o erro seria detectável? É preciso, ou a prova da experiência, a confrontação com o objeto, ou a iluminação dessa verdade interior, fim da dialética agostiniana.*

Essa objeção não deixa de ter força.

O fundamento mesmo da estrutura da linguagem é o significante, que é sempre material e que reconhecemos em santo Agostinho no *verbum,* e o significado. Tomados um a um, estão numa relação que parece estritamente arbitrária. Não há mais razão para chamar à girafa *girafa* e ao elefante *elefante,* do que para chamar à girafa *elefante* e ao elefante *girafa.* Não há nenhuma razão para não dizer que a girafa tem uma tromba e que o elefante tem um pescoço muito longo. Se é um erro no sistema geralmente recebido, não é possível ser detectado, como observa santo Agostinho, enquanto as definições não estão colocadas. E o que é mais difícil do que colocar as justas definições?

Não obstante, se vocês prosseguirem indefinidamente o seu discurso sobre a girafa com tromba, e se tudo que disserem se aplicar perfeitamente ao elefante, ficará claro que, sob o nome de girafa, é do elefante que vocês falam. Basta afinar os termos de vocês com os que são geralmente recebidos. É o que santo Agostinho demonstra a propósito do termo *perducam.* Não é aí que está o que se chama o erro.

O erro se demonstra é no fato de que, num dado momento, chega a uma contradição. Se comecei dizendo que as rosas são plantas que vivem geralmente debaixo d'água, e se aparece, em seguida, que eu fiquei durante um dia no mesmo lugar que as rosas, como é evidente por outro lado que não posso ficar durante um dia debaixo d'água, uma contradição aparece no meu discurso que demonstra o meu erro. Em outros termos, no discurso é a contradição que estabelece a separação entre a verdade e o erro.

Donde a concepção hegeliana do saber absoluto. O saber absoluto é o momento em que a totalidade do discurso se fecha sobre si mesma numa não contradição perfeita, até e aí compreendido o fato de que ele se coloca, se explica e se justifica. Daqui a que nós tenhamos chegado a este ideal!

Vocês conhecem em demasia a disputa persistente sobre todos os temas e todos os assuntos, com mais ou menos ambiguidade segundo as zonas da ação inter-humana, e a manifesta discordância entre os diferentes sistemas simbólicos que ordenam as ações, os sistemas religioso, jurídico, científico e político. Não há nem superposição, nem conjunção, dessas referências; há entre elas hiâncias, falhas, dilaceramentos. É por isso que não podemos conceber o discurso humano como unitário. Toda emissão de palavra está sempre, até certo ponto, numa necessidade interna de erro. Eis-nos pois levados, em aparência, a um pirronismo histórico que suspende o valor de verdade de tudo que a voz humana pode emitir, suspende-a à espera de uma totalização futura.

Será impensável que ela seja realizada? Afinal de contas, não pode o progresso do sistema das ciências físicas ser concebido como o progresso de um único sistema simbólico, ao qual as coisas dão alimento e matéria? À medida que esse sistema se aperfeiçoa, vemos aliás as coisas se perturbarem, se decomporem, se dissolverem sob a sua pressão. O sistema simbólico não é como uma vestimenta que se colaria às coisas, não deixa de ter efeito sobre elas e sobre a vida humana. Pode-se chamar essa perturbação como se quiser – conquista, violação da natureza, transformação da natureza, hominização do planeta.

Esse sistema simbólico das ciências vai em direção à *língua bem feita* que se pode dizer ser a língua própria, uma língua privada de toda referência a uma voz. É aí que nos leva também a dialética agostiniana, por se privar de toda referência a esse domínio da verdade no qual, entretanto, ela se desenvolve implicitamente.

E é aí que não se pode deixar de ficar surpreso com a descoberta freudiana.

2

A essa questão que parece, literalmente, *metafísica*, a descoberta freudiana, nem por ser empírica, deixa de trazer uma contribuição comovente, tão comovente que nos cegamos para sua existência.

O próprio do campo psicanalítico é supor, com efeito, que o discurso do sujeito se desenvolve normalmente – isto é Freud – na ordem do erro, do desconhecimento, e mesmo da denegação – não é bem a mentira, é entre o erro e a mentira. São verdades de grosseiro bom senso. Mas – eis o novo – durante a análise, nesse discurso que se desenvolve no registro do erro, algo acontece por onde a verdade faz irrupção, e não é a contradição.

Devem os analistas empurrar os sujeitos na via do saber absoluto, fazer sua educação em todos os planos, não só em Psicologia, para que eles descubram os absurdos no meio dos quais vivem habitualmente, mas também no sistema das ciências? Certamente que não – fazemos isso aqui porque somos analistas, mas se fosse preciso fazer isso com os doentes!

Não é também que preparamos para eles o encontro do real, porque nós os tomamos entre quatro paredes. Não é nossa função guiá-los pela mão na vida, quer dizer, nas consequências das suas besteiras. Na vida, pode-se ver a verdade pegar o erro por trás. Na análise, a verdade surge pelo que é o representante mais manifesto da equivocação – o lapso, a ação a que se chama impropriamente *falhada*.

Nossos atos falhados são atos que são bem-sucedidos, nossas palavras que tropeçam são palavras que confessam. Eles, elas, revelam uma verdade de detrás. No interior do que se chamam associações livres, imagens do sonho, sintomas, manifesta-se uma palavra que traz a verdade. Se a descoberta de Freud tem um sentido é este – a verdade pega o erro pelo cangote, na equivocação.

Releiam o início do capítulo sobre a elaboração do sonho – *um sonho* – diz Freud, é uma frase, *é uma charada*. Cinquenta páginas da *Interpretação dos sonhos* nos levariam igualmente a essa equação, se ela não fosse explicitamente formulada por Freud.

Isso apareceria também a propósito dessa formidável descoberta da condensação. Vocês se enganariam ao crer que condensação quer simplesmente dizer correspondência termo a termo de um símbolo com alguma coisa. Ao contrário, num sonho dado, o conjunto dos pensamentos do sonho, quer dizer, o conjunto das coisas significadas, dos sentidos do sonho, é tomado como uma rede, e não se encontra representado de modo algum termo a termo, mas por uma série de entrecruzamentos. Para demonstrar-lhes isso, bastaria que eu tomasse um dos sonhos de Freud, e que fizesse um desenho no quadro-negro. Leiam a *Traumdeutung*, e verão que é assim mesmo que Freud o entende – o conjunto dos sentidos é representado pelo conjunto do que é significante. Cada elemento significante do sonho, cada imagem, faz referência a toda uma série de coisas a significar, e, inversamente, cada coisa a significar é representada em vários significantes.

Somos, pois, levados pela descoberta freudiana a escutar no discurso essa palavra que se manifesta através, ou mesmo apesar, do sujeito.

Essa palavra, ele a diz para nós não somente pelo verbo, mas por todas as suas outras manifestações. Pelo seu corpo mesmo, o sujeito emite uma palavra, que é, como tal, palavra de verdade, uma palavra que ele nem mesmo sabe que emite como significante. É que ele diz sempre mais do que quer dizer, sempre mais do que sabe dizer.

A objeção principal que faz Agostinho à inclusão do domínio da verdade no domínio dos signos é, diz ele, que muito frequentemente os sujeitos dizem coisas que vão bem mais longe do que o que pensam, e que são mesmo capazes de confessar a verdade sem aderir a ela. O epicurista que sustenta que a alma é mortal, cita os argumentos dos seus adversários para refutá-los. Mas aqueles que têm os olhos abertos veem que a palavra verdadeira está lá, e reconhecem que a alma é imortal.

Por alguma coisa de que reconhecemos a estrutura e a função da palavra, o sujeito testemunha um sentido mais verdadeiro do que tudo que ele exprime pelo seu discurso de erro. Se não é assim que se estrutura nossa experiência, ela não tem estritamente nenhum sentido.

A palavra que o sujeito emite vai, sem que ele o saiba, para além dos seus limites de sujeito discorrente – ficando, certo, ao mesmo tempo, no interior dos seus limites de sujeito que fala. Se vocês abandonarem essa perspectiva, a objeção logo aparece em relação à qual me espanto por ela não ser mais frequentemente formulada – *Por que o discurso que vocês descobrem atrás do discurso da equivocação não cai sob a mesma objeção que este? Se é um discurso como o outro, por que não está igualmente mergulhado no erro?*

Toda concepção de estilo junguiano, toda concepção que faz do inconsciente, sob o nome de arquétipo, o lugar real de um outro discurso, cai, com efeito, de maneira categórica, sob essa objeção. Esses arquétipos, esses símbolos substantivados residem de maneira permanente num embasamento da alma humana, e que têm eles de mais verdadeiro do que o que está pretensamente na superfície? O que está nas adegas será mais verdadeiro do que o que está no celeiro?

O que quer dizer Freud quando enuncia que o inconsciente não conhece a contradição, nem o tempo? Quer ele dizer que o inconsciente é uma realidade verdadeiramente impensável? É certo que não, porque não há realidade impensável.

A realidade se define pela contradição. A realidade é o que faz que, quando eu esteja aqui, você não possa, senhorita, estar no mesmo lugar. Não se vê por que o inconsciente escaparia a esse tipo de contradição. O que Freud quer dizer, quando fala da suspensão do princípio de contradição no inconsciente, é que a palavra verídica que se espera que desvelemos, não pela observação, mas pela interpretação, no sintoma, no sonho, no lapso, no *Witz*, obedece a outras leis que não as do discurso, submetido à condição de se deslocar no erro até o momento em que encontra a contradição. A palavra autêntica tem outros modos, outros meios, que os do discurso corrente.

Eis o que temos de explorar de maneira rigorosa se quisermos fazer o menor progresso no pensamento daquilo que fazemos. Naturalmente, nada nos força a isso. Professo mesmo que a maioria dos seres humanos se dispensam disso bem comumente, e nem por isso realizam de maneira menos satisfatória o que têm a fazer. Eu até diria mais – pode-se levar extremamente longe o discurso, e mesmo a dialética, inteiramente sem pensar. Não obstante, todo progresso no mundo simbólico suscetível de constituir uma revelação implica, pelo menos por um momentinho, um esforço de pensamento. Ora, uma análise não é nada senão uma série de revelações particulares para cada sujeito. É, pois, verossímil que sua atividade exija do analista que ele se mantenha alerta para o sentido do que faz, e que ele deixe, de tempos em tempos, um momento para o pensamento.

Eis-nos, pois, em presença de uma questão – qual é a estrutura dessa palavra que está para além do discurso?

A novidade freudiana, em relação a santo Agostinho, é a revelação, no fenômeno, desses pontos vividos, subjetivos, em que uma palavra emerge que ultrapassa o sujeito discorrente. Novidade tão comovente que dificilmente podemos acreditar que nunca tenhamos nos apercebido disso antes. Sem dúvida, era preciso que o comum dos homens estivesse engajado há algum tempo num discurso bem perturbado, desviado talvez, e de algum modo inumano, alienante, para que se tenha manifestado com tal acuidade, tal presença, tal urgência, essa palavra.

Não esqueçamos, ela apareceu na parte sofredora dos seres e foi mesmo na forma de uma psicologia mórbida, de uma psicopatologia, que a descoberta de Freud foi feita.

3

Deixo todas essas considerações para a reflexão de vocês, porque quero agora insistir nisto – é somente no movimento dialético da palavra do além do discurso que tomam sentido e se ordenam os termos de que nos servimos comumente sem pensar mais no assunto, como se se tratasse de dados.

A *Verdichtung* se mostra não ser mais do que a polivalência dos sentidos na linguagem, seus acavalamentos, seus recortes, pelos quais o mundo das coisas não é recoberto pelo mundo dos símbolos, mas é retomado assim – a cada símbolo correspondem mil coisas, a cada coisa mil símbolos.

A *Verneinung* é o que mostra o lado negativo dessa não superposição, porque é preciso fazer entrar os objetos nos buracos, e como os buracos não correspondem, são os objetos que sofrem.

O terceiro registro também, o da *Verdrängung*, é referível no registro do discurso. Porque, observem-no bem, cada vez que há recalque – observem no concreto, é uma indicação, vão e vocês verão – recalque para falar propriamente – porque recalque não é repetição, recalque não é denegação – há sempre interrupção do discurso. O sujeito diz que a palavra lhe falta.

A *palavra me falta* – em que momento aparece na literatura um torneio como esse? Foi santo Amando que o pronunciou pela primeira vez – nem mesmo escrito, mas dito um dia assim na rua, e isso faz parte das inovações introduzidas na língua pelos preciosos. Somaize o assinala no seu *Dictionnaire des précieuses* entre mil outras formas que nos são agora comuns, mas que nem por isso deixaram de ser ditos espirituosos que, nos seus toucadores, criou essa amável sociedade inteira empenhada no aperfeiçoamento da linguagem. Há, vocês veem, uma relação entre o mapa do Terno e a Psicologia psicanalítica. A *palavra me falta,* nunca se teria dito coisa semelhante no século XVI.

Vocês conhecem o exemplo famoso da palavra que faltava a Freud – o nome próprio do pintor dos afrescos de Orvieto, Signorelli. Por que lhe faltava esta palavra? – senão porque a conversa que precedia não tinha sido levada ao seu termo, ao seu termo que teria sido o *Herr,* o mestre absoluto, a morte. E afinal, há talvez limites internos para o que se pode dizer, como o enuncia Mefistófeles, frequentemente citado por Freud – *Deus não pode ensinar aos seus meninos tudo o que Deus sabe.* O recalque é isso.

Cada vez que o mestre para na via do seu ensinamento por razões que dependem da natureza do seu interlocutor, já existe um recalque. E eu, que lhes entrego coisas imajadas, destinadas a recolocar as ideias no lugar, eu também recalco, mas é um pouco menos do que o que se faz habitualmente, que é da ordem da denegação.

Tomem o primeiro sonho que Freud dá no capítulo da condensação, o da monografia botânica, já resumido no capítulo sobre os elementos e fontes do sonho. É uma maravilhosa demonstração de tudo que lhes estou contando. Sem dúvida, quando se trata dos seus próprios sonhos, Freud nunca nos diz o fundo da coisa, mas não temos nenhuma dificuldade em adivinhá-lo.

Freud viu, pois, naquele dia uma monografia sobre os ciclamens, que são as flores preferidas de sua mulher. Vocês sabem que quando ele diz que muitos maridos – e ele também – oferecem menos frequentemente do que seria necessário flores à sua mulher, não é sem saber o que isso significa. Freud evoca sua conversa com o oculista Königstein, que operou seu pai, anestesiado pela cocaína. Ora, vocês conhecem a famosa história da cocaína – Freud nunca perdoou à sua mulher tê-lo feito vir com urgência para perto dela, porque senão, dizia ele, teria levado sua descoberta adiante, e teria se tornado um homem célebre. Nas associações do sonho, há também a doente que responde ao *belo nome de Flora,* e aparece num momento o Sr. Gärtner – o que quer dizer em alemão *jardineiro* – com, como por acaso, sua mulher, que Freud encontra *bluming,* florescente.

Tudo está aí, na sombra. Freud, não decidido a romper com a sua mulher, dissimula o fato de ele não lhe trazer flores com frequência suficiente, dissimula também essa reivindicação, este amargor permanente que é o seu no momento em que espera sua nomeação como professor extraordinário. Porque a luta que ele tem para se fazer reconhecer está aí subjacente ao que evoca dos seus diálogos com seus colegas, e isso é ainda acentuado pelo fato de que, no sonho, o Sr. Gärtner o interrompe. Compreende-se igualmente por que são estes dois restos diurnos, a conversa com o oculista e a vista da monografia, que alimentam esse sonho. É que eles foram os pontos fonemáticos vividos, se é que posso dizer, a partir dos quais se pôs em marcha a palavra que se exprime no sonho.

Vocês querem que eu a formule? Para dizê-la cruamente, é – *Não amo mais a minha mulher.* Ou ainda, o que ele evoca a propósito de suas fantasias e gostos de luxo – *Sou desconhecido pela sociedade, e entravado nas minhas ambições.*

Penso num dos nossos confrades que dizia numa conferência sobre Freud – *Era um homem sem ambições e sem necessidades.* Está aí uma falsidade gritante, basta ler a vida de Freud e conhecer a brutalidade das suas respostas para os que vinham a ele de coração na mão, idealistas, e o interrogavam sobre os interesses dele, na existência. Quinze anos após a morte de Freud, não deveríamos contudo cair na hagiografia. Resta-nos felizmente alguma coisa na sua obra que testemunha um pouco da sua personalidade.

Voltemos a esse famoso sonho. Se há sonho, é que há recalque, não é? Então, o que é que, aqui, estava recalcado? Não os coloquei em condições de reconhecer no texto mesmo de Freud que um certo desejo foi suspenso no curso desse dia, e que uma certa palavra não foi dita, não podia ser dita, que ia ao fundo da confissão, ao fundo do ser?

É aí que deixarei por hoje a questão – no estado atual das relações entre os seres humanos, pode uma palavra falada fora da situação analítica ser jamais uma palavra plena? A lei da conversa é a interrupção. O discurso corrente se choca sempre contra o desconhecimento, que é a mola da *Verneinung.*

Se vocês lerem a *Traumdeutung,* guiando-se pelo que lhes ensino, verão a que ponto os conceitos se tornam mais claros e até o sentido, que parece algumas vezes ambíguo, dado por Freud à palavra *desejo.*

Ele concede, o que pode parecer uma denegação surpreendente, que é preciso admitir que há dois tipos de sonhos, os sonhos de desejo e os sonhos de castigo. Mas se nós compreendemos o de que se trata, apercebemo-nos de que o desejo recalcado que se manifesta no sonho se identifica a esse registro no qual estou tentando fazer vocês entrarem – é o ser que espera se revelar.

Essa perspectiva dá o pleno valor ao termo desejo em Freud. Ela unifica o domínio do sonho, permite compreender os sonhos paradoxais, como o sonho do poeta de juventude tão difícil, que tem indefinidamente o mesmo sonho, em que é pequeno aprendiz de alfaiate. Esse sonho não presentifica tanto um castigo quanto a revelação do ser. Marca um dos franqueamentos da identificação do ser, a passagem do ser a uma nova etapa, a uma nova encarnação simbólica dele mesmo. Donde o valor de tudo que é da ordem do acesso, do concurso, do exame, da habilitação – valor não de prova, de teste, mas de investidura.

Seja como for, eu coloquei para vocês no quadro-negro este pequeno diamante que é um diedro de seis faces.

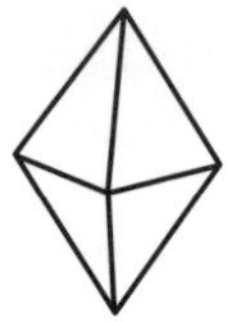

Façamos suas faces todas iguais, umas em cima, outras embaixo de um plano. Não é um poliedro regular, ainda que todas as suas faces sejam iguais.

Concebamos que o plano mediano, no qual se situa o triângulo que divide em duas essa pirâmide, representa a superfície do real, do real simplesmente. Nada do que está aí pode franqueá-lo, os lugares estão ocupados. Mas, no outro andar, tudo está mudado. Porque as palavras, os símbolos, introduzem um oco, um buraco, graças ao qual todas as espécies de franqueamentos são possíveis. As coisas tornam-se intercambiáveis.

Esse buraco no real chama-se, segundo a maneira pela qual o encaramos, o ser ou o nada. Esse ser e esse nada são essencialmente ligados ao fenômeno da palavra. É na dimensão do ser que se situa a tripartição do simbólico, do imaginário e do real, categorias elementares sem as quais não podemos distinguir nada na nossa experiência.

Não é por nada, sem dúvida, que elas são três. Deve haver aí uma lei mínima que a geometria não faz, aqui, mais do que encarnar, a saber, que se vocês destacam no plano do real algum pedaço que se introduza numa terceira dimensão, não poderão fazer nada de sólido senão com dois outros pedaços no mínimo.

Um tal esquema presentifica a vocês isto – é somente na dimensão do ser, e não na do real, que podem se inscrever as três paixões fundamentais – na junção do simbólico e do imaginário, essa fenda, se vocês quiserem, essa aresta, que se chama o amor –

na junção do imaginário e do real, o ódio – na junção do real e do simbólico, a ignorância.

Sabemos que a dimensão da transferência existe de cara, implicitamente, antes de qualquer começo de análise, antes que a concubinagem que é a análise a desencadeie. Ora, essas duas possibilidades do amor e do ódio não vão sem essa terceira, que se negligencia, e que não se nomeia entre os componentes primários da transferência – a ignorância enquanto paixão. O sujeito que vem para a análise se coloca entretanto, como tal, na posição daquele que ignora. Nenhuma entrada possível na análise sem essa referência – não se diz isso nunca, não se pensa nisso nunca, quando ela é fundamental.

À medida que a palavra progride, edifica-se a pirâmide superior que corresponde à elaboração da *Verdrängung*, a *Verdichlung* e a *Verneinung*. E o ser se realiza.

No início da análise como no início de toda dialética, esse ser, se ele existe implicitamente, de maneira virtual, não é realizado. Para o inocente, para aquele que nunca entrou em nenhuma dialética e se acredita singelamente no real, o ser não tem nenhuma presença. A palavra incluída no discurso se revela graças à lei da livre associação que o coloca em dúvida, entre parênteses, suspendendo a lei da não contradição. Essa revelação da palavra é a realização do ser.

A análise não é essa reconstituição da imagem narcísica a que é reduzida bem frequentemente. Se a análise fosse apenas pôr a prova um certo número de pequenos comportamentos, mais ou menos bem sacados, mais ou menos astuciosamente projetados, graças à colaboração de dois eus, se só estivéssemos ocupados em espiar o surgimento de não sei que realidade inefável, por que teria essa realidade o que quer que seja de privilegiado entre as outras? No meu esquema, o ponto O vai em algum lugar atrás e, à medida que sua palavra o simboliza, se realiza no seu ser.

Ficaremos por aqui hoje.

Peço insistentemente àqueles a quem este discurso tenha interessado, e mesmo trabalhado, que me coloquem, da próxima vez, questões – não muito longas, porque não temos mais do que um seminário – em torno das quais tentarei ordenar a conclusão, se é que se pode falar de conclusão. Isso servirá de nó, para encetar no próximo ano um novo capítulo.

Cada vez mais sou levado a pensar que no próximo ano será necessário dividir este seminário em dois, se eu quiser, por um lado, explicar-lhes o presidente Schreber e o mundo simbólico na psicose, e por outro, mostrar-lhes, a partir de *das Ich und das Es,* que *ego, superego* e *Es* não são nomes novos para as velhas entidades psicológicas. Espero assim fazê-los ver que é no movimento da dialética em que eu os engajei este ano que toma seu verdadeiro sentido o estruturalismo introduzido por Freud.

30 de junho de 1954

XXII

O conceito da análise

O intelectual e o afetivo.
O amor e o ódio no imaginário e no simbólico.
Ignorantia docta.
A investidura simbólica.
O discurso como trabalho.
O obsedado e seu mestre.

Quem tem questões a colocar?

Sra. Aubry: – *Compreendo que, na conjunção do imaginário e do real, se encontra o ódio, desde que tomemos conjunção no sentido de ruptura. O que eu compreendo menos é que, na conjunção do simbólico e do imaginário, se encontre o amor.*

Estou encantado com sua questão. Ela vai talvez me permitir dar ao nosso último encontro do ano esta atmosfera que eu prefiro familiar a magistral.

1

Leclaire, você também certamente tem coisas a perguntar. Da última vez, você me disse, após a sessão, algo que se parecia muito com uma questão – *Gostaria contudo que o senhor me falasse da transferência.*

Eles são duros, *contudo* – não lhes falo senão disso, e eles não estão satisfeitos. Há razões profundas pelas quais vocês ficarão sempre com fome a propósito da transferência. Não obstante, vamos ainda tentar tratar desse assunto hoje.

Se quisesse exprimir os três tempos da estruturação da palavra na procura da verdade, a partir do modelo de um desses quadros alegóricos que floresciam na época romântica como *a virtude perseguindo o crime, auxiliada pelo remorso,* eu lhes diria – *O erro se refugiando na tapeação e pego pela equivocação.* Espero que vejam que isso figura a transferência para vocês, assim como tento fazêlos apreendê-la nos momentos de suspensão que a confissão da palavra conhece.

DR. LECLAIRE: – *Sim.*

A propósito do que, em suma, vocês ficam com fome? Talvez a propósito da articulação entre o que lhes conto e a concepção comum da transferência?

DR. LECLAIRE: – *Quando se olha o que está escrito sobre a transferência, tem-se sempre a impressão de que o fenômeno da transferência entra na categoria das manifestações de ordem afetiva, das emoções, em oposição às outras manifestações, de ordem intelectual, como os procedimentos que visam à compreensão. A gente fica então sempre incomodado, quando tenta dar conta em termos correntes e comuns da perspectiva que é a sua sobre a transferência. As definições da transferência dizem sempre que se trata de emoção, de sentimento, de fenômeno afetivo, o que é decididamente oposto a tudo que, numa análise, se pode chamar de intelectual.*

Sim... Vejam vocês, há dois modos de aplicação de uma disciplina que se estrutura num ensino. Há o que vocês entendem, e depois o que vocês fazem disso. Esses dois planos não se recobrem, mas podem-se encontrar num certo número de signos segundos. É sob esse ângulo que vejo o que pode haver de fecundo em toda ação verdadeiramente didática. Não se trata tanto de transmitirlhes conceitos, quanto de explicá-los a vocês deixando-lhes consequentemente o relé de preenchê-los, e o encargo. Mas há algo que é talvez mais imperativo ainda, é designar-lhes os conceitos de que nunca devemos nos servir.

Se há algo dessa ordem no que lhes ensino aqui, é isto – eu lhes peço, a cada um de vocês, no interior da sua própria pesquisa da verdade, que renunciem radicalmente – ainda que seja a título provisório, para ver se não ganhamos em prescindir disso – a utilizar uma oposição como a do afetivo e do intelectual.

É claro demais que, ao fazer uso dela, se chega a uma série de impasses para que não seja tentador seguir essa diretiva durante certo tempo. Essa oposição é das mais contrárias à experiência analítica e das mais obscurecedoras quanto à sua compreensão.

Vocês me pedem para explicar o que ensino, e as objeções que esse ensinamento pode encontrar. Ensino a vocês o sentido e a função da ação da palavra, na medida em que é aí que está o elemento da interpretação. É ela que é o meio fundador da relação intersubjetiva, e que modifica retroativamente os dois sujeitos. É a palavra que, literalmente, cria o que os instaura nessa dimensão do ser que tento fazê-los entrever.

Não se trata aí de uma dimensão intelectual. Se o intelectual se situa em alguma parte, é ao nível dos fenômenos do ego, na projeção imaginária do ego, pseudoneutralizada – *pseudo* no sentido de mentira – que a análise denunciou como fenômeno de defesa e de resistência.

Se vocês me seguirem, poderemos ir muito longe. A questão não é saber até onde se pode ir, a questão é saber se seremos seguidos. Está aí, com efeito, um elemento discriminador do que se pode chamar a realidade.

Ao longo das idades, através da história humana, assistimos a progressos a propósito dos quais nos enganaríamos ao acreditar que são progressos das circunvoluções. São os progressos da ordem simbólica. Sigam a história de uma ciência como a Matemática. Ficou-se estagnado durante séculos em torno de problemas que são agora claros para crianças de 10 anos. E eram entretanto espíritos potentes que se mobilizavam em torno deles. Ficou-se parado diante da resolução da equação do segundo grau durante 10 séculos a mais do que se devia. Os gregos teriam podido encontrá-la porque encontraram coisas mais astuciosas nos problemas de máximas e mínimas. O progresso matemático não é um progresso da potência do pensamento do ser humano. É no dia em que um senhor pensa em inventar um signo como este, $\sqrt{\ }$, ou como este, $\int$, que dá coisa boa. A Matemática é isso.

Estamos numa posição de natureza diferente, mais difícil. Porque lidamos com um símbolo extremamente polivalente. Mas é apenas na medida em que chegarmos a formular adequadamente os símbolos da nossa ação que daremos um passo adiante. Esse passo adiante, como todo passo adiante, é também um passo retroativo. É por isso que eu diria que estamos elaborando assim, na medida em que vocês me seguem, uma Psicanálise. O nosso passo adiante na Psicanálise é, ao mesmo tempo, uma volta à aspiração da sua origem.

De que se trata pois? De uma compreensão mais autêntica do fenômeno da transferência.

Dr. Leclaire: – *Eu não tinha acabado inteiramente. Se coloco essa questão, é que entre nós ela fica sempre um pouco para trás. É bem evidente que, no grupo que formamos, os termos afetivo e intelectual estão fora de curso.*

Há interesse em que estejam fora de curso. O que é que se pode fazer com eles?

Dr. Leclaire: – *Mas justamente, é uma coisa que fica sempre um pouco suspensa, desde Roma.*

Acredito que não me sirvo deles uma única vez nesse famoso discurso de Roma, salvo para riscar o termo *intelectualizado.*

Dr. Leclaire: – *Precisamente, isso tinha chocado, e essa ausência, esses ataques diretos contra o termo afetivo.*

Acredito que é um termo que é preciso absolutamente riscar dos nossos trabalhos.

Dr. Leclaire: – *Queria, ao colocar-lhe essa questão, liquidar algo que tinha ficado em suspenso. Da última vez, falando de transferência, o senhor introduziu três paixões fundamentais, entre as quais a ignorância. É aí que eu queria chegar.*

2

Quis da última vez introduzir, como uma terceira dimensão, o espaço, ou antes o volume das relações humanas na relação simbólica. Foi de modo inteiramente intencional que só da última vez falei dessas arestas passionais. Como sublinhou muito bem a Sra. Aubry pela sua questão, são pontos de junção, pontos de ruptura, cristas que se situam entre os diferentes domínios em que se estende a relação inter-humana, o real, o simbólico, o imaginário.

O amor distingue-se do desejo, considerado como relação-limite que se estabelece de todo organismo ao objeto que o satisfaz. Porque seu ponto de mira não é a satisfação, mas o ser. É por isto que não se pode falar de amor senão onde a relação simbólica existe como tal.

Aprendam a distinguir agora o amor, como paixão imaginária, do dom ativo que constitui no plano simbólico. O amor, o amor daquele que deseja ser amado, é essencialmente uma tentativa de capturar o outro em si mesmo, em si mesmo como objeto. A primeira vez que falei longamente do amor narcísico, era, lembrem-se disto, no prolongamento mesmo da dialética da perversão.

O desejo de ser amado é o desejo de que o objeto amante seja tomado como tal, enviscado, submetido na particularidade absoluta de si mesmo como objeto. Aquele que aspira a ser amado se satisfaz muito pouco, isso é bem sabido, com ser amado pelo seu bem. Sua exigência é ser amado tão longe quanto possa ir a completa subversão do sujeito numa particularidade, e no que essa particularidade possa ter de mais opaco, de mais impensável. Queremos ser amados por tudo – não somente pelo nosso eu, como o diz Descartes, mas pela cor dos nossos cabelos, pelas nossas mãos, pelas nossas fraquezas, por tudo.

Mas inversamente, direi correlativamente, por causa disso mesmo, amar é amar um ser para além do que ele parece ser. O dom ativo do amor visa o outro, não na sua especificidade, mas no seu ser.

O. Mannoni: – *Pascal é quem dizia isso, não Descartes.*

Há uma passagem em Descartes sobre a depuração progressiva do eu para além de todas as qualidades particulares. Mas você não se engana, na medida em que Pascal tenta nos levar para além da criatura.

O. Mannoni: – *Ele o disse expressamente.*

Sim, mas era um movimento de rejeição.

O amor, não mais como paixão, mas como dom ativo, visa sempre, para além da cativação imaginária, o ser do sujeito amado, a sua particularidade. É por isso que pode aceitar dele até muito longe as fraquezas e os rodeios, pode mesmo admitir os erros, mas há um ponto em que para, um ponto que só se situa a partir do ser – quando o ser amado vai muito longe na traição de si mesmo e persevera na tapeação de si, o amor não segue mais.

Essa fenomenologia assinalável na experiência, não faço dela todo o desenvolvimento para vocês. Contento-me em fazê-los notar que o amor, enquanto é uma das três linhas de separação na qual se engaja o sujeito quando se realiza simbolicamente na palavra, se dirige em direção ao ser do outro. Sem a palavra enquanto ela afirma o ser, há somente *Verliebtheit,* fascinação imaginária, mas não há amor. Há amor sofrido, mas não o dom ativo do amor.

Bem, o ódio, é a mesma coisa. Há uma dimensão imaginária do ódio, na medida em que a destruição do outro é um polo da estrutura mesma da relação intersubjetiva. É, eu lhes indiquei, o que Hegel reconhece como o impasse da coexistência de duas consciências, donde ele deduz o seu mito da luta de puro prestigio. Aí mesmo, a dimensão imaginária é enquadrada pela relação simbólica, e é por isso que o ódio não se satisfaz com o desaparecimento do adversário. Se o amor aspira ao desenvolvimento do ser do outro, o ódio quer o contrário, seja o seu rebaixamento, seja a sua desorientação, o seu desvio, o seu delírio, a sua negação detalhada, a sua subversão. É nisso que o ódio, como o amor, é uma carreira sem limite.

Isso é talvez mais difícil de fazê-los compreender, porque por razões que não são talvez tão regozijantes quanto poderíamos crer, conhecemos menos nos nossos dias o sentimento do ódio do que em épocas em que o homem estava mais aberto ao seu destino.

Certo, vimos, não faz muito tempo, manifestações que, nesse gênero, não eram más. Não obstante, os sujeitos não têm, nos nossos dias, de assumir o vivido do ódio no que pode ter de mais abrasador. E por quê? Porque já somos muito suficientemente uma civilização do ódio. O caminho da corrida para a destruição não está verdadeiramente bem traçado entre nós? O ódio se reveste no nosso discurso comum de muitos pretextos, encontra racionalizações extraordinariamente fáceis. Talvez seja esse estado de floculação difusa do ódio que satura em nós o apelo à destruição do ser. Como se a objetivação do ser humano na nossa civilização correspondesse exatamente ao que, na estrutura do ego, é o polo do ódio.

O. Mannoni: – *O moralismo ocidental.*

Exatamente. O ódio encontra nele como se nutrir de objetos cotidianos. Estar-se-ia, porém, enganado em acreditar por isso que esteja ausente nas guerras, em que, para sujeitos privilegiados, é plenamente realizado.

Entendam bem que, falando-lhes de amor e de ódio, eu lhes designo as vias da realização do ser, não a realização do ser, mas somente suas vias.

E entretanto, se o sujeito se engaja na pesquisa da verdade como tal, é porque se situa na dimensão da ignorância – pouco importa que o saiba ou não. Está aí um dos elementos do que os analistas chamam *readiness to the transference,* abertura à transferência. Há no paciente abertura para a transferência pelo simples fato de que ele se coloca na posição de se confessar na palavra, e procurar sua verdade no fim, no fim que está lá, no analista. No analista também convém considerar a ignorância.

O analista não deve desconhecer o que eu chamarei o poder de acesso ao ser da dimensão da ignorância, porque ele tem de responder àquele que, por todo o seu discurso, o interroga nessa dimensão. Não tem de guiar o sujeito num *Wissen,* num saber, mas nas vias de acesso a esse saber. Deve engajá-lo numa operação dialética, não dizer-lhe que se engana, porque está forçosamente no erro, mas mostrar-lhe que fala mal, quer dizer, que fala sem saber, como um ignorante, porque são as vias do seu erro que contam.

A Psicanálise é uma dialética, e o que Montaigne, no seu livro III, capítulo VIII, chama *uma arte de conferir.* A arte de conferir de Sócrates no *Menon* é ensinar o escravo a dar seu verdadeiro sentido à sua própria palavra. E essa arte é a mesma em Hegel. Em outros termos, a posição do analista deve ser a de uma *ignorantia docta,* o que não quer dizer sábia, mas formal, e que pode ser, para o sujeito, formadora.

A tentação é grande, porque está em voga, neste tempo do ódio, transformar a *ignorantia docta* no que chamei, não é de ontem, uma *ignorantia docens.* Que o psicanalista acredite saber alguma coisa, em Psicologia por exemplo, já é o começo da sua perda, pela boa razão de que em Psicologia ninguém sabe grande coisa, a não ser que a Psicologia seja ela mesma um erro de perspectiva sobre o ser humano.

Preciso tomar exemplos banais para fazer com que vocês entendam o que é a realização do ser do homem, porque vocês o colocam, apesar de si mesmos, numa perspectiva errada, a de um falso saber.

Vocês devem, apesar disso, perceber que, quando o homem diz *eu sou,* ou *eu serei,* e mesmo *eu terei sido* ou *eu quero ser,* há sempre um salto, uma hiância. É tão extravagante em relação à realidade dizer *eu sou psicanalista* quanto *eu sou rei.* Uma e outra são afirmações inteiramente válidas, que nada justifica entretanto na ordem do que se pode chamar a medida das capacidades. As legitimaçães simbólicas em função de que um homem assume o que lhe é conferido por outros, escapam inteiramente ao registro das habilitações capacitárias.

Quando um homem recusa ser rei, isso não tem de modo algum o mesmo valor que quando aceita. Pelo fato mesmo de que recusa, não é rei. É um pequeno burguês – vejam por exemplo o Duque de Windsor. O homem que, no limite de ser investido da dignificação da coroa, diz: – *Eu quero viver com a mulher que amo* – fica por isso mesmo aquém do domínio de ser rei.

Mas quando o homem diz – e dizendo-o, ele o é, em função de um certo sistema de relações simbólicas – diz *Eu sou rei* – não é simplesmente a aceitação de uma função. Isso muda de um minuto para o outro o sentido de todas as suas qualificações psicológicas. Isso dá um sentido inteiramente diferente às suas paixões, aos seus desígnios, à sua estupidez mesmo. Todas essas funções se tornam, pelo simples fato de que ele é rei, funções reais. No registro da realeza, sua inteligência torna-se inteiramente outra coisa, suas incapacidades mesmas começam a polarizar, a estruturar toda uma série de destinos em torno dele, que se encontrarão profundamente modificados pela razão de que a autoridade real será exercida segundo tal modo pela personagem que é investida dela.

Isso se encontra a cada passo todos os dias – que um senhor que tenha qualidade bem medíocre e que apresente toda espécie de inconvenientes num tal emprego inferior, seja elevado a uma investidura de alguma forma soberana, no domínio mais limitado que seja, e ele muda de cabo a rabo. Basta que vocês o observem todos os dias, tanto o alcance de suas forças quanto o de suas fraquezas se transforma, e a sua relação pode-se encontrar invertida.

É também o que se vê de maneira apagada, não declarada, nas habilitações, nos exames. Por que, desde o tempo em que nos tornamos psicólogos tão fortes, não reduzimos esses franqueamentos diversos que tinham outrora um valor iniciatório, licenças, agregações etc.? Se tivéssemos verdadeiramente abolido esse valor, por que não reduzir a investidura à totalização do trabalho adquirido, das notas registradas durante o ano, ou mesmo a um conjunto de testes ou provas que mediriam a capacidade dos sujeitos? Por que guardar para esses exames não sei que caráter arcaico? Insurgimo-nos contra esses elementos de acaso e de favor à maneira das pessoas que batem nas muralhas da prisão que elas mesmas construíram. A verdade é simplesmente que, um concurso, enquanto reveste o sujeito de uma qualificação que é simbólica, não pode ter uma estrutura inteiramente racionalizada, e não se pode inscrever muito simplesmente no registro da adição da quantidade.

Então, quando reencontramos isso, nos achamos muito espertos e nos dizemos: – *Mas sim, façamos um grande artigo psicanalítico para mostrar o caráter iniciatório do exame.*

Esse caráter é evidente. É bom que isso seja percebido. Mas é bem ruim que o psicanalista não o explique sempre muito bem. Faz uma descoberta parcial, que explica em termos de onipotência do pensamento, de pensamento mágico, quando é a dimensão do símbolo que é fundamental ali.

3

Quem tem outras questões a me colocar?

DR. BEJARANO: – *Penso num exemplo concreto. Seria preciso tentar nos mostrar no caso Dora como os diferentes registros são seguidos.*

No caso Dora, ficamos um pouco à porta disso, mas posso não obstante situá-lo um pouco para vocês, trazendo-lhes uma resposta conclusiva sobre a questão da transferência no seu conjunto.

A experiência analítica é instaurada pelas primeiras descobertas de Freud, sobre o tripé sonho, lapso, trocadilho. Um quarto elemento é o sintoma, que pode servir, não de *verbum,* porque ele não é feito de fonemas, mas de *signum,* sobre a base do organismo – se vocês se lembram das diferentes esferas distinguidas no texto de Agostinho. É nessa experiência, e com atraso na instauração desta – Freud mesmo diz ter ficado amedrontado –, que ele isola o fenômeno da transferência. Por não ser reconhecida, a transferência operou como obstáculo ao tratamento. Reconhecida, torna-se o melhor apoio do tratamento.

Mas, antes mesmo de se aperceber da existência da transferência, Freud já a tinha designado. Com efeito, há já na *Traumdeutung* uma definição da *Übertragung* em função do duplo nível da palavra, como já lhes disse. Há partes do discurso desinvestidas de significações que uma outra significação, a significação inconsciente, vem pegar por trás. Freud o mostra a propósito do sonho, e fiz vocês verem isso em lapsos ruidosos.

Do lapso, infelizmente falei pouco este ano. Ora, está aí uma dimensão fundamental, porque é a face radical de não senso que apresenta todo sentido. Há um ponto em que o sentido emerge, e é criado. Mas nesse ponto mesmo, o homem pode muito bem sentir que o sentido é ao mesmo tempo anulado, que é por ser anulado que ele é criado. O trocadilho, o quê que é? – senão a irrupção calculada do não senso num discurso que parece ter um sentido.

O. Mannoni: – *É o ponto umbilical da palavra.*

Exatamente. No sonho, há um umbigo extremamente confuso. Inversamente, o umbigo do trocadilho é perfeitamente agudo – o *Witz.* E o que exprime sua essência mais radical é o não senso.

Bem, essa transferência, nos apercebemos de que ela é o nosso apoio.

Mostrei a vocês três direções nas quais ela é compreendida pelos diferentes autores. Essa tripartição, que é apenas didática, deve permitir que vocês se localizem nas tendências atuais da análise – e isso não é brilhante.

Alguns querem compreender o fenômeno da transferência em relação ao real, quer dizer, enquanto fenômeno atual. Pensamos fazer um grande escândalo dizendo que toda análise deve se reportar ao *hic et nunc.* Acredita-se ter encontrado aí algo de deslumbrante, ter dado um passo arrojado. Esriel escreve sobre esse assunto coisas tocantes, que arrombam portas abertas: a transferência está aí, trata-se simplesmente de saber o que é. Se tomamos a transferência no plano do real, eis o que isso dá – é um real que não é real, mas ilusório. O real é que o sujeito está lá, começando a falar das suas rixas com o seu merceeiro. O ilusório é que, ao reclamar do merceeiro, sou eu que ele descompõe – é um exemplo de Esriel. Conclui, pois, que se trata de demonstrar ao sujeito que não há verdadeiramente nenhuma razão para que me descomponha a propósito do seu merceeiro.

Assim, partindo das emoções, do afetivo, da ab-reação, e outros termos que designam um certo número de fenômenos parcelares que se passam com efeito durante a análise, não se chega menos, eu lhes chamo a atenção para isso, a algo de essencialmente intelectual. Proceder sobre essa base conduz, afinal de contas, a uma prática equivalente às primeiras formas de doutrinação que nos escandalizam tanto na conduta de Freud com seus primeiros casos. Seria preciso ensinar o sujeito a se comportar no real, mostrar-lhe que ele não está na moda. Se não é educação e doutrinação, eu me pergunto o que é. É em todo o caso uma forma toda superficial de tomar o fenômeno.

Há outra forma de abordar o problema da transferência, é fazê-lo a esse nível do imaginário, cuja importância não deixamos de sublinhar aqui. O desenvolvimento relativamente recente da Etologia animal nos permite dar disso uma estruturação mais clara que Freud. Mas essa dimensão foi nomeada como tal no texto de Freud – *imaginare.* Como poderia ele evitá-lo? Vocês viram este ano, na *Introdução ao narcisismo,* que a relação do vivente aos objetos que ele deseja está ligada a condições de *Gestalt* que situam como tal a função do imaginário.

A função do imaginário não é de modo algum desconhecida na teoria analítica, mas introduzi-la apenas para tratar da transferência é colocar um tampão em cada orelha, porque ela está presente em todo lugar, e, em particular, quando se trata da identificação. Todavia, trata-se de não empregá-la a torto e a direito.

Observemos a esse respeito que a função do imaginário está em jogo no comportamento de todo par animal.

Em todas as ações ligadas ao momento do emparelhamento dos indivíduos tomado no ciclo do comportamento sexual, aparece uma dimensão de ostentação. Ao longo da ostentação sexual, cada um dos indivíduos se encontra captado numa situação dual, em que se estabelece, por intermédio da relação imaginária, uma identificação – momentânea sem dúvida, porque ligada ao ciclo instintivo.

Da mesma forma, ao longo da luta entre os machos, podem-se ver os sujeitos se acordarem numa luta imaginária. Há aí, entre os adversários, uma regulação a distância, que transforma a luta numa dança. E, num momento dado, como no emparelhamento, os papéis são escolhidos, a dominação de um é reconhecida, sem que se passe, não direi às mãos, mas às garras, aos dentes e aos aguilhões. Um dos parceiros toma a atitude passiva e sofre a preponderância do adversário. Disfarça diante dele, adota um dos papéis, e manifestamente em função do outro, isso é, em função daquilo de que o outro se armou no plano da *Gestalt*. Os adversários evitam uma luta real que conduziria à destruição de um deles – e transpõem o conflito para o plano imaginário. Cada um encontra sua referência na imagem do outro, e uma regulação opera, que distribui os papéis no interior da situação de conjunto, que é diádica.

No homem, o imaginário é reduzido, especializado, centrado na imagem especular, que faz ao mesmo tempo os impasses e a função da relação imaginária.

A imagem do eu – pelo simples fato de que ele é imagem, o eu é eu ideal – resume toda a relação imaginária no homem. Por se produzir num momento em que as funções estão ainda inacabadas, ela apresenta um valor salutar, suficientemente expresso na assunção jubilatória do fenômeno do espelho, mas não está menos em relação com a prematuração vital e portanto com um *deficit* original, com uma hiância à qual fica ligada na sua estrutura.

Essa imagem de si, o sujeito a reencontrará sem cessar como o quadro mesmo das suas categorias, da sua apreensão do mundo – objeto, e isso, por intermédio do outro. É no outro que ele reencontrará sempre o seu eu-ideal, donde se desenvolve a dialética das suas relações ao outro.

Se o outro satura, preenche essa imagem, ele se torna objeto de um investimento narcísico que é o da *Verliebtheit*. Lembrem-se de Werther encontrando Charlotte no momento em que ela segura nos braços uma criança – isso cai bem na imago narcísica do jovem herói do romance. Se, ao contrário, na mesma vertente, o outro aparece como frustrando o sujeito do seu ideal e da sua própria imagem, engendra a tensão destrutiva máxima. Por um nadinha, a relação imaginária ao outro vira num sentido ou num outro, o que dá a chave das questões que Freud se coloca a propósito da transformação súbita, na *Verliebtheit,* entre o amor e o ódio.

Esse fenômeno do investimento imaginário desempenha na transferência um papel-pivô.

A transferência, se é verdade que ela se estabelece na e pela dimensão da palavra, só traz a revelação dessa relação imaginária ocorrida em certos pontos cruciais do encontro falado com o outro, quer dizer aqui, com o analista. O discurso, desligado de um certo número de suas convenções pela regra dita fundamental, põe-se a jogar mais ou menos livremente em relação ao discurso ordinário, e abre o sujeito a essa equivocação fecunda por onde a palavra verídica encontra o discurso do erro. Mas também, quando a palavra foge da revelação, da equivocação fecunda, e se desenvolve na tapeação – dimensão essencial, que nos proíbe precisamente de eliminar o sujeito como tal da nossa experiência, e de reduzi-la a termos objetais – descobrem-se esses pontos que, na história do sujeito, não foram integrados, assumidos, mas recalcados.

O sujeito desenvolve no discurso analítico o que é sua verdade, sua integração, sua história. Mas há buracos nessa história, lá onde se produziu o que foi *verworfen* ou *verdankt*. *Verdankt* – veio, por um momento, ao discurso, e foi rejeitado. *Verworfen* – a rejeição é original. Não quero me estender por ora nessa distinção.

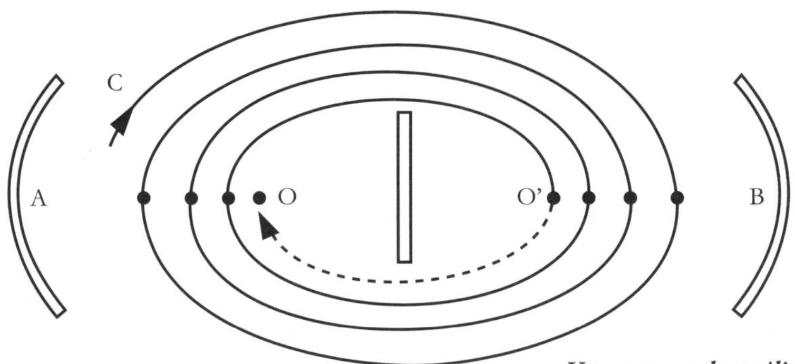

Um esquema da análise

O fenômeno da transferência encontra a cristalização imaginária. Gira em torno dela e deve juntar-se a ela.

Em O, situo a noção inconsciente do eu do sujeito. Esse inconsciente é feito do que o sujeito desconhece essencialmente da sua imagem estruturante, da imagem do seu eu – sejam as cativações às fixações imaginárias que foram inassimiláveis ao desenvolvimento simbólico da sua história – isso quer dizer que era traumático.

Na análise, do que se trata? Que o sujeito possa totalizar os diversos acidentes cuja memória é guardada em O, sob uma forma que está fechada ao seu acesso. Ela não se abre senão pela verbalização, quer dizer, pela mediação do outro, seja o analista. É pela assunção falada da sua história, que o sujeito se engaja na via da realização do seu imaginário truncado.

Essa complementação do imaginário se realiza no outro, à medida que o sujeito o assume no seu discurso, enquanto o faz ouvir pelo outro.

O que está do lado de O passa do lado de O'. Tudo o que se profere de A, do lado do sujeito, se faz ouvir em B, do lado do analista.

O analista o ouve, mas, em compensação, o sujeito também. O eco do seu discurso é simétrico ao especular da imagem. Essa dialética giratória, que eu represento no esquema por uma espiral, aproxima sempre mais O' e O. O progresso do sujeito no seu ser deve finalmente levá-lo a O, por uma série de pontos que se repartem entre A e O.

Nessa linha, trazendo cem vezes ao tear o nosso trabalho, o sujeito, confessando a sua história na primeira pessoa, progride na ordem das relações simbólicas fundamentais em que tem de encontrar o tempo, resolvendo as paradas e as inibições que constituem o supereu. É preciso o tempo.

Se os ecos do discurso se aproximam muito depressa do ponto O' – quer dizer, se a transferência se faz muito intensa –, produz-se um fenômeno crítico que evoca a resistência, a resistência sob a forma mais aguda em que possamos vê-la manifestar-se – o silêncio. Em que vocês apreendem que, como o disse Freud, a transferência se torna um obstáculo quando é excessiva, não é?

É preciso dizer também que, se esse momento chega em tempo oportuno, o silêncio toma todo o seu valor de silêncio – não é simplesmente negativo, mas vale como mais além da palavra. Certos momentos de silêncio na transferência representam a apreensão mais aguda da presença do outro como tal.

Uma última observação. Onde situar o sujeito, enquanto se distingue do ponto O? Está necessariamente em algum lugar entre A e O – muito mais perto de O do que todo outro ponto – digamos para voltar a isso, em C.

Quando vocês tiverem me deixado para as férias que eu lhes desejo boas, peço-lhes que releiam à luz dessas reflexões os preciosos pequenos *Escritos técnicos* de Freud. Releiam-nos, e verão a que ponto tomarão para vocês um sentido novo e mais vivo. Vocês se aperceberão de que as contradições aparentes a propósito da transferência, a um só tempo resistência e motor da análise, não se compreendem senão na dialética do imaginário e do simbólico.

Alguns analistas, não destituídos de mérito, expuseram que a mais moderna técnica da análise, a que se adorna com o título de análise das resistências, consiste em isolar no eu do sujeito – *single out,* o termo é de Bergler – um certo número de *patterns* que se apresentam, como mecanismos de defesa, em relação ao analista. Trata-se aí de uma perversão radical da noção de defesa tal como foi introduzida por Freud nos seus primeiros escritos, e reintroduzida por ele no momento de *Inibição, sintoma e angústia,* um dos seus artigos mais difíceis e que se prestou ao maior número de mal-entendidos.

Está aí, por uma vez, uma operação intelectual. Porque não se trata mais de analisar o caráter simbólico das defesas, mas de retirá-las, enquanto fariam obstáculo a um para além, um para além que não é nada senão um mais-além – pouco importa o que se coloca aí. Leiam Fenichel, vocês verão que tudo pode ser tomado sob o ângulo de defesa. Será que o sujeito entrega a vocês a expressão de tendências, cujo caráter sexual ou agressivo é inteiramente confessado? Pelo simples fato de que as diz a vocês, pode-se muito bem pôr-se a procurar, para além, algo de muito mais neutro. Se se qualifica de defesa tudo que se apresenta de início, tudo pode ser legitimamente considerado como uma máscara, atrás da qual outra coisa se esconde. Essa inversão sistemática é aquela com que se diverte a célebre brincadeira do Sr. Jean Cocteau – se se pode dizer a alguém que ele sonha com guarda-chuva por razões que são sexuais, por que não dizer a alguém que sonha que uma águia se precipita sobre ele para agredi-lo, que é pelo fato de que esqueceu o seu guarda-chuva?

Ao centrar a intervenção analítica na retirada de *patterns,* que esconderiam esse mais-além, o analista não tem outro guia senão a sua própria concepção do comportamento do sujeito. Tenta normalizá-lo – segundo uma norma coerente com o seu próprio ego. Será sempre, pois, a modelagem de um ego por um ego, portanto por um ego superior – como não há quem não saiba, o ego do analista, não é pouca coisa.

Leiam Nunberg. Qual é, aos seus olhos, a mola essencial do tratamento? A boa vontade do ego do sujeito, o qual deve-se tornar o aliado do analista. O que é que isso quer dizer? – senão que o novo ego do sujeito é o ego do analista. E o Sr. Hoffer está aí para nos dizer que o fim normal do tratamento é a identificação ao ego do analista.

Desse fim, que nada mais é que a assunção falada do eu, a reintegração não do eu-ideal, mas do ideal do eu, Balint nos dá uma descrição comovente. O sujeito entra num estado semimaníaco, uma espécie de sublime relaxamento, liberdade de uma imagem narcísica através do mundo – de que é preciso lhe deixar um pouco de tempo para se recuperar e reencontrar sozinho as vias do bom senso.

Nem tudo é falso nessa concepção, porque há um fator tempo numa análise. E é aliás o que sempre foi dito, de maneira certamente confusa. Todo analista não pode senão apreendê-lo na sua experiência – há um certo desdobramento do tempo-para-compreender. Os que assistiram às minhas conferências sobre o *Homem dos Lobos* verão aí alguma referência. Mas esse tempo-para-compreender, vocês o reencontram nos *Escritos técnicos* de Freud a propósito do *Durcharbeiten.*

Estará aí alguma coisa da ordem de uma usura psicológica? Ou se trata antes, como eu o disse no que escrevi sobre a palavra vazia e a palavra plena, da ordem do discurso, do discurso como trabalho? Sim, sem nenhuma dúvida. É preciso que o discurso prossiga por um tempo suficientemente longo para aparecer inteiramente engajado na construção do ego. A partir de então, pode, de uma só vez, vir a se resolver naquele para o qual se edificou, isto é, o mestre. Ao mesmo tempo, ele cai no seu valor próprio, e não aparece mais senão como um trabalho.

A que isso nos conduz? – senão a colocar de novo que o conceito é o tempo. Nesse sentido, pode-se dizer que a transferência é o conceito mesmo da análise, porque é o tempo da análise.

A análise dita das resistências está sempre muito apressada em desvelar ao sujeito os *patterns* do ego, as suas defesas, os seus esconderijos, e é por isso que a experiência no-lo mostra e Freud no-lo ensina numa passagem precisa dos *Escritos técnicos* – ela não faz o sujeito dar um passo a mais. Freud diz – nesse caso aí, é preciso esperar.

É preciso esperar. É preciso esperar o tempo necessário para que o sujeito realize a dimensão de que se trata no plano do símbolo, quer dizer, depreenda da coisa vivida na análise – dessa busca, dessa briga, desse enlaçamento que realiza a análise das resistências – a duração própria de certos automatismos de repetição, o que lhes dá de algum modo valor simbólico.

O. MANNONI: – *Penso que é um problema concreto. Por exemplo, há obsedados cuja vida é uma espera. Fazem da análise uma outra espera. É justamente o que eu gostaria de apreender – por que será que essa espera da análise reproduz, de certa maneira, a espera na vida, e a transmuda?*

Perfeitamente, e é o que me perguntavam a propósito do caso Dora. O ano passado, desenvolvi para vocês a dialética do *Homem dos ratos* em torno da relação do mestre e do escravo. O que é que o obsedado espera? A morte do mestre. Para que lhe serve essa espera? Ela se interpõe entre ele e a morte. Quando o mestre estiver morto, tudo começará. Vocês reencontram essa estrutura sob todas as suas formas.

O escravo tem, aliás, razão, é a justo título que ele pode jogar com essa espera. Para retomar uma palavra que se atribui a Tristan Bernard, no dia em que foi preso para ser levado ao campo de Dantzig – *Até aqui vivemos na angústia, agora vamos viver na esperança.*

O mestre, digamo-lo bem, está numa relação muito mais abrupta com a morte. O mestre no estado puro está aí numa posição desesperada, porque não tem nada a esperar senão a sua morte, porque não tem nada a esperar da morte do seu escravo senão alguns inconvenientes. Ao contrário, o escravo tem muito que esperar da morte do mestre. Para além da morte do mestre, será preciso que se afronte à morte, como todo ser plenamente realizado, e que assuma, no sentido heideggeriano, o seu ser para a morte. Precisamente, o obsedado não assume o seu ser para a morte, está em *sursis*. É o que se trata de lhe mostrar. Eis qual é a função da imagem do senhor enquanto tal.

O. MANNONI: – ...*que é o analista.*

...que está encarnado no analista. É somente após ter esboçado, um certo número de vezes, saídas imaginárias para fora da prisão do mestre, e isso, segundo certas escansões, segundo um certo *timing*, é somente então, que o obsedado pode realizar o conceito das suas obsessões, quer dizer, o que elas significam.

Em cada caso de obsessão, há necessariamente um certo número de escansões temporais, e mesmo signos numéricos. É o que já abordei num artigo sobre "O tempo lógico". O sujeito que pensa o pensamento do outro, vê no outro a imagem e o esboço dos seus próprios movimentos. Ora, cada vez que o outro é exatamente o mesmo que o sujeito, não há outro mestre exceto o mestre absoluto, a morte. Mas é preciso ao escravo um certo tempo para ver isso.

Porque ele está bem contente de ser escravo, como todo o mundo.

7 de julho de 1954

Jacques Lacan manda distribuir figurinhas representando elefantes.

Notícia*

Aqui se quis não ser levado em conta, e procurar da obra falada de Jacques Lacan, a transcrição que terá fé, e valerá, no futuro, como o original, que não existe.

Não se pode, com efeito, tomar como tal a versão que fornece a estenografia, onde formiga o mal-entendido, e onde nada vem suprir o gesto e a entonação. Versão contudo *sine qua non,* que se mensurou, retificou, termo a termo – a sobra não montando a só três páginas.

O mais escabroso é inventar uma pontuação, pois que toda escansão – vírgula, ponto, travessão, parágrafo – decide do sentido. Mas obter um texto legível era a este preço, e é segundo os mesmos princípios que o texto de todos os anos do seminário será estabelecido.**

J.A.M.

* Publicado originalmente no Seminário XI.
** Tradução de M.D.M.

Notícia do tradutor

Os escritos técnicos de Freud, Seminário 1, introdutório ao discurso de Jacques Lacan, através da versão escrita e traduzida do que teria sido dito. Versão, portanto, duas vezes escabrosa, o mais escabroso sendo, como afirma Jacques-Alain Miller, inventar uma pontuação, pois toda vírgula, ponto ou hífen decide do sentido. Este era, contudo, o preço da legibilidade na versão original e nesta, que agora existe, brasileira.

Legibilidade controvertida. "Eu falo", nos diz Lacan, "aos que entendem, aos não idiotas, analistas supostos." Fala, portanto, aos que reconhecem no seu saber o sintoma de sua ignorância.

Traduzir Lacan significa abrir numa outra língua o espaço de uma legibilidade ilegível.

Traduzir o Seminário é ter como referência o discurso, onde o só depois é determinante e a experiência da incerteza um efeito desejado. Assim, aqui não se trata de escamotear a ambiguidade, mas, ao contrário, de preservar as arestas do texto original.

B.M.

Agradecimentos do tradutor

Pela dedicação e o auxílio inestimável no trabalho mais árduo de revisão, o primeiro – exame linha a linha das soluções adotadas – fico grata a Fernando Coutinho.

A M.D. Magno, pelas valiosas sugestões relativas à tradução de termos da teoria psicanalítica e pela sua leitura do manuscrito.

A Marie Christine Lasnik, pela pertinência das suas observações críticas, durante a revisão final deste trabalho.

A Jacques Bolot e a Jean-Michel Ribettes, pela especificação do sentido de vários termos em francês e, em particular, pela discussão em torno do *Ça,* conceito freudiano aqui traduzido por *Isso.*

A Ari Yoshio, pelo trabalho cuidadoso de datilografia.

B.M.

Notas do tradutor

1. Tradução de *dénégation,* equivalente ao termo alemão *Verneinung.* Em alemão este designa a negação no sentido lógico ou gramatical, mas também no sentido de recusa de uma afirmação enunciada pelo sujeito ou a ele imputada. Em francês e em português, a língua permite distinguir a negação no sentido lógico ou gramatical (*négation* – negação) e no segundo sentido, que implica o sujeito, supõe a recusa e o desmentido (*dénégation* – denegação). Posto ser *Verneinung* um conceito freudiano, à negação, tradução até aqui adotada em português, substituímos denegação, cujo sentido é o que interessa à *Verneinung.*

2. Tradução de *moi* equivalente ao termo alemão *Ich.* Tradução que precisa ser considerada tendo em vista, por um lado, o uso em português do termo *ego* e, por outro, a existência no francês de *je* e de *moi,* pronomes pessoais da primeira pessoa do singular. Introduzido na Psicanálise pelos ingleses como equivalente de *Ich,* o termo *ego* é latino. Como a língua portuguesa oferece uma solução própria, não há nenhuma razão para perpetuar o uso do termo. Além disso, *ego* não é tradução de *moi,* e, pela simples insistência da solução britânica na própria língua francesa – Lacan não deixando de utilizar nos *Escritos técnicos de Freud* o termo *ego* –, o tradutor se veria obrigado a diferenciar os termos. Quanto à dificuldade colocada pela existência em francês de dois pronomes da primeira pessoa do singular, as seguintes considerações permitem resolvê-la. Nem o inglês nem o francês empregam o verbo sem o pronome, o que acontece em português, a primeira pessoa aqui se exprimindo pela desinência verbal. Assim, *je vois* se traduz por *vejo.* Quando digo *eu vejo,* ou bem é redundância ou ênfase, a função do *eu sendo* aqui a do *moi* (forma tônica do pronome pessoal). Assim, *je vois* deve ser traduzido por *vejo* e *moi, je vois* por *eu, vejo.* Por isso, e ainda por certas expressões francesas (*moi-même, moi seul,* etc.), em que o *moi* só poderia ser traduzido por *eu,* se justifica a tradução aqui adotada. Tradução proposta por M.D. Magno, cujos argumentos foram submetidos por nós ao Dr. Lacan e por ele aprovados.

3. Tradução de *imager,* proposta por M.D. Magno para diferenciar a produção de imagens (imajar) da atividade imaginativa (imaginar). Vide Magno, M.D. "Senso contra censo: Da obra de arte" [1976], in *Lugar 9,* Rio de Janeiro, Tempo Brasileiro, 1977, p.43.

4. Tradução de *forçage*. *Forçage* se diz em dois sentidos, no de forçar um animal que se caça e se faz correr, e no de cultura de plantas fora da estação ou num meio para o qual não foram feitas. É no primeiro sentido que o termo interessa a Lacan, daí a tradução por *acosso*.

5. Tradução de *après coup* equivalente ao alemão *Nachträglich*. Dada a tradução já existente de *après coup* por *posterior, posteriormente*, cabe justificar a nossa tradução. O termo *Nachträglich*, frequentemente empregado por Freud, está ligado à sua concepção da temporalidade e da causalidade psíquica. Trata-se aí do remanejamento, em função de experiências novas, de certas experiências, impressões e traços mnêmicos, os quais só por efeito retroativo ganham um sentido novo que lhes confere eficácia psíquica. Adquirem-no pois posteriormente, o sentido é *posterior*, mas é preciso notar que *de modo algum* é dado no momento mesmo em que a experiência é vivida. Este senão é constitutivo da causalidade psíquica – que não obedece ao determinismo linear, mas é retroativa –, e cabe à tradução dar conta dele. Daí o *só depois*, tradução que nos foi proposta por M.D. Magno.

6. Tradução do *ça*, que na literatura psicanalítica francesa corresponde ao *Es* alemão. Dada a prevalência do *id* na tradução portuguesa, trata-se de discutir o termo aqui proposto. O *id*, latino, é a solução da Standard Edition, que preferiu este termo ao *it*, em nome do paralelismo com o *ego*, então já estabelecido há muito tempo (Standard Ed., XIX, 7). Sem entrar diretamente no mérito da solução inglesa, pode-se dizer que a sua adoção na língua portuguesa não se sustenta. A forma mesma como Freud justifica a escolha do termo *Es* no-lo indica. Antevendo a estranheza do leitor diante da escolha de simples pronomes ao invés de "nomes gregos pomposos" para designar as duas instâncias psíquicas (*Ich* e *Es*), Freud insiste no fato de que na Psicanálise se procura estar próximo do modo popular de pensar, preferindo-se tornar os conceitos do mesmo, cientificamente utilizáveis, ao invés de rejeitá-los. Acrescenta que é necessário proceder assim, pois os ensinamentos da teoria psicanalítica devem ser compreendidos pelos pacientes, frequentemente muito inteligentes, mas nem sempre letrados, e que o *Es*, impessoal, se liga diretamente a certas formas de expressão utilizadas normalmente (*G.W.*, XIV, 222). Freud nos mostra aí que a teoria deve utilizar o material significante da língua em que se elabora. Traduzir um texto de Freud ou de Lacan é fazer existir a teoria psicanalítica numa outra língua, isto é, fazer existir os seus termos na língua para a qual se traduz e na qual a teoria se fará ouvir. A esse respeito, e mesmo se nos *Escritos técnicos de Freud* Lacan utiliza alternativamente o *id* e o *ça*, é de notar que, nos textos e seminários ulteriores, haverá uma prevalência definitiva do *ça*. Cabia-nos, pois, para traduzir o *ça*, encontrar na língua portuguesa um termo que levasse simultaneamente em conta a solução francesa e o *Es* alemão, pronome neutro de que não há equivalente gramatical exato nem no francês nem no português. O *Es* foi introduzido por Freud em *Das Ich und das Es*, para designar as características psíquicas que não as do eu (*G.W.*, XIII, 251). Nesse texto, Freud atribui o termo a Groddeck e cita Nietzsche, que designava por aí " ... o que há de não pessoal e, por assim dizer, de necessário, por natureza no nosso ser" (*G.W.*, XIII, 251). O conceito freudiano designa, pois, o domínio

psíquico estranho ao eu, referindo-se ao que é não pessoal. Enquanto pronome, com efeito, o *Es* é um pronome impessoal. Além do seu valor de demonstrativo, o *ça* funciona como substituto de um pronome impessoal (*Ne mets pás tes pieds sur la table, ça ne se fait pas*). Tendo em vista os nossos demonstrativos, o *isso* como o *ça* (equivalente no uso familiar a *cela* ou *ceci*) é o mais indeterminado, funcionando igualmente como pronome impessoal (*Não ponha os pés na mesa, isso não se faz*). Esse fato gramatical e ainda a valorização por Freud (*G.W.*, XIV, 222) do uso corrente do *Es*, uso que encontramos no francês e no português – *C'est ça / É isso* (expressão que aliás serve para pontuar o discurso na análise) – nos levam a traduzir o *ça* por *isso*. Esta solução foi submetida ao Dr. Lacan e por ele aprovada.

7. Tradução de *moïque*. Para sermos coerentes com a tradução de *moi* por o *eu*. Egóico reenviaria ao *ego* e não ao *moi*.

8. Em francês: "Il a besoin de trouver dans son père un grand-père, un père qui serait grand". Avô não sendo, como em francês, sinônimo de grande pai, precisamos das mediações introduzidas na frase em português.

9. Tradução de *placement nourricier*. Não havendo orfanato na França, as crianças de menos de 5 ou 6 anos que, por razões diversas, não podem ficar com os pais, são entregues a uma outra família que é paga pelo governo para criá-las. A mãe dessa família desempenha então o papel de "*mère nourricière*" (mãe nutriz). O *placement nourricier* é sempre proposto por um psiquiatra ou legista.

10. Tradução de *surmoi* para ser coerente com a tradução de *moi* por *eu*.

11. Abreviação de *baccalauréat*, grau universitário conferido após os exames que terminam os estudos secundários.

12. Nas primeiras traduções francesas, *das Es* é traduzido por *le soi*.

13. Tradução de *Je*. Embora *moi* também tenha sido traduzido por *eu*, o contexto permitirá sempre diferenciar o *eu*, conceito psicanalítico do *eu*, enquanto sujeito do enunciado senão *shifter*, indicativo do sujeito da enunciação.

14. Em francês, a célebre frase de Boileau "*Vingt fois sur le métier remettez votre ouvrage*".

15. O mapa do Terno se encontra no romance *Clélie* de Mlle. de Scudéry (preciosidade – século XVII). Dividido pelo rio Inclinação, através do qual se vai direta e rapidamente de Nova Amizade a Terno, pois a ternura que nasce por inclinação não necessita de nenhuma outra coisa para ser o que é, o mapa apresenta tantas cidades quanto as pequenas e grandes coisas que podem contribuir para fazer nascer a ternura por estima, instâncias que permitem ir de Nova Amizade a Ternura-sobre-Estima. Assim, para chegar a esta, passa-se, de um lado do rio, por Grande Espírito (onde de ordinário começa a estima), Versos bonitos, Bilhete galante, Bilhete doce, Sinceridade, Coração grande, Probidade, Generosidade, Exatidão, Respeito e Bondade, do outro lado do rio, por Complacência, Submissão, Pequenos cuidados, Assiduidade, Diligência, Sensualidade, Obediência,

Amizade e Confiança. O mapa do Terno é, pois, a inscrição do percurso para chegar à ternura.

16. Tradução de "*miroir aux alouettes*", que reenvia ao ilusório. Citação encontrada no dicionário *Le Robert:* "*Honneur! Patrie! Droit! Civilisation!... Et derrière ces miroirs aux alouettes, qu'est ce qu'il y a?* – Martin du Gard, *le Thibault,* VIIe, p.57.

17. Em francês: "nous avons traduit *verbum* par *mot* alors que le frère Thonnard traduit à un moment par *parole*". *Mot* e *parole* não tendo equivalentes em português, propomos aqui a tradução por *palavra* e *palavra falada.* Isso se justifica: primeiramente, porque *verbum* foi indistintamente traduzido por *mot* e *parole,* tanto nos diálogos entre AG e AD quanto nos comentários do P. Beirnaert; em segundo lugar, pela distinção estabelecida no próprio texto entre *mot* e *mot écrit,* que situa a escrita do lado do que é *mot* e não *parole;* em terceiro lugar, porque habitualmente *parole* diz respeito à fala.

1ª EDIÇÃO [1979]
2ª EDIÇÃO [2009] 18 reimpressões

ESTA OBRA FOI COMPOSTA POR SUSAN JOHNSON EM ADOBE GARAMOND E HELVETICA E IMPRESSA EM OFSETE PELA GRÁFICA BARTIRA SOBRE PAPEL ALTA ALVURA DA SUZANO S.A. PARA A EDITORA SCHWARCZ EM JUNHO DE 2024

FSC
www.fsc.org
MISTO
Papel | Apoiando o manejo florestal responsável
FSC® C105484

A marca FSC® é a garantia de que a madeira utilizada na fabricação do papel deste livro provém de florestas que foram gerenciadas de maneira ambientalmente correta, socialmente justa e economicamente viável, além de outras fontes de origem controlada.